中興小紀輯校

中

［南宋］熊克　撰

孔學　輯校

上海古籍出版社

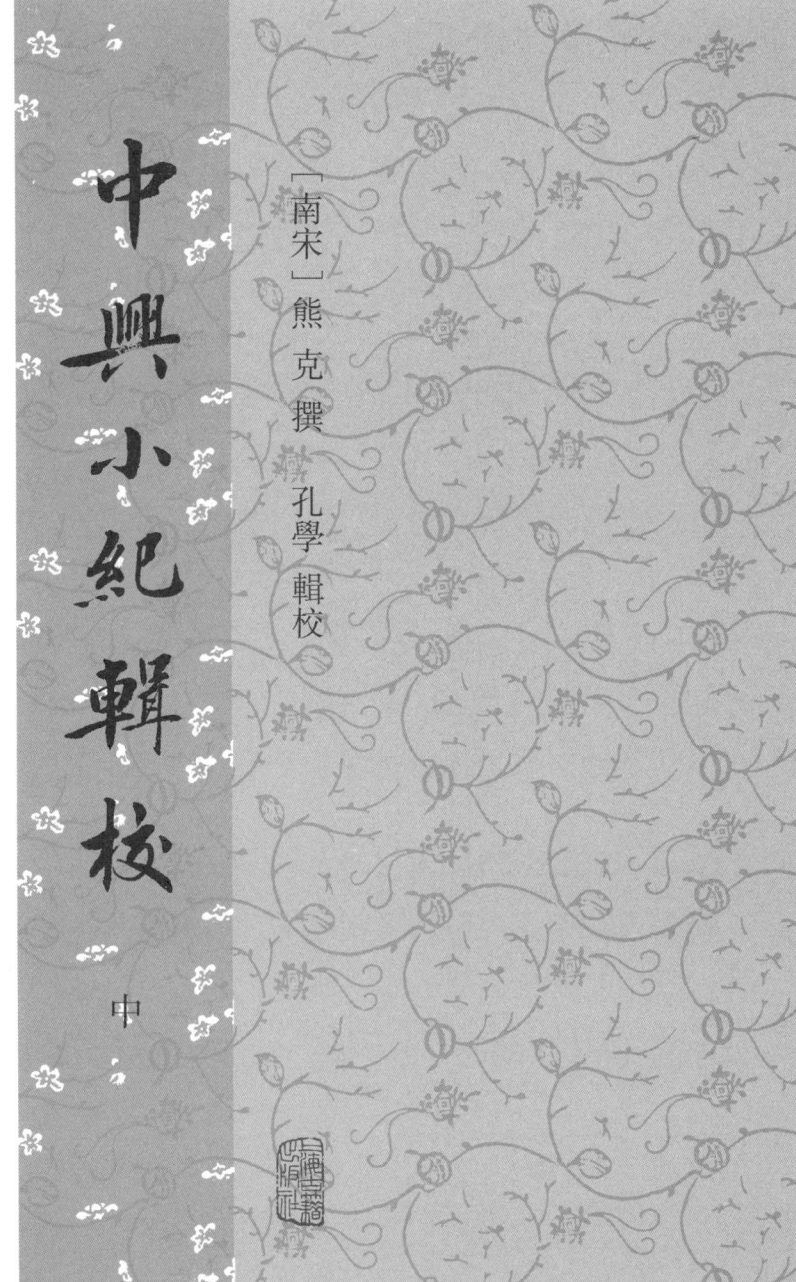

中興小紀卷十四

紹興三年歲在癸丑春正月丁巳朔〔一〕，翟琮引衆擣孟邦雄營，邦雄方醉卧，遂將其族以歸。

【新輯】大理評事石邦哲言：「近僞徐王李勃、僞帝姬阿易之來，遣使迓之，絡繹于道，有以見陛下之親睦；既察其詐，付之有司，又有以見陛下之明斷。臣聞漢光武之誅王郎，雖或者疑其爲或帝遺體，而猶誅之。蓋惡人之惑衆，而僞者莫卞也。唐代宗之訪母后，嘗曰〔二〕：『寧被百罔，冀得一真。』蓋懼人之避罪，而真者莫至也。李勃、阿易之事，已播告四方，尚恐皇族有自虜中脱身南歸，宜令州縣驗實，許以推賞，庶得其真，以茂本枝。」庚申，詔禮部遍牒諸路。邦哲，山陰人也。（輯自皇朝中興紀事本末卷二四，參考嘉泰會稽志卷一九雜記）

甲子，詔户部侍郎姚舜明往建康府，總領都督府錢糧，仍選官屬充糧料院審計司〔三〕。舜明，嵊縣人也。

初，金虜大酋撒离曷等衆十萬〔四〕，自鳳翔、長安聲言東去，其實由商於出漢陰，直趨金、商。至是，入洵陽界〔五〕，斥堠將邵龍與虜遇〔六〕，退走。金房鎮撫使王彦倉卒召兵，使別將將二千人迎敵。初亦以小勝，既而虜諸軍萃焉〔七〕，二將併没，彦聞敗，乙丑，退保石泉縣，虜遂入金州。

初，令廣西帥臣許中市戰馬，皆弱不堪用。至是，降中兩官。壬午，詔置買馬司於邕州，馬必高四尺二寸以上，每百匹爲一綱。

先是，言者論工部侍郎賈安宅，以爲：「張邦昌之僭立也，莫儔以書報安宅，安宅欲往從之。聞上登極，儔既被罪，乃遽請致仕。」又謂：「苗劉之變，吕頤浩等檄書至湖州，守貳及寄居葉夢得欲相率皆行，安宅斷然以爲不可。」於是，安宅被旨分析，既上，委臺臣驗其實，始知安宅致仕，在儔被罪已前，亦未嘗沮夢得等勤王之議，惟與王黼連親。是月，安宅以徽猷閣待制奉祠而去。言者不已，遂降爲集英殿脩撰。

兼吏部尚書席益言：「魏晉而下，甄别人物，專在選曹。至唐而銓法密矣。然不盡拘以徽文，激濁揚清，時出度外。故杜淹表薦四十餘人，後多知名。韋思謙坐公事負殿，高季輔遽擢爲監察御史。國初猶存舊制，乾德四年，詔曰：『自今常調，集選人吏部南曹，取歷任中多課績而無闕失，其人材可擢者，具名送中書，引驗加奬。』則是尚或任人而不專任法也。其後，官制釐改，典選者一切不得以意從事，振幽拔滯，無復聞焉〔八〕。望稽用乾德詔書，凡常調中材行可取者，許長貳具名以聞。」二月丁亥朔，詔從之。

【新輯】己丑，簽書樞密院事權邦彥卒。（輯自皇朝中興紀事本末卷二四）

辛卯〔九〕，詔廣西買馬置提舉官。既又撥本路上供錢七萬緡付之爲本〔一〇〕。自是歲得千匹，雖極費力，㷀於道者常半，然於治軍亦非小補。

以右諫議大夫徐俯爲翰林學士。先是，俯爲侍讀，進春秋解義，「桓公四年，天王使宰渠伯糾來聘」，引左氏傳及杜預釋，謂伯糾父在而攝父之職，出聘列國，故名以譏之。上曰：「桓公篡立，天王當致討。既四年不問，乃使其宰往聘，失政刑矣。書名貶之也。」因顧右僕射朱勝非曰：「卿更爲朕討論。」而俯亦乞以聖諭編之記注。既而，勝非又奉親筆，以爲：「天王之失，而孔子名宰，所謂指行事、示褒貶者。」於是，勝非奏：「陛下天縱之能，日新之學，臣曷足以副隆旨，然嘗陪經幄，不敢固辭。謹參考經傳衆説，庶幾推廣聖言。臣聞刑威者，主之大柄；分守者，臣之大節。桓公聽羽父姦謀，篡而自立，擅易許田，貪取郜鼎，如是四年，天王不問，乃使其宰往行聘禮，所謂主柄、臣節，今盡廢矣。故經書宰名，所以譏周王也。望依俯所奏，以宸翰付經筵。且編之注記，永爲大訓。」癸巳，詔從之。

乙未，上覽權邦彥遺表，謂宰執曰：「邦彥盡瘁國事，遽爾淪謝，深可傷惻。卿等可往弔之，問其家所須。」呂頤浩言：「邦彥歸朝〔一一〕，舉家皆陷，今惟一女嫁韓穰。」乃詔以所得恩數分給其女。

知興元府劉子羽聞金州失守，即遣統制官田晟率兵守饒風嶺，且報陝西都統制吳玠，玠驚曰：「事迫矣！當亟邀于險。諸將不能辦，我當自行。」遂自河池縣一日夜馳三百里至饒風，列營拒之。官軍萬七千人，益以洋川義士爲三萬〔一二〕。玠以黄柑遺虜酋〔一三〕，撒离曷得之，始知玠東來。敵衆仰攻，我師連勝，撒离曷怒斬其千户、孛堇數人，募死士由饒風之左，間道援崖而上。丁酉，犯祖溪關，繞出玠後，玠遽還仙人關。己亥，虜陷興元府〔一四〕。壬寅，子羽退保三泉縣，從兵纔三百。子羽遺玠書與之訣，玠得書泣。統制官楊政勸玠往救子羽，玠乃引麾下兵由間道趨三泉縣。子羽留數日，兵稍集，而統制官王俊又以五千人至。於是，軍聲復振。

【新輯】右僕射朱勝非丁母憂去位〔一五〕。

臨安府自兵火以後，民間地多爲官舍、軍營所占，而所輸預買絹不減。上諭宰執，令主者考實，悉爲蠲之。庚子，吕頤浩等奏：「上户往往已免，下户不能自陳，宜遵詔旨蠲放。」上曰：「文王發政施仁，必先四者，凡施惠當先及下，彼豪家雖立法抑之，猶能侵細民，不可不察也。」（輯自皇朝中興紀事本末卷二四，參考繫年要録卷六四）

辛丑，宰執奏禁中神御薦饗禮料〔一六〕，上曰：「朕皆自閲，有一事可議，神御二十五位，各用羊肚一，須殺二十五羊。恭惟祖宗以仁覆天下，豈欲多殺物命，謹以別味代之。在天之靈亦必歆也。」呂頤浩等言：「陛下盡誠以奉先，而仁恩及於微物，天下幸甚。」

初，建康府守臣、端明殿學士李光，以支軍衣絹不足，嘗借用上供絹。是月，下本府具當職官〔一七〕。時光已奉祠去，而端明殿學士趙鼎爲守，鼎以爲光爲守臣，直移文有司，取而用之，誰復敢議？安可併及他官？遂止以光聞。因奏：「漕司不時應副，且迫於軍衣，光不得不爾。擇禍莫若輕，非其罪也。光之罪，行及臣矣。」始朝廷頗怒，得鼎奏，乃薄光罪〔一八〕。時參知政事、同都督諸軍孟庾，江東宣撫使韓世忠，各駐軍於建康，軍中多是招安强寇。鼎爲二府，素有剛正之風，庾、世忠皆加禮，兩軍亦肅然知懼。民既安堵，商賈通行。未幾，移鼎帥江西。

劉豫之母僞太后死，謚曰慈憲。是月，葬於東平縣。【新輯】時豫初開貢，舉進士羅誘以下八十四人。（輯自皇朝中興紀事本末卷二四）

三月戊午，宰執奏池州敢勇軍作過。上曰：「此事雖由小人喜亂，亦守臣馭之失宜。」呂頤浩曰：「請先抽作過敢勇，且分汰其餘衆，乃議守臣之罪。」上可之。

丁卯，宰執奏揀刺親從親事官。上曰：「凡招軍之費，動輒萬緡，人但見萬緡爾，不知皆生民膏血，豈可輕用？誠不得已也。」

浙東沿海制置使呂源因賜對，輒奏私事，爲言者所劾。是日，詔今後上殿，不得輒論私事。

初，襄陽府鎮撫使李横既得帥權，思立奇功以自固。又軍中乏食，往往以人爲糧。朝廷所給，皆州縣虚椿之數〔一九〕。横勢不容久居〔二〇〕，乃與信陽軍鎮撫使牛皋相約，同領兵北去，襲潁昌府，遇虜〔二一〕，戰屢捷。皋，魯山人也。虜自入中國，少能抗之，不意横等卒至〔二二〕，悉潰而去，遂復潁昌及汝州、葉縣等處〔二三〕。至是，横等傳檄諸軍，將復東京，略曰：「僞齊僭號，自速誅夷。國運中興，王師已進，西壓淮、泗，東過海、沂。」又曰：「金、商之帥出其先，荆湖之帥繼其後，倘能納款，則悉仍舊貫；執迷不悟，則後悔難追。」時横已除京西招撫使。【新輯】己巳，又加官以賞之。知藤州侯彭老獻賣鹽寬剩錢一萬緡，以助軍用。丁丑，詔却之。且言寬剩合歸有司，不應以進，慮有刻剥。仍鐫一秩，罷之。（輯自皇朝中興紀事本末卷二四）

吴玠會劉子羽於三泉，子羽以潭毒山形斗拔，其上寬平有水，乃築壁壘，凡十六日而成，且儲粟守之。初，諸叛以利訹虜〔二四〕，謂四川唾手可得，虜所忌者獨玠，故道險從金、商，不意玠之越境而戰也。破金、商無所得，已失望，而洋州公私之積〔二五〕，皆寘他處，至是，野無所掠，殺馬而食，馬且盡，遂殺兩河僉軍食之。又春厲方作，至金牛鎮，距我師數十里而退，且遣人賫書招子羽及玠，子羽斬之，而縱其一，問孰遣汝來？曰：「國相。」國相，謂劉益也。壬午〔二六〕，子羽與玠謀遣兵邀於武林關〔二七〕，而虜棄輜重已去，擊其後軍，敗之。先是，宣撫司官屬有勸張浚移治潼川府者，軍士聞之皆怒。子羽馳書請勿徙，浚從其言，乃定。

以太尉、江東宣撫使韓世忠爲淮東宣撫使，於泗州置司。

兵部郎官劉景真論淮南守臣當久任。癸未，上曰：「守臣固當久任，至於選任則不同，股肱近郡，止於承流宣化，惠養百姓而已。淮甸密邇寇敵，又須曉軍事，知撫兵御將之宜，然後能扞一方，不可不擇也。」

夏四月，先是，河南鎮撫使翟琮擒孟邦雄，奏至，上大悦，超授琮利州觀察使〔二八〕。而邦雄之黨梁進者復爲劉豫守，襲琮於伊陽，琮設伏擊之，盡殪。京西招撫使李横以聞。丁亥，以横兼商虢鎮撫使，詔琮押邦雄赴行在。

戊子，上謂宰執曰：「沈與求、席益前爲吏部長貳，甚有能聲，今乃不如。方員多闕少，士大夫失職者衆，倘非痛戢姦吏，安得注擬無壅。可召洪擬等諭之。」

己丑，宰執奏【新輯】給事中黄唐傳言守令事。上曰：「縣令於民爲親，今多非其人。」吕頤浩曰：「漢郎官出宰百里，今吏部以格差縣令。」上曰：「豈在官資崇卑，惟在得人。廉吏尤難得，此治道之所先也。」又奏（輯自皇朝中興紀事本末卷二四）：「刑部郎中韓膺胄請刑獄誤入人死罪者〔二九〕，乞依祖宗法，終身廢之，經赦不原。」上曰：「此仁宗之事也，其仁民詳刑如此。」上又謂吏部曰：「亂後文書不存，吏緣爲姦，長吏尤當痛懲其弊，使差注無滯。權尚書洪擬雖累歷，亦恐失於濡緩。」席益曰：「擬甚用心。」上曰：「治吏以法，使之畏威，乃不敢舞文也〔三〇〕。」呂頤浩曰：「唯上德以寬服民，其次莫如猛也。」

庚寅，以浙西大帥劉光世爲江東宣撫使，於池州置司。時光世與韓世忠更戍，世忠已至鎮江，而姦細入池州城，潛燒倉庫〔三一〕，光世擒而鞫之，皆云世忠所遣。於是，世忠與光世交訴於上。詔光世移司建康府，而世忠又欲以兵襲其後。上遣使和解，仍書後漢寇恂、賈復事戒之〔三二〕。

登仕郎鄒況上書言其兄浩直諫，且乞雪昭慈獻烈皇后之謗。〔三三〕辛卯，上謂宰執曰：「此是哲宗朝事，言之無傷乎？」徐俯曰：「陛下母事昭慈，追崇極典，天下共知，謗已息矣。」上曰：「昭慈勳臣之家，當時備禮而納正后，此本朝盛事。」俯曰：「宣仁聖烈太后尤重家法，欲正后生元子〔三四〕，繼萬世之統，以哲宗少年，戒之在色，不欲以多近嬪嬙。小人陰連宮掖，因是得行媒孽，遂致廢后。」上曰：「皆當時大臣不諫之罪也。」

壬辰，詔都督府移於建康〔三五〕。

浙東宣諭朱異薦鎮東軍僉判張九成等五人政績，是日，詔各轉一官。上曰：「增秩賜金，古所以賞守令，故郡縣之政克舉。」吕頤浩曰：「内姜仲開，臣之外親，乞勿賞。恐外議以臣爲私。」上曰：「不可，有功必賞，乃所以爲公，使有罪，雖卿之親，亦不當貸也。」

癸巳，【新輯】上謂宰執曰：「昨夕暴雨，朕不寐，恐傷蚕麥。」徐俯曰：「暴雨不害蚕麥，久雨則爲害矣。」（輯自皇朝中興紀事本末卷二五）

上曰：「鄒況乞雪昭慈之謗，今當大祥，因此時下詔，如況言可也。」上遂問昭慈得罪泰陵之因，俯對：「以昭懷上僭，及左道之誣。」席益曰：「此皆章惇、蔡卞之罪也。」遂詔昭慈謚號别加討論。甲午，上曰：「鄒浩之弟欲擢之。」乃令上殿。徐俯曰：「鄒浩亦有子名柄，然嘗爲李綱客，今當以其父故用之，若終嫌其陷於綱黨，浩更有次子。」上曰：「直臣之子，復擢用之爲御史，使言事聳動四方，亦足爲國家之光也。」

尚書省言：「浙中去歲大稔，今韓世忠移軍屯泗上，非借民力，恐饋餉不集。」乃命户部尚書黄叔敖與江浙都轉運使張公濟、兩浙轉運副使梁汝嘉，以空名告身誘富民糴米五十萬石、芻五十萬束。乙未，叔敖等奏：「今來博糴與常時不同，乞不作納粟，仍與免試注官。」汝嘉，麗水人也。

時鼎寇楊么衆至數萬，僭號稱「大聖天王」，旗幟亦書此字，且用以紀年。乃詔湖南帥臣折彦質，令節制潭、鄂、荆湖諸軍，會于鼎州討之。於是，鼎澧制置使程昌寓先遣統制官杜湛引兵攻賊寨，以俟諸軍來會。既而，潭州統領官劉深、鄂州統制官顏孝恭共二千人，荆南將官羅廣三百人並至，屯鼎之城外，而軍食不繼。辛丑，鄂、潭之兵南還。癸卯，荆南之兵北還，而湛亦歸矣。

戊申，宰執奏戚里高士瞳乞落階官及差遣。詔除權客省四方館公事，仍轉一官。上曰：「士瞳，宣仁近親，又最長，故優異之。然不可躐等，高爵厚禄留待立功將士。朕於外戚，未嘗假以恩澤。今後宫之家，官未有過保義郎者。」呂頤浩曰：「漢有恩澤侯，本朝固無也。」上曰：「此曹何厭之有！雖與之正任承宣使，又望節鉞矣。」

己酉〔三六〕，上諭宰執曰：「人材當須長養成就之，今每除一監司，常患無人。向遣五使宣諭，意在利民，至於贓吏，所當深治。然所在多置獄，横及無辜，非朕本意。此後唯謹擇監司，不必遣使。」遂詔諸緣宣諭所發置獄，除正犯人外，並放。

時神武後軍都統制巨師古駐軍揚州，淮東宣撫使韓世忠欲令聽其節制，師古不伏，世忠劾罷之。〔三七〕詔主管殿前司郭仲荀兼統神武後軍。

初，詔李横、牛皐等直趨京城，或徑往長安，與宣撫司夾擊。〔三八〕時朝廷方嘉横勇敢向前，而江西帥臣趙鼎獨奏：「襄陽居江、淮上流，實川、陝襟喉之地，以横鎮撫，誠爲得策。今聞横與牛皐共起兵往東京，又聞僞齊亦會金人及遣李成領衆西去，恐緣此紛擾不定。横烏合之衆，將不能禦，則決失襄陽，川、陝路絶〔三九〕，江、湖震動，其害可勝言哉？近有來自襄陽，臣竊訪之，云横止緣乏食，兼無衣。則其出兵固非獲已。臣望詔有司，時有資給，使横衣糧足，則不假他圖，然後責其守疆待敵，不得因小利出兵，則可爲持久之計矣。」上覽奏，頗憂之。横等軍本羣盜，雖勇而無律，見虜所遺子女玉帛〔四〇〕，縱略數日，置酒高會。虜人聞而易之。僞齊將李成與虜合衆二萬復來，横等多無甲，戰敗而走，賊亦不敢深逐也。參議官穀城譚世則爲賊所執，令其臨漢江招横〔四一〕，横不答，世則遇害。潁昌府復陷僞境。至是，荆南鎮撫使解潛奏：「横已回襄陽，及虜陷鄧州境〔四二〕，與本鎮甚近。緣四川總領財賦趙開遏糴，將士饑餓，望下湖南撥兵，同保上流，仍下川路備糧。」詔以付宣撫司。

鼎寇楊么拒官軍累年，賊徒亦多被殺。至是，以諸處會兵來討，人心頗摇。乃僞肆赦，立鍾相之幼子子義爲太子，自么與黄誠以下皆盡臣禮事之〔四三〕，以固其黨之心。初，賊有寨僅七十，中間爲官軍所破，或葺或廢，惟夏誠、劉衡二寨險不可破〔四四〕。

上每日朝退，即閲羣臣章疏及四方奏報，申時付外。乃習射，晚則復覽投匭封事，日以爲常，未嘗少怠。五月乙卯朔，上因以語宰執，且曰：「每日申時付外章奏，至卿等處，晷刻皆定，可見也。」

河南鎮撫使翟琮奏：「去朝廷道遠，緩急乞隸宣撫處置使張浚。」戊午，詔從之。

己未，資政殿大學士吳敏卒。

自渡江以來，大宗正權於虔、廣二州置司。至是，詔行在建睦親宅。辛酉，宰執奏當作屋百間。上曰：「此非今所急，然事有不得已者。故春秋得其時則不書，不書者，聖人之所許也。近時營造之令一下，郡邑即科於民，故民輒受弊。若物物和買，則民不與知。」乃令有司條上。是年冬始成，南班宗室至而居焉。

初，榷貨務都茶場槩稱行在。至是，詔鎮江府、吉州置司者别爲名。

時御筆增小官俸，下有司條具。壬戌，上曰：「小官俸增，雖變舊法，亦所以權一時之宜。祖宗成憲，固當謹守，至於今昔事有不同，則法有所不行，亦須變而通之。自元豐增選人俸至十千二百，當時物價甚賤。今飲食衣帛之價，比宣和間猶不啻三倍，則選人何以自給〔四五〕？而責以廉節難矣。」

初，遣奉使潘致堯、高公繪等往金國軍前通問，至是回。乙丑，以致堯爲刑部郎中〔四六〕，公繪爲浙西都監。

虜願再遣重臣以取信〔四七〕。丁卯，遂以吏部侍郎韓肖胄除端明殿學士、同僉書樞密院事。辛未，命肖胄爲金國軍前通問使，仍擢給事中胸山胡松年爲工部尚書，副之。肖胄等辭〔四八〕，奏曰：「緣大臣各徇己見，致戰和未有定論。臣等已行，願毋渝先約〔四九〕，或半年不復命，必別有謀，宜速進兵，不可因臣等在彼而緩之也。」

癸酉，宰執奏稟國書。上曰：「有天下者，當持之以謙，易曰『謙尊而光』，則知能謙者，尊而光矣。」

時有上殿官李長民者，正民之弟也，戊寅，上問宰執曰：「長民比正民如何？」呂頤浩對：「二人皆淹博，文辭則長民優。」上曰：「陳襄薦司馬光等，朕得其藁，以示從臣，而正民以光等爲皆不合時宜，士大夫笑之。」徐俯曰：「正民父景淵，長者，持論平允，不以元祐爲非。臣嘗戒長民當繼父志。」上曰：「顧長民才行如何爾〔五〇〕。元祐人雖賢，其子孫亦不必偏用，餘人亦不可偏廢，惟賢則用之。」上又問：「鄒況何如人？」頤浩等對以浩之弟。上曰：「浩固賢，今更當論況之賢否。」席益曰：「陛下不以正民之過而廢長民，雖已知浩之賢，又問況之賢否，可謂至公矣。」上曰：「朕心至公，未嘗偏有好惡，況用人乎？」既而，除長民監察御史，況與改秩〔五一〕。

湖南宣諭薛徽言薦通判永州劉延年、祁陽縣令張登〔五二〕，欲就任增一秩。己卯，上問宰執曰：「延年何如人？」呂頤浩等皆曰：「不識。」上曰：「古人求賢如不及，然人固未易知，聖人猶難之。大臣既不識，何由知其賢否？」乃召延年赴行在，登就任增秩。

上又謂宰執曰：「監司、守、令皆有勸農之名，未聞勸農之實。」呂頤浩曰：「漢力田與孝悌同科，以重農事也。」上曰：「觀文帝詔，足知當時重農事矣。」席益曰：「大觀、政和間，亦嘗舉行勸農事，而吏不以實應，徒爲文具，至有追集農夫，拘留累日，以待守令之行阡陌者。今當令郡縣行勞來之實〔五三〕。」上然之。

初，淮東宣撫使韓世忠遣統制官解元、杜琳等將兵渡淮北去。至是，詔世忠，金人已約講和，所遣兩軍，且駐盱眙，勿侵齊國之境。

是月，劉豫僞户部侍郎馮長寧與監察御史許伯通同修十一稅法，與阜昌敕令格式皆成。二法並行，文意相妨者，從稅法。其説以謂：「宋之稅法，爲民大蠹，權豪交通州縣，而欺愚弱入田宅，不承其稅，間有陳詞，官吏附勢，不爲推割，産已盡而稅猶在。監固拘囚，死而後已。官攤逃户之稅，使邑里代輸。又方田高下，土色不實，朝行寬恤之詔，暮下割剥之令，故民窮而起爲盜。」大率皆吠堯之言也。

資政殿學士許翰自湖北遷居江西。六月戊子，卒。

金虜之由褒斜谷而去也〔五四〕，宣撫處置使司遣軍追擊，俘女真二千口，至是，張浚奏捷。時副使王似纔至，而朝廷未之知也。上曰：「賴虜自退〔五五〕，兩蜀無虞。」左僕射吕頤浩曰：「臣深以爲憂，今强敵自敗，皆陛下聖德所致，所有張浚取旨。」上曰：「可速其來，仍督王似、盧法原之任。」庚寅，曲赦川、陜〔五六〕，令吴玠速上將士功狀。既而，法原亦至，仍置司於閬州。於是，總領四川財賦趙開白似等求罷，且言：「自改修茶鹽酒已壞之法，歲有常息，起建炎己酉至紹興癸丑，共收一千五百餘萬緡，兼陝西茶馱，及陝西造銅錢引，紐計川錢又八百三十餘萬緡。惟是官吏營私，惡其不便於己，共興謗讟，以爲擾。今老矣，恐誤國事。」似等知軍食方急，不可以無開。乃疏乞因任，詔從之。自川、陝屯兵，一歲之用，可計者糧一百六十餘萬石，而對糴居其半。錢三千餘萬緡，而鹽酒稅亦半之。此其大略也。此據鄭剛中送人序。

上謂宰執曰：「爲法不可過有輕重，然後可以必行。朕嘗語徐俯，異時宮中有所禁，則令之曰必行軍法，而犯者不止。朕深惟其理，但以常法處之，後更無犯者。乃知先王立法，貴在中制，所以必可行也。」

鼎寇楊么犯鄂之公安、石首兩縣。甲午，詔天武捧日四廂都指揮使、神武前軍都統制王𤫊爲荆南潭鼎澧岳制置使，率所部全軍，并帶統制官崔增水軍，擣其巢穴。仍仰淮東宣撫使韓世忠、江東宣撫使劉光世，各以船五百隻與𤫊。又詔統制巨師古以兵二千亦隨𤫊去〔五七〕，併力討之。𤫊又請金字牌，欲招安其衆。上曰：「建炎以來，盜蹥起而不息者，由黃潛善專事招安，而無弭盜之術，高官厚祿以待渠魁，是賞盜也。故不逞之徒胥動爲盜。楊么罪惡貫盈，何以招爲？仍命將來破賊，誅止渠魁，貸其脅從，許以自新。」

庚子，給事中黄唐傳乞立武選格，以科舉人數三分之一待武士，中第者注縣尉。他日有統兵官闕，並先選武士。詔兵、吏二部條上。

建炎中，國子監併歸禮部，丁未，始詔駐蹕所在國子監量養士，仍置博士。然未果行焉。

初，吕頤浩以養兵費廣，乃稍更鹽法，循法爲序，使商賈入納奔湊。又經理淮甸，以護通、泰，專鹽利。而堂後張純獻計頤浩，增定私鹽刑名，多配嶺南，犯者相屬。於是，殿中侍御史常同言〔五八〕：「法已極重，貧民所負至少而受捕，豪家結羣持杖〔五九〕，則法不能及。宰臣循蔡京之舊，亦用張純提領兩務，而户部與胥吏通姦利，已有顯狀。」上諭同曰：「凡舉事不能有利無害，第當擇利多害少者爲之，非卿言，朕不知其害。」至是，亟命有司更定其法，下純大理寺治罪〔六〇〕，取兩務復隸户部。

時選部案牘不存，吏得爲姦。川、陝官到部者，多以微文沮抑，往返輒經歲。於是，考功郎官歷陽魏矼奏請細節不圓者，悉先放行。人以爲便，自後踵行之。

〔校勘記〕

〔一〕紹興三年歲在癸丑春正月丁巳朔　「丁巳朔」，繫年要録卷六二據翟琮奏議繫於初三日（己未）。

〔二〕唐代宗之訪母后嘗曰　「訪」原作「詔」，「嘗」原作「賞」，據繫年要録卷六二改。

〔三〕仍選官屬充糧料院審計司　「料」原作「科」，據皇朝中興紀事本末卷三四改。

〔四〕金虜大酋撒离曷等衆十萬　「大酋」原作「將」，無「虜」字，據皇朝中興紀事本末卷三四補、改。

〔五〕入洵陽界　「洵」原作「泊」，據廣雅本、皇朝中興紀事本末卷三四及繫年要録卷六二改。

〔六〕斥堠將邵龍與虜遇　「邵」原作「部」，「虜」原作「敵」，據皇朝中興紀事本末卷三四改。下同。

〔七〕既而虜諸軍萃焉　「虜」原作「金」，據皇朝中興紀事本末卷三四改。

〔八〕無復聞焉　「聞」原作「闕」，據皇朝中興紀事本末卷三四及繫年要録卷六三改。

〔九〕辛卯　原作「辛亥」，據皇朝中興紀事本末卷三四及繫年要録卷六三改。

〔一〇〕既又撥本路上供錢七萬緡付之爲本　案：繫年要録卷六三辛卯條注文考證：各種經費，「實計四十一萬緡。克蓋誤也」。

〔一一〕邦彦歸朝　「朝」原脱，據皇朝中興紀事本末卷三四補。

〔一二〕官軍萬七千人益以洋川義士爲三萬　案：繫年要録卷六三及皇宋中興兩朝聖政卷一三載「玠軍纔數千人，益以洋川義士萬三千人」。

〔一三〕玠以黄柑遺虜酋　「虜酋」原作「金帥」，據皇朝中興紀事本末卷三四改。

〔一四〕虜陷興元府　「虜」原作「金人」，據皇朝中興紀事本末卷三四改。

〔一五〕案：繫年要録卷六四丁亥注文考證云：「按勝非以七月乙亥起復舊官，若在二月丁憂，則不應半年方起復。熊克恐誤。」

〔一六〕宰執奏禁中神御薦饗禮料　「料」原作「科」，據宋會要輯稿禮一三及皇朝中興紀事本末卷三四改。

〔一七〕案：繫年要録卷六二據日曆繫於正月末，并認爲小曆繫於二月末誤。

〔一八〕案：繫年要録卷六二考證云：「其實本府當職官吏，各降一官，乃去年先降旨，今但黜光而不及餘人。」

〔一九〕案：繫年要録卷六一繫此事於「紹興二年十二月辛亥」，并在注文考證：是李横回軍之後的事情，當時襄陽爲分鎮，朝廷未嘗有所給。

〔二〇〕横勢不容久居　「勢不容久居」原脱，據皇朝中興紀事本末卷二四補。

〔二一〕遇虜　「虜」原作「金人」，據皇朝中興紀事本末卷二四改。下同。

〔二二〕不意横等卒至　「卒」原作「率」，據廣雅本及皇朝中興紀事本末卷二四改。

〔二三〕案：復汝州，繫年要録卷六一據日曆繫於紹興二年十二月辛亥。

〔二四〕諸叛以利訹虜　「虜」原作「金」，據皇朝中興紀事本末卷二四改。下同。

〔二五〕而洋州公私之積　「洋州」原作「洋川」，據廣雅本及皇朝中興紀事本末卷二四改。

〔二六〕壬午　繫年要録卷六四繫於「四月辛卯」，并考證小曆誤。

〔二七〕子羽與玠謀遣兵邀於武林關　「武林關」原作「武休關」，據廣雅本及繫年要録卷六四所引小曆改。

〔二八〕案：繫年要録卷六五繫於「五月丙辰」，并認爲繫於四月初誤。

〔二九〕刑部郎中韓膺胄請刑獄誤入人死罪者　「刑部郎中」，繫年要録卷六四作「駕部員外郎」。「刑獄」原脱，據皇朝中興紀事本末卷二五補。

〔三〇〕乃不敢舞文也　「舞」原作「侮」，據繫年要録卷六四改。

〔三一〕案：此段記事，繫年要録卷六四辛卯條注文考證云：「按：日曆，光世制命即云『建康府置司』，九月方移池州，此時光世自鎮江即至建康，世忠何爲焚池州倉庫？蓋光世未離鎮江，而世忠先至城外，是以遣姦細入城也。」

〔三二〕案：繫年要録卷六六繫於六月丁未，并考證云：「光世所奏甚譸張。而熊克小曆乃云：『世忠猶欲以兵襲其後。』蓋爲光世諱也。」
〔三三〕案：繫年要録卷六四繫於「癸巳」。
〔三四〕欲正后生元子　「欲」原脱，據皇朝中興紀事本末卷二五及繫年要録卷六四補。
〔三五〕詔都督府移於建康　「建康」，繫年要録卷六四作「鎮江」。
〔三六〕己酉　繫年要録卷六四繫於「戊申」。
〔三七〕案：繫年要録卷六六甲申條注文考證云：「按：日曆，今年四月癸巳得旨，令師古聽世忠節制，非世忠欲之，而師古不伏，蓋不肯屯泗上。克恐誤也。」
〔三八〕案：李横與宣撫司夾擊事，繫年要録卷六五繫於「五月丙辰」，并以繫於四月末爲誤。
〔三九〕川陝路絶　原脱，據皇朝中興紀事本末卷二五補。
〔四〇〕見虜所遺子女玉帛　「虜」原作「金」，據皇朝中興紀事本末卷二五改。下同。
〔四一〕令其臨漢江招横　「漢江」原互倒，據皇朝中興紀事本末卷二五及繫年要録卷六四乙正。
〔四二〕及虜陷鄧州境　「虜陷」原作「金犯」，據皇朝中興紀事本末卷二五改。
〔四三〕皆盡臣禮事之　「事」原脱，據皇朝中興紀事本末卷二五補。
〔四四〕惟夏誠劉衡二寨險不可破　「衡」原作「衝」，據皇朝中興紀事本末卷二五改。
〔四五〕則選人何以自給　「以」原脱，據廣雅本及皇朝中興紀事本末卷二五補。
〔四六〕以致堯爲刑部郎中　「刑部郎中」，繫年要録卷六五作「尚書兵部員外郎」。
〔四七〕虜願再遣重臣以取信　「虜」原作「金」，據皇朝中興紀事本末卷二五改。
〔四八〕案：繫年要録卷六六繫於「六月丁亥」。

〔四九〕願毋渝先約　「渝先」原互倒，據皇朝中興紀事本末卷二五及繫年要録卷六五乙正。

〔五〇〕顧長民才行如何爾　「才」原作「力」，據皇朝中興紀事本末卷二五改。

〔五一〕況與改秩　「況」原作「常」，據皇朝中興紀事本末卷二五改。

〔五二〕祁陽縣令張登　「祁」原作「祈」，據皇朝中興紀事本末卷二五及繫年要録卷六五改。

〔五三〕今當令郡縣行勞來之實　「郡」原作「縣」，據皇朝中興紀事本末卷二五改。

〔五四〕金虜之由褒斜谷而去也　「虜」原作「人」，據皇朝中興紀事本末卷二五改。

〔五五〕賴虜自退　「虜」原作「敵」，據皇朝中興紀事本末卷二五改。

〔五六〕曲赦川陝　「曲赦」，繫年要録卷六六作「德音」，并以小曆誤。

〔五七〕案：繫年要録卷六六甲午條載「神武統制官高進以所部五千從瓊」，并考證云，巨師古時已被編管，高進爲其部將。小曆誤。

〔五八〕案：繫年要録卷六九紹興三年十月壬辰條注文云：「按常同此時自柳州召還，未至都。今年八月始除御史，九月丁丑，同奏私鹽刑名太重，詔户、刑部勘當。至是進呈。克實誤也。」

〔五九〕豪家結羣持杖　「杖」原作「伏」，據廣雅本及皇朝中興紀事本末卷二五改。

〔六〇〕案：繫年要録卷六九紹興三年十月壬辰條注文云：「克又並載張純下大理治罪在六月末，亦誤。純下大理，在十月己亥。」

中興小紀卷十五

紹興三年秋七月丙辰，左僕射吕頤浩辭提舉國史，不允。上曰：「朕觀歷代史，後人皆不及前人。遷、固雖下於左氏，辭猶奇偉。范蔚宗以還，不足觀也。至唐史尤不及前人遠甚。」頤浩曰：「陳壽三國志亦佳。」上曰：「壽頗簡略，事實多在注中。又諸家互相矛盾。」席益曰：「歐陽修五代史乃有褒貶義例，過范蔚宗等遠矣。」

工部侍郎歷城李擢奏：「乞參紹聖、大觀法，別立博學宏詞一科。」己未，詔從之。時行在百官以職之高卑而差其人數多寡，月給雇募之直，亦是擢請之也。

時大旱，上曰：「和買未爲良法，今支錢一千，州縣吏更不奉行，重困吾民，可下監司覈實，勿爲文具。」甲子，手詔略曰：「朕於民事，未嘗敢緩。其和買綢絹錢已虧，而多有不支，民咨怨而傷和氣，因以致旱，可索逐路未支實數條上。」

【新輯】上因旱詔群臣言事(一)。禮部尚書洪擬奏曰：「法行之公，則人樂而氣和；行之偏，則人怨而氣乖。試以小事論之，近時監司、守臣獻羨餘則黜之，宣撫司獻則受之，是行法止及疏遠之臣也。有自庶寮至爲侍從，卧家視事，未嘗入謝，遂得美職而去。若鼓院官移疾廢朝，則斥罷之，是行法止及冗賤之官也。摧酤立法甚嚴，從者籍家財以充賞，而大官有勢者，連營列障，公行酤賣，則不敢問，是行法止及孤弱之家也。小事如此，推廣而言之，則怨多而和氣傷，可知矣。」疏奏，上嘉納之。（輯自皇朝中興紀事本末卷二六，參考繫年要録卷六七）

言者謂〔二〕：「艱難以來，中原隔絶，祖宗開國功臣子孫凋喪幾盡。乞訪其後，量才録用。」從之。

樞密院計議官王大智所造戰車不可用，壬申，詔罷之。上曰：「器械之利，古今異宜，古所便者，未必便於今。然古人雖用，亦或不利，如驂絓而止之類，蓋車非利器也。」席益曰：「古人用車或勝，而後人用之必敗。蓋古人彼此用車。至於彼徒我車，已有侵軼之懼，而後人每以車敵騎，其敗固宜。」吕頤浩曰：「房琯失利於陳濤，正坐此也。」

【新輯】癸酉〔三〕，右僕射朱勝非起復，仍知樞密院事。（輯自皇朝中興紀事本末卷二六，參考繫年要録卷六七）

甲戌，宰執奏置孳生監牧馬。吕頤浩因論廣西買馬，雖置提舉官，須令帥司與之直，庶無乏事。上曰：「固也。然當擇帥，若不擇人，而每事待朝廷處置，則雖百執，亦不能辦。治天下者，要在官得人而使之各任其事，則天下治矣。」時置監於饒州，以左朝請大夫郗漸爲提舉孳生監牧事〔四〕。然馬性利高寒，鄱陽地卑濕，既而因暑馬死者衆，漸坐此罷。

先是，講筵所祗應人經進書推恩，内門下後省私名莫允中拔進義副尉。左司諫唐煇論以爲不當〔五〕，乞追改。煇，吴縣人也。己卯，宰執進呈，上曰：「此講筵所奉御寶批也，既有例，當行。」席益曰：「此事固有前比，然副尉而煩諫官論列，乞陛下允所奏。」上頷之。徐俯曰：「既有例，當如何？」上曰：「然凡朝廷事，既有例，因言者論列而改，則是朝廷所行果非也。且此小事，非繫國體。」吕頤浩固請從煇之説，上可之。

先是，久旱，中雖得雨，微潤而止。上極憂勞，省躬修政，而圖嘉應。至於祈禱，皆蔬食以致潔誠。自此月己巳之後，屢雨，至是始足。庚辰，上謂宰執曰：「日者亢陽，朕甚慮之，以爲穡事無望矣。今霑足如此，殆將有秋。春秋二百四十年〔六〕，書大有年者一，有年者再而已矣〔七〕。以此知難得也。」吕頤浩等退而相謂曰：「上至誠閔雨如此，宜豐年之來格也。」

初，劉豫將李成統衆與虜合兵二萬攻盧氏縣〔八〕，河南鎮撫使董先率兵五千禦之，衆寡不敵，遂棄元守州縣，將二千餘人退寓襄陽府，願聽李横節制，許之。虜、僞兵復侵襄陽，横以食盡不繼，遂引其兵棄城而遁，虜、僞兵南至隨、郢，遠近震恐。横欲奔荆南以俟朝命，其屬趙去疾、閻大鈞等勸使歸朝待罪。横曰：「我有烏合之衆，所至自謀衣食，人皆指爲賊。萬一諸部不見納，奈何？」二人曰〔九〕：「我亦官軍也，何至是？」既而，鄂帥劉洪道果拒之，横大怒，欲殺二人〔一〇〕。皆呼曰：「江西帥趙樞密可歸也。」横猶未決，而趙鼎已遣米船至，其衆遂安。董先與信陽軍鎮撫使牛皐，先渡江至洪矣。鼎復以銀數千兩犒横之衆，且檄知黄州鮑貽遜迎勞於境。横大喜。是月，詔横駐洪州〔一一〕。既而，鼎發横赴闕，將佐以下隨之。横至闕，爲桑仲訟冤，乃追洪州都監霍明送大理鞫之，亦竟薄其罪。

時召德安鎮撫使陳規至行在，規首乞罷鎮撫使。又言：「諸將跋扈，請用偏裨，以分其勢云。」〔一二〕

詔復沿海制置使，乃以殿前都指揮使郭仲荀知明州兼之〔一三〕。仲荀將兵三千之任〔一四〕，因陛辭，乞解軍職，遂加檢校少保。仲荀至明，正當風汛賊舟南來之時，即遣小舟入海爲斥堠，屯兵港口，據要會以待之。

八月己丑，辛執奏分屯軍馬遠近輕重。吕頤浩曰：「第恐無糧。」上曰：「撫國家，給饋餉，自古亦須運糧，豈有無糧之理？余覩初叛遼主，亦以讒言不給糧之故，往附女真也。」

時言者欲罷都轉運司，於是度支郎中侯懋等言：「自發運司罷後，上供錢物頓失，遂改爲都漕，蓋緣以辦上供爲事。今罷此，亦可省吏之費，第諸路漕臣又以上供移用，他時復置，即非朝廷舉措。矧自置司一歲間，已增八十餘萬貫矣。第漕臣不得自便，故同忌嫉，以此見存廢利害甚明。」〔一五〕庚子，詔從之。

上以雨暘不時，又蘇、湖地震，甲辰，詔中外之臣，令極言毋隱。

先是，諸州有積年所欠禁軍闕額錢〔一六〕，已委逐路憲司起發。上復恐不便於民，遂諭宰執，令速蠲放。繼又手詔三省、樞密院行之，大指慮有追呼禁繫，蓋以不忍人之心，行不忍人之政。至是，上又曰：「紹興元年以後，合樁之數亦未須起，欲與諸路招軍，令填足舊數也。」

初，河南布衣王忠民，隱居不出。靖康中，因上書被召，又嘗以策干長安帥范致虛，致虛喜，欲致之不能。時諸鎮帥如翟興、董先、李彦仙皆禮重之〔一七〕。劉豫僭立，忠民作九思圖及定亂四象，遣人達虜寨與故遼之境〔一八〕，以斷天下之疑。宣撫處置使張浚補以官，不受。復薦之，至是忠民詣行在，左僕射吕頤浩、僉書樞密院徐俯謂之曰：「上知君來，甚喜。」既見上，所奏皆留中。授右宣義郎，忠民辭不獲命，則以告納于櫝中，藏之七寶山下而去。後撰三國和議狀，遣使臣岳知常散於虜中〔一九〕。知常越豫境被執，忠民於是編置福州，未幾得免。

初，同僉書樞密院事韓肖胄、工部尚書胡松年使虜〔二〇〕，道經淮甸，見田畝多廢，骼胔相屬。密附奏：「乞展限起常賦，及立賞掩遺骸，以廣上恩。」是月，肖胄等至雲中軍前，與虜議和，虜頗見信而有悔禍之意。

給事中黄唐傳言都漕不可罷，力營救之。於是，言者論唐傳附會大臣。九月乙卯，以唐傳爲徽猷待制、提舉太平觀。未幾，落職。

丙辰，兼詳定一司敕令章誼言：「比修紹興敕令格式，書務速成，論靡專決，州縣推行，已漸見牴牾。望詔監司、守臣條上新書之闕，命官審訂，去其訛謬，著爲定法。」從之。

右僕射朱勝非等奏：「近泉州水暴發〔二〕，隳城郭廬舍，已行詰問。」上曰：「國朝以來，四方水旱無不上聞，故修省蠲貸之令隨之。近日蘇、湖地震，泉州大水，輒不以聞，何也？」乃詔：「諸路有水旱，監司、郡守即時具奏，如敢隱，則置之法。」

時天象多變，臺諫交章論左僕射呂頤浩之過，而殿中侍御史常同疏其十罪，【新輯】以謂：「循蔡京、王黼之故轍，重立茶鹽法，專爲謀利，一也。不於荆、淮立進取規模，惟務偷安，二也。所引用非貪鄙俗士，即其親舊，三也。訴者經牓示而再訴，即寘之罪，四也。贓吏韓僖、呂應問皆贓滿數萬，頤浩既受女謁，遂令移獄，反欲罪元按官司，五也。臺諫論事，不合己意，則怒形於色，六也。近兩將不協，幾至交兵，不能辨曲直，以伸國威，而姑息之，七也。其腹心最善者，擢寘臺屬，凡臺中議論即聞，八也。近輔地震，抑而不奏，及降詔求言，又不引去，九也。每會親黨夜飲，男女雜坐，比言者論罷都轉運司，遂托病乞出，十也。陛下未欲遽逐頤浩者，豈非以其有復辟之功乎？臣以謂功出衆人，非一頤浩之力。縱使有功，宰相代天理物，張九齡所謂不以賞功也。」（輯自皇朝中興紀事本末卷二六，參考宋宰輔編年録卷一五）戊午，罷頤浩爲鎮南軍節度、開府儀同三司、提舉洞霄宫。制下，言者又請鐫去將相崇資，於是，改觀文殿大學士、宫祠如故。

改謚昭慈獻烈皇后曰昭慈聖獻〔二二〕。

己未，詔略曰：「昨舉祖宗之制，欲杖贓吏於朝堂，亦以刑止刑之義。復思祖宗時，絹直不滿千錢〔二三〕，故以一貫三百計匹，後因論列，遂增至二貫足。今絹價不下四五貫，豈可尚守舊制？每匹宜更增一貫足。今後贓吏犯法，夫復何言？」

先是，皇后父邢焕卒，妻福國夫人熊氏進狀，乞賜田賜第〔二四〕，及官子弟、門客，皆逾常制。癸亥，上令補二子官，一子有官者進二秩，餘悉不行。且顧宰執曰：「祖宗待戚里，皆有常憲，朕不敢逾。豈以后族故私之邪？」後復以皇后受册乞恩。上曰：「朕於外戚，不敢有私也。況待后家，又不敢與宣和皇后家等，前此官邢氏中外戚，已減於韋氏矣。」乃詔追贈焕少師、嘉國公，許造進酒而已。

甲子〔二五〕，起居郎曾統言：「本朝多以諫臣兼記注，且聽直前奏事。元豐更制，不復并任諫列，然有事亦許直前。頃者，權臣用事，言路寖壅，居是官者，既無言責，率以出位爲嫌，甚非祖宗兼聽之意。」乃詔依元豐舊制。

丙寅，詔江西大帥趙鼎兼制置大使。既又詔江西制置使岳飛駐軍江州，而舒、蘄二州亦隸節制。初，飛與前帥李回不協，至是，鼎至誠待之，飛亦心服。

江陰軍進士李翰、蘇白〔二六〕，違詔不詣檢院，乃伏闕上書。是日〔二七〕，詔押赴本貫。上曰：「所言者皆細務，如戢宗子之類〔二八〕，自可行，非有詆訐之語，顧不當伏闕爾。此風皆李綱輩啓之，不可不懲也。」

上謂宰執曰〔二九〕：「議者多言諸大將不可復益兵，此爲不知時宜者。如漢高祖定天下，諸將兵至數十萬，未嘗以爲疑，故能有成功。今劉光世、韓世忠纔各及五萬，張浚不滿三萬，而議者已患其多，非也。」朱勝非曰：「漢初諸將最爲用者，韓信、彭越、英布三四人，兵最多。」徐俯曰：「光武嘗中分麾下之師〔三〇〕，以與鄧禹。」席益曰：「方用兵之時，御諸將當如高祖；既定之後，待功臣當如光武。」上然之。

上自南渡以來〔三一〕，每兩月輒一賞衛士。勝非及其時，則命吏爲文書，置袖中，俟命而後進。久而上覺之，問何不早進？勝非曰：「此異恩也，當出自陛下，若舉之，非市恩而何？」上嘉歎之。

殿中侍御史常同言：「朝廷設官，有當廢而置，當存而罷者。近諸路屬官，浸增舊員，而寺、監之官不除。臣謂當減屬官，而復寺、監丞，一則分掌郎曹之劇務，二則養人材以觀其能，三則資淺者不至躐遷。」庚午，上謂宰執曰：「郎官高選〔三二〕，前此歷寺、監丞乃得之，渡江以來，序進人材，則徑至郎官，其議復置，如同言。」

朱勝非等言今歲防秋事。上曰：「今有兵僅三十萬，當更精擇，止得勝兵二十萬，器械悉備，訓而用之，可以復中原，威戎狄矣〔三三〕。豈獨防捍險阻哉？」

大理少卿張杓論淮南帥臣、守令當加精擇。壬申，上曰：「縣令尤爲近民，須一任有舉主及格，乃得爲之。比來一切之制行，或初官便爲令，已釐正矣。當謹守之。昔子皮欲使尹何爲邑，子産謂有美錦而使人學製〔三四〕，蓋民之師帥非練習政經者不可爲也。」

中書舍人晉陵孫近言：「艱難以來，軍期幾速之事，先以白劄子行下，然後乃經給、舍。循習寖久，凡擬官斷獄之類，亦徑下有司。今欲申舊制〔三五〕。」乃詔非機速者，仍命給、舍書讀〔三六〕。

秘書省正字晉陵陳祖言，乞修建炎以來日曆。從之〔三七〕。

冬十月壬午朔，詔：「昨者遣使，出自朕意，授以手曆，澄清諸道。逮胡蒙等還朝，遇緣他事，相繼而去，皆非有失使指。深慮四遠不知其由，妄意揣摩，將已行之事，苟簡滅裂。

未還二使，不無疑慮。三省可下諸路，所陳利害，令監司、郡縣遵守，舉薦人材，取旨録用。」

自南渡以來，官無見籍〔三八〕，吏隨事立文，號爲省記，出入自如。先是，言者乞令吏將所省記，類而成册。從之。遂詔修七司敕令。又得廣東轉運司録到元豐、元祐吏部法，與七司所省記者參修，命禮部尚書兼吏部洪擬總之，而兵部侍郎章誼同定。擬立朝最久，諳練典故，定著曲當。至是，吏部敕令格式書成，而擬除徽猷閣直學士，奉祠以去。癸未，右僕射朱勝非上之。

上謂宰執曰：「武備在於軍器，弓甲尤爲先務，今戰士無慮三十萬，皆被堅執鋭，加以弧矢之利，雖强敵，無足畏也。然造弓必用良工，兼須善價。今御前所造弓，其直八千，可以爲式，宜令軍器所及張俊軍中分造，庶使盡其藝也。」

戊子，以工部侍郎李擢爲禮部尚書，尋除徽猷閣直學士、知婺州。

時荆南制置使王瓔總軍討楊么，至鄂州，瓔言湖水瀰漫，未可進兵。壬辰，詔俟水落，速去擒捕。既又詔西北無歸之人，爲賊誘脇者，别給旗牓，付瓔招收。

甲午，廣西宣諭明槖言大理國欲進奉及賣馬事。上諭宰執曰：「進奉勿許，安可利其虚名，而勞民乎？」朱勝非曰：「異時廣西嘗奏大理入貢，言者指以爲妄，事可爲鑑。」上曰：「彼云進奉，實利於賈販。但令帥臣償其馬直，則馬當繼至，可增諸將騎兵，不爲無益也。」

戊戌，詔略曰：「朕以眇躬，親逢厄運，愧無德化。而士大夫趨向多趨附，蓋奔競之風不息，則朋比之勢漸成。若不以時警懼，辨其邪正，尚且曰內修政事〔三九〕，外攘夷狄〔四〇〕，得不負愧於天下？可令臺諫察其微而劾之，三省、樞密差除，常加遴選，朕有賴焉。」

淮東宣撫使韓世忠奏〔四一〕：「見管兵四萬四千餘人，乞揀去老弱。」詔世忠軍練已精，陝西、河北、山東兵，隨世忠累經出入，難以例汰，令存恤之。初，世忠之在建康也，以虜衆善射〔四二〕，常以騎兵取勝，世忠乃選少年敢死士爲一軍，號曰「背嵬」，如古羽林、佽飛之類，皆一以當百。又自出新意，造剋敵弓，斗力雄勁，每射鐵馬，一發應弦而倒。蓋二者皆足以制虜〔四三〕，至是愈精矣。

初，福建鹽法以三分爲率，二分商販，一分官搬。比年商販殊少，鬻鈔不行。邵武軍判官趙不已上言：「乞併令轉運司搬賣，歲認鈔錢二十萬緡，漕司以鈔錢太重，請減爲十五萬緡。」從之。

時虔寇竊發，多緣羣入閩、廣販鹽，以致作亂。至是，知梅州陳杲乞散賣小鈔〔四四〕，謂非特可助國計，亦使細民得販，則暗消其爲盜之端。事下榷貨務，己亥，本務言：「福建二分客鈔，已令轉運司歲輸一十五萬緡，而廣東亦係官搬，杲所言不惟有侵漕計，兼礙成法。」

遂格不行。杲，建陽人也。

壬寅，以龍圖閣學士曾楙爲禮部尚書。既而，殿中侍御史常同言楙不當除，遂寢前命。

丙午，宰執奏廣南捕盜事。上曰：「凡擒盜多緣賊首未殄，遽以奏功，兵退又復聚衆爲寇。兼監司、州縣不能恤民，散而爲盜。有盜又不時奏，致使滋長，可嚴戒之。」

先是，手詔吏部注擬姦弊事，詔意以爲：「安得以皇甫鎛之流，鈐制姦吏，除其弊原。」上始用鎛事，蓋獨取其初能制吏耳。鎛後作姦迎合，數貢羡餘，唐史所譏，上意深嫉，恐臣下不察，有疑御筆。改曰：「安得如毛玠清公，使天下之士，莫不以廉潔自勵。」丁未，上謂宰執曰：「他時詔語未當〔四五〕，三省可便奏陳改定。」徐俯曰：「陛下始用鎛事，特取其爲郎時事，後惡其姦，改以毛玠，頒之天下，益足以見盛德矣。」

己酉，宰執奏事，席益請諸軍所造馬黄努改令造弓。詔從之。上曰：「努但可守，戰則須弓。」朱勝非曰：「前者李横、牛皐與金人戰，既勝之，虜益兵來〔四六〕，横等皆無甲，是以敗。」上曰：「無甲何以禦敵，今治兵所先者器甲，而弓尤急也。」徐俯曰：「臣見張俊云：『近歲軍中方知帶甲之利。』今有甲士十萬，則無懼於强敵。」上曰：「俊隨朕久，士之帶甲者，俊練之也。」

荆南制置使王璦至岳州，水路下流進兵，先遣統制官石世達領二千人至鼎州，與程昌寓下統制官杜湛合兵，以當上流，令世達聽昌寓指縱。世達勇而和，湛方患兵少，遂與協力攻賊，至龍陽縣之沅洲，奪賊小德山船一，賊連敗。庚戌，官軍入黄誠寨，登僞太子樓，獲龍牀、龍屏之類。是日，瓔在下流，船小，與賊戰不利，乃留水軍統制官崔增、吴全於喬口，而自持神武前軍，由益陽縣路次於下芷江口。

金虜左都監兀朮至鳳翔府〔四七〕，與萬户撒离曷會，再謀攻蜀。又虜衆東寇楚、泗〔四八〕。時江東宣撫使劉光世駐軍在建康，扼馬家渡，光世將兵直擣廬、壽〔四九〕，虜人乃引去。

崔增、吴全自喬口進兵攻賊失利，二將皆没。王瓔與程昌寓議，方欲橫鼎江下流，植椿留船守之，以防賊衝，然後悉衆泝芷江，併力攻賊將夏誠、劉衡等寨〔五〇〕。會鄂州告急，戊申，瓔持兵趨鄂。留統制官王渥、趙興等軍，權聽昌寓節制，移駐上芷江口。

十一月丙辰，宰執奏修運河事。上曰：「有言當役不堪出戰之卒，固不可，又言調民而役，滋不可，惟發旁郡廂軍壯城、扞江之屬爲宜。至於廪給之費，則不當吝。」朱勝非曰：「開河似非急務，而饋餉艱難，爲害甚大，故不得已。但時方甚寒，役者良苦，臨流居民，悉當遷避。及富家以僦屋取貲者，皆非所便，恐議者惑之。」上曰：「禹卑宫室而盡力乎溝洫，浮言何恤哉？」

開封布衣李漢英上書，以爲國家之弊，在於用柔太過，故虜得逞〔五一〕。丁巳，上曰：

「沉潛剛克，高明柔克。聖人之德，時剛時柔而已。光武治天下，以柔道行之，復興漢業，顧豈柔爲不可哉？漢英語雖狂易〔五二〕，而朕不爲忤也。」

時劉豫調民修城運糧，又擇其壯者以備戰。戊午，諸路探至，上惻然曰：「中原之民亦勞矣。吾民之不陷僞境者，雖兵興有年，朕未嘗敢以科調煩之，庶其休息。夫使民各安田業，治道之要也。朝廷當力行之。」

自建炎初置司農寺，庚申，始復置丞二員。〔五三〕明年，又復置長貳。

僉書樞密院韓肖胄、工部尚書胡松年使虜回〔五四〕。自上即位，遣使入虜十數輩，未嘗報聘。至是，劉豫兵敗，始遣其臣文州團練使李永壽、職方郎中王翊等九人，隨肖胄同來。詔前奉使潘致堯、高公繪接伴之。朱勝非閒居録曰：「秦檜自初相，奏以河北、河東人還金虜〔五五〕，以中原人還劉豫。」至是，虜使李永壽、王翊來聘，議七事，第一事欲盡取北人，與檜二策正同。乃知檜之策出於虜意也〔五六〕。」兵部侍郎趙子晝爲館伴。時虜情反側〔五七〕，人以館客爲難，子晝彌縫應對，而永壽驕倨自肆。又命右文殿修撰王倫與之議事，倫爲翊道雲中舊故，翊慢少損。倫即曰：「上嘉公輩遠來，特命倫相勞，此殊恩也，宜拜以謝。」二人始拜，就命倫充送伴使。於是，殿中侍御史常同言：「先振國威，則和戰常在我；若一意議和，則和戰常在彼。靖康以來，分爲兩事，可爲監戒。」上因從容語及武備曰：「今養兵已二十萬有奇。」同曰：「未聞二十萬兵而畏人者也。」

時御史六察所隸官司，有免隸臺察者，常同請依舊制。乙丑，詔閤門、客省、四方館並隸臺察，獨皇城司專掌禁廷，依祖宗法不隸，上曰：「使皇城司隸臺察，何所憚？顧祖宗法不可易爾〔五八〕。」同又言：「六曹貳長，拘執繩墨，願少假以權，使隨事裁決。」上曰：「國朝以法令御百執事，故凡有司以奉法爲能，而不敢以私意更令。三代皆有所尚，漢而下亦各自有制度。祖宗成憲，朕之家法，不敢改也。」

秘書省言：「元豐官制後，國史別置院，所有日曆歸本省國史案。今乞以修國史日曆所爲名。」從之。

初，元祐司馬光爲相，請設十科以取人材：曰行義純固，可爲師表；曰節操方正，可備獻納；曰智勇過人，可備將帥；曰公正聰明，可備監司；曰經術精通，可備講讀；曰學問該博，可備顧問；曰文章典麗，可備著述；曰善聽獄訟，盡公得實；曰善治財賦，公私俱便；曰練習法令，能斷諸讞。歲令侍從以上各舉三人。紹聖以來，此科遂廢。至是，三省、樞密院請復舉行。乙亥，詔從之。

宣和皇后弟韋淵乞磨勘遷秩。時淵官爲横行，吏部言：「横行於法無以年勞遷者。」丙子，上曰：「若宣和皇后來歸，勢必加恩外家，姑留此，以需母后之歸可也。」乃命留以俟之。

吏部郎官劉大中言〔五九〕：「鼓鑄爲國利源。虔、饒兩司，歲鑄一百五萬緡，留四十五萬緡，循環爲本，合發五十九萬餘緡，而元年、二年上鑄二十萬緡，截支外，止發一十二萬緡，却用銅本錢給兵匠〔六〇〕，總三十五萬餘緡。除實鑄外，虛費一十九萬餘貫。豈止所得不償所費而已？」事下工部，本路言：「江州廣寧監合鑄二十四萬貫，池州永豐監合鑄三十四萬貫。比經殘破，以兩監工匠，池併入饒，江併入虔外，其鑄額合令認發。」十二月癸未，詔從之。

甲申，宰執奏故侍御史洪炎葬事〔六一〕。朱勝非曰：「此蓋近例。」上曰：「炎以文學稱，其死有恤典。今既致言者，當罷之。然聞其家貧，可依胡直孺例，支與銀絹。」炎，蓋黄庭堅之甥也。徐俯曰：「庭堅自有親孫，見在臨安府爲筦庫，其家極貧也。」

先是，建炎中，將作、軍器二監，皆併歸工部，己丑，始詔復置監、少監、丞、簿等員。將作乃總少府之事。

時監司有闕，或以干堂，壬辰，言者請：「遴揀公正可任之人，書於籍，庶杜其求，且去待闕之弊。」上曰：「奔競之風未息，每有一闕，必致干乞〔六二〕。可明戒不得具闕，庶少修士檢也。」

癸巳，廣西經略使劉彥適言：「南丹州莫公晟領賊兵三千犯觀州。」右僕射朱勝非曰：「此皆崇、觀、政、宣所開新邊〔六三〕，近來往往棄而不守。如觀州亦下本路相度，而帥臣、監司以爲所據控扼，不宜棄之。」上曰：「前日用事之臣，貪功欺罔，其實傷民費財，使遠俗不安也。」彥適又乞與公晟一職。詔從之。

乙巳，辛執奏：「正旦使人入見，故事，百官俱入。」上曰：「全盛之時，神京會同朝廷百官之富，所以夸示夷狄〔六四〕。今蹔駐於此，事從簡便，舊日禮數，無庸俱入，兼元日亦未嘗受賀也。」

時朝廷館虜使〔六五〕，禮既簡〔六六〕，而所乞還俘囚及西北士民之在東南者，且請畫江以益逆豫之疆，朝廷皆不從。於是，李永壽等褫氣而去。

時將遣參知政事席益爲報使，而益以母老辭。上問誰可代行，乃薦樞密都承旨章誼，明日，誼對，上諭以使虜之説〔六七〕，誼徑承命。詔加誼龍圖閣學士以行。

〔校勘記〕

〔一〕案：繫年要録卷六七繫於「癸酉」。

〔二〕案：繫年要録卷六七繫於「丁卯」，且指明「言者」是「宋伯友」。

〔三〕案：繫年要録卷六七繫於「乙亥」，并考證小曆誤。

〔四〕以左朝請大夫郗漸爲提舉孳生監牧事　「左朝請大夫」，繫年要録卷六七作「右朝請大夫」。

〔五〕内門下後省私名莫允中拔進義副尉左司諫唐煇論以爲不當　「莫允中」，宋會要輯稿崇儒七同，繫年要録卷六七及歷代名臣奏議卷一八五作「慕允中」。又案：繫年要録卷六七云：「唐煇所奏非謂不應補官，謂其不應不作非泛也。」

〔六〕春秋二百四十年　「二百四十」，繫年要録卷六七及皇朝中興兩朝聖政卷一四作「二百四十二」。

〔七〕有年者再而已矣　「年」原脱，據皇朝中興紀事本末卷二六及繫年要録卷六七補。

〔八〕劉豫將李成統衆與虜合兵二萬攻盧氏縣　「虜」原作「金」，據皇朝中興紀事本末卷二六改。下同。

〔九〕二人曰　「二」原作「三」，據皇朝中興紀事本末卷二六及上下文意改。

〔一〇〕欲殺二人　「二人」原作「之」，據廣雅本、皇朝中興紀事本末卷二六及繫年要録卷六九改。

〔一一〕案：李横棄襄陽事，繫年要録卷六九繫於「十月癸卯」，并考證云：「云是月詔横駐洪州，實甚誤也。日曆詔横屯江州，在十二月甲午。」

〔一二〕案：陳規至行在，繫年要録卷六四繫於「三月庚寅」，并考證云：「規入對在三月癸未，熊克小曆載規赴召於七月末間，實甚誤也。」

〔一三〕案：繫年要録卷六八繫於「九月乙亥」，并考證云：「熊克小曆載仲荀知明州在七月，蓋誤也，今從日曆。」

〔一四〕仲荀將兵三千之任　「三千」原作「二千」，據廣雅本、皇朝中興紀事本末卷二六及繫年要録卷六九改。

〔一五〕案：此段文字，據繫年要録卷六七庚子條注文，其中「自發運司罷」後至「即非朝廷舉措」，爲給事中黄唐傳上疏之言，而「矧自置司一歲間」至「以此見存廢利害甚明」，才是度支郎中侯懋之言。

〔一六〕諸州有積年所欠禁軍闕額錢　「額」原脱，據皇朝中興紀事本末卷二六及繫年要録卷六七補。

〔一七〕時諸鎮帥如翟興董先李彦仙皆禮重之　「帥」原脱，據皇朝中興紀事本末卷二六補。

〔一八〕遣人達虜寨與故遼之境　「虜」原作「金」，據皇朝中興紀事本末卷二六改。
〔一九〕遣使臣岳知常散於虜中　「虜」原作「敵」，據皇朝中興紀事本末卷二六改。
〔二〇〕同僉書樞密院事韓肖胄工部尚書胡松年使虜　「虜」原作「金」，據皇朝中興紀事本末卷二六改。下同。
〔二一〕近泉州水暴發　「發」原脱，據廣雅本補。
〔二二〕改謚昭慈獻烈皇后曰昭慈聖獻　「改」原脱，據皇朝中興紀事本末卷二六補。
〔二三〕絹直不滿千錢　「絹」原作「緝」，據廣雅本及皇朝中興紀事本末卷二六改。
〔二四〕乞賜田賜第　「賜田」原脱，據皇朝中興紀事本末卷二六及繫年要録卷六八補。
〔二五〕甲子　繫年要録卷六八繫作「癸亥」。
〔二六〕江陰軍進士李翰蘇白　「翰」，繫年要録卷六八及宋會要輯稿職官三作「韜」。
〔二七〕是日　繫年要録卷六八繫於「乙丑」。
〔二八〕如戢宗子之類　「戢」原作「職」，據廣雅本及皇朝中興紀事本末卷二六改。
〔二九〕案：繫年要録卷六八繫於「戊辰」。
〔三〇〕光武嘗中分戲下之師　「嘗」原作「常」，據皇朝中興紀事本末卷二六改。
〔三一〕上自南渡以來　「南渡以來」，繫年要録卷六八作「還會稽以來」。案：此段記事，繫年要録卷六八繫於「戊寅」。
〔三二〕郎官高選　「選」原作「遷」，據廣雅本及皇朝中興紀事本末卷二六及繫年要録卷六八改。
〔三三〕威戎狄矣　「戎狄」原作「外敵」，據皇朝中興紀事本末卷二六改。案：此條記事，繫年要録卷六八繫於「庚午」。
〔三四〕子産謂有美錦而使人學製　「使人學製」，左傳僖公三十一年作「不使人學製」，此蓋脱「不」字。
〔三五〕今欲申舊制　「申」原作「由」，據皇朝中興紀事本末卷二六及繫年要録卷六八改。

〔三六〕仍命給舍書讀　「讀」原作「牘」，據皇朝中興紀事本末卷二六及繫年要録卷六八改。
〔三七〕案：乞修建炎日曆，繫年要録卷六八繫於「戊寅」。
〔三八〕官無見籍　「見」原脱，據皇朝中興紀事本末卷二七補。
〔三九〕尚且曰内修政事　「政事」原脱，據皇朝中興紀事本末卷二七補。
〔四〇〕外攘夷狄　「夷狄」原脱，據皇朝中興紀事本末卷二七補。
〔四一〕案：繫年要録卷六九繫於「己亥」。
〔四二〕以虜衆善射　「虜」原作「金」，據皇朝中興紀事本末卷二七改。
〔四三〕蓋三者皆足以制虜　「虜」原作「敵」，據皇朝中興紀事本末卷二七改。
〔四四〕知梅州陳杲乞散賣小鈔　「陳杲」，繫年要録卷六九作「程杲」。
〔四五〕他時詔語未當　「語」原脱，據皇朝中興紀事本末卷二七及繫年要録卷六九補。
〔四六〕虜益兵來　「虜」原作「金」，據皇朝中興紀事本末卷二七改。
〔四七〕金虜左都監兀朮至鳳翔府　「虜」原無，據皇朝中興紀事本末卷二七補。
〔四八〕又虜衆東寇楚泗　「虜」原作「金」，據皇朝中興紀事本末卷二七改。下同。
〔四九〕案：繫年要録卷六九據日曆考證，劉光世並没有親自將兵直擣廬、壽，而是派酈瓊前去。
〔五〇〕併力攻賊將夏誠劉衡等寨　「衡」原作「衝」，據皇朝中興紀事本末卷二七改。
〔五一〕故虜得逞　「虜」原作「敵」，據皇朝中興紀事本末卷二七改。
〔五二〕漢英語雖狂易　「狂」原作「强」，據皇朝中興紀事本末卷二七及繫年要録卷七〇改。
〔五三〕案：繫年要録卷六九繫於十月庚戌，以小曆爲誤，且考證曰：「其實諸寺增丞，以此日降旨，庚申，但除官耳。

克止書司農一寺而不及三監，不知何故。」

〔五四〕僉書樞密院韓肖胄工部尚書胡松年使虜回　「虜」原作「金」，據皇朝中興紀事本末卷二七改。下同。案：此段記事，繫年要録卷七〇繫於「甲子」。

〔五五〕奏以河北河東人還金虜　「虜」原無，據皇朝中興紀事本末卷二七補。

〔五六〕乃知檜之策出於虜意也　「虜意」原作「金人」，據皇朝中興紀事本末卷二七改。

〔五七〕時虜情反側　「虜」原作「敵」，據皇朝中興紀事本末卷二七改。

〔五八〕依祖宗法不隸上曰使皇城司隸臺察何所憚顧祖宗法不可易爾　「不隸上曰使皇城司隸臺察何所憚顧祖宗法」原脱，據皇朝中興紀事本末卷二七補。

〔五九〕吏部郎官劉大中言　「吏部郎官」，繫年要録卷七一作「監察御史」，并考證小曆誤。

〔六〇〕却用銅本錢給兵匠　「用」原脱，據皇朝中興紀事本末卷二七補。

〔六一〕甲申宰執奏故侍御史洪炎葬事　「甲申」，繫年要録卷七〇繫於十一月癸丑，「侍御史」，繫年要録卷七〇作「提舉台州崇道觀」，并考證洪炎未嘗爲侍御史，小曆誤。

〔六二〕必致干乞　「干」原作「於」，據廣雅本及繫年要録卷七一改。

〔六三〕此皆崇觀政宣所開新邊　「宣」原作「和」，據皇朝中興紀事本末卷二七改。

〔六四〕所以夸示夷狄　「夷狄」原作「敵國」，據皇朝中興紀事本末卷二七改。

〔六五〕時朝廷館虜使　「虜」原作「金」，據皇朝中興紀事本末卷二七改。

〔六六〕案：繫年要録卷七二紹興四年正月丙寅條注文考證云當時朝廷花費大量錢物接待金使，禮并不簡，小曆誤。

〔六七〕上諭以使虜之説　「虜」原作「金」，據皇朝中興紀事本末卷二七改。

中興小紀卷十六

紹興四年歲在甲寅春正月【新輯】乙卯，命誼與給事中孫近同使金國。（輯自皇朝中興紀事本末卷二八）

丁巳，宰執論遣使事。上舉申包胥曰：「秦伯初無伐吴存楚之志，感申包胥之誠，爲賦無衣，秦師乃出。然則合兩國之成，回難回之意，只在使人耳。」

鼎澧鎮撫使程昌寓遣統制官杜湛〔一〕，與制置司統制官王渥、趙與同引兵攻楊么，己未，破皮真寨，俘賊黨陳欽等八十人，奪船三十，於是，湖中小寇皆震恐不自安矣。時殿中侍御史常同論制置使王𤫉，討賊久未有功。壬戌，上謂宰執曰：「王𤫉使據上流，可令岳飛自下流進兵，賊無所逃矣。今賊恃險與水，嘯聚甚久，譬如人病，若淹歲月，必生他疾，宜速除之。」

戊辰，上與執政論北方事，上曰：「人心，國之本也。雖有土地，而若失人心〔二〕，亦不可立國。」於是〔三〕，朱勝非等退而相語曰：「上神武撥亂，而以至仁御世，内外歸心，清蹕所駐，億兆畢從，自然成都。敵所以不能窺者，正恃人心以爲固爾。」

先是，宣撫處置使張浚奏〔四〕：「四川霖雨、地震，蓋名山大川，久闕降香，乞製文付下。」時浚已出蜀而奏纔至。癸酉，【新輯】上謂宰執曰：「霖雨、地震之災，豈非重兵久在蜀，調發供饋，推膚剥體，民怨所致？當修德撫民以應之，又何禱乎？」（輯自皇朝中興紀事本末卷二八）

工部尚書胡松年遷吏部。

端明殿學士、同僉書樞密院韓肖胄與朱勝非議不合，力求罷。詔以本職知温州。既又辭不赴，改提舉洞霄宫。

先是，御史臺檢法官李元瀹論保正税長之弊，上諭宰執曰：「役法推行寖久，失其本意，致富者益富，貧者至貧〔五〕，民力重困，此宜講究。」甲戌，上又曰：「元瀹所論乃是民事，祖宗法固不可改，然民事急務也，孟子所謂『民事不可緩』。其令州縣條利害上之。」

初，川陝宣撫處置副使王似、盧法原同在閬州，乃分陝、蜀之地〔六〕，責守於諸將。自秦、鳳至洋川，命經略使兼都統制吴玠主之，屯和尚原；金、房至巴、達，命鎮撫使王彦主之，屯通州；文、龍至威、茂，命統制官劉錡主之，屯巴西；洮、岷至階、成，命統制官關師古主之，屯武都。時遣師古率統制官李進、戴越、王師古等〔七〕，引衆打糧於河州，因襲大潭縣，叛將慕容洧拔寨遁去〔八〕。師古深入賊境〔九〕，忽遇虜兵〔一〇〕，與戰，大敗。師古歸大潭，内懷慙懼，遂隻身降賊。吴玠念其下忠義，不從師古以叛，亟撫定之。玠既併其衆，所統益以精强。然自此遂失洮、岷之地，獨存階、成而已。

參知政事席益既辭使金，及金使對榻前，又無一言之助。於是，臺諫交論其失。二月壬午，罷，以資政殿學士提舉太平觀。論者不已，尋詔落職。

癸未，上曰：「國家任用小人，當退之也。」〔一一〕朱勝非曰：「陛下如天地，初無愛憎，始謂其賢則用之，既知其非則退之，所以爲公也。」上又曰：「人或以開河爲非急務，朕語之曰：『禹卑宫室而盡力乎溝洫，孔子以爲無間然。安可謂非急務？』要措置有方爾。」

先是，議廢觀州，下廣西帥司相度〔一二〕，未上，二月乙酉，上謂宰執曰：「知其無益於國，便可廢之。然當時取之，不足爲利，今日廢之，亦須慮患。」徐俯曰：「誠如聖諭。元祐間，棄渠陽匆匆，城中人未出者，爲蠻所殺。紹聖中，唐義問所以被譴，蓋禍始于此也。」

鼎寇楊么既爲官軍所敗，其黨雖出降，而賊防之甚嚴，鄰居失覺者，其罪死。間有得達官地，保甲利其隨身之物，又殺而奪之。鎮撫使程昌寓乃募人能引降者，與獲級同，故降者稍衆，遂申朝廷乞招安。時知樞密院張浚自蜀還，是月朔日，浚至潭州。留其屬官馮檝，同湖南帥臣折彦質措置招安。丙戌，宰執奏其事。上曰：「么等愚民嘯聚，守令之罪，苟欲自新，令王瓔、折彦質招之，以成朕好生惡殺之意。」既而，行下招安，而賊以不堪昌寓殺戮爲辭。

尋有詔除昌寓徽猷閣待制、知鎮江府，候招安畢日行〔一三〕。

是月，知樞密院事張浚還朝。浚之出使也，嘗以秦川館爲學舍，以待河東、陝西之士來歸者，給衣食養之；又新復諸郡，乞鑄印，浚以去朝廷遠，亦先鑄給而後奏聞；又浚之還，取道東蜀夔、峽，其至稍遲。於是，侍御史辛炳言：「浚被命宣撫，不能成功，輕失五路，坐困四川；用劉子羽輩，皆小人，而殺曲端、趙哲爲無辜；以至設秘閣以崇儒，擬尚方以鑄印；及被詔，不肯出蜀。乞行黜責。」炳，侯官人也。

金虜左都監兀朮與萬户撒离曷〔一四〕，領衆十萬復大入，攻仙人關〔一五〕，宣撫司都統制吴玠乃豫爲壘於關旁〔一六〕，號殺金坪，嚴兵待之。統制官楊政言於玠曰：「此地爲蜀阨塞，死不可失。當臨以强弩，彼不敢捨此而犯關。且地名亦善，破之必矣。」於是虜人至〔一七〕，亦據高阜，且戰且攻壘。玠與兀朮約相見，兀朮誘玠以王爵，不從。三月辛亥朔，虜攻壘益急〔一八〕，玠命統制官吴璘領射士號駐隊者，更迭射之，矢下如雨，虜死者布地〔一九〕，而復踐以登。玠又遣政與統制官田晟出鋭兵，持長刀、大斧擊其左右，夜布火滿四山，大震鼓隨之。壬戌夜，壘中大兵出敵不意，攻兀朮、撒离曷兩大寨，破之，連戰皆捷。虜萬户韓常爲官軍射損左目，虜不能支，遂遁去。統制官王俊等追百餘里，至鳳州，又敗之。是役也，虜自元帥以下，皆令攜孥而來，又選取豫腹心爲四川招撫使，期不徒還。既不得騁，則還據鳳翔，授甲士田，爲久留計，不敢復妄動矣。

丙辰，【新輯】辛執奏事，上顧朱勝非曰：「湖外賊猖獗日久，近張浚過潭、鼎，亦揣知其情否？」浚對曰：「村民無知，刦於官吏之擾，偷安江湖，非剽掠無以爲生。中間拒王師，實懼大戮，勢不得已，以緩死爾。臣謂宜廓信義以招之。」上曰：「然。皆朕赤子，何事於殺？但自軍興，盜起不欲窮誅，數招來之，而姦人乘釁，所在嘯聚。今幸衰息，無復效尤也。」

丁巳，以監察御史劉大中爲秘書少監〔二〇〕。上謂右僕射朱勝非曰：「大中宣諭江西，頗多興獄，今猶未已。若令爲諫官，恐郡縣觀望。朕於用刑，欽卹明察，常懼有司行法於意外也。」（輯自皇朝中興紀事本末卷二八，參考繫年要録卷七四）

端明殿學士、江西大帥趙鼎在洪二年，戢吏愛民，盜賊屏息，一方賴之。至是召還，除參知政事。上令鼎薦人才，鼎即以朱震、范同、吕祉、陳槖、吕本中、林季仲、董弅上之。〔二一〕

辛酉，詔舉賢良方正能言極諫。

是日，福建漕臣鄭士彦進對〔二二〕，上曰：「閩中地狹民貧，勿縱吏掊剋，以重困之。官吏姦贓者，當劾不可默也。」

癸亥，以侍御史辛炳爲中丞。

時宣州奏疑獄不當，在法，疑獄不當奏而輒奏者〔二三〕，不論罪。而給事中孫近因疏駁大理寺之失，論宣州有觀望，乞併罪之。甲子，上謂宰執曰：「宣州可貸。今若加罪，則諸郡後有疑獄，不復奏矣。」趙鼎曰：「此正國家立法之意也。」

乙丑，罷浚爲資政殿大學士、提舉洞霄宫。尋又詔落職，福州居住。朱勝非閒居録曰：「張浚出使陝、蜀，便宜除官至節度、雜學士，權出人主之右。竭蜀之財，悉陝之兵，凡三十萬衆與虜角〔二四〕，一戰盡覆。用其屬劉子羽謀，歸罪將帥趙哲、曲端，並誅之。將士由是怨怒俱叛，浚僅以身免，奔還閬州，關陝之陷，自此始。至今言敗績之大者，必曰富平之役。追還薄譴，俾居福州而已。」

癸酉，知湖州汪藻編元符崇寧大觀詔旨，先進二百卷。詔送國史日曆所。

江西制置使岳飛奏虔州盜發，已遣兵討蕩。甲戌，上曰：「盜發不免加兵，然皆理其末也，不若理其本，如守令得人，能奉行詔旨，無以擾之，即民自安業，盜何自而作耶？」

時梁、衛之地，悉淪僞境，河南鎮撫使翟琮以數城孤立，力不能敵，乃引部曲突圍而出，自歸於本朝。〔二五〕詔琮知壽春府。琮以母老力辭，改授江東鈐轄，其衆分隸諸軍。〔二六〕

先是，僞宿遷令張澤率其邑二千餘人，自拔來歸，泗州守臣徐宗誠納之。宣撫使韓世忠奏至，僉書樞密院徐俯欲斬澤，送首劉豫，參知政事趙鼎力爭。遂令宣撫司婉辭約回澤等，仍械宗誠赴闕。鼎復奏：「若恐妨和議，令宰執以書諭世忠〔二七〕，密受之。却報僞境，謂北界人來，以朝廷約束，不敢受，遂恃衆作過，已遣兵逐散。是亦兵家一術也。」殿中侍御史常同言：「虜雖議和〔二八〕，而兩界人交歸，未嘗有禁。僞齊明置歸受館，厚立賞以招吾人，既遣李成侵襄、鄧、隨、郢〔二九〕，又遣重兵攻川口，今乃却澤，人心自此離矣。況宗誠起土豪，不用縣官財賦，募兵而自養之，爲國障捍。今因受澤而械之，以沮士氣，非策也。」乃詔釋宗誠罪，命澤以官，且給閒田，處其衆於淮西。

夏四月庚辰朔，以鎮西軍節度、陝西都統制吴玠爲川陝宣撫副使〔三〇〕，免書本司事，專治戰守。

言者謂：「軍興以來，陛下不吝推賞，以旌戰士〔三一〕。而所屬上功〔三二〕，類不覈實，有盜賊自去，而曰收復州縣；有寇過境上，而曰保守無虞。如惠州及東莞縣，皆經殘破，而守令以禦寇推賞，不知何所據而奏。州縣且然，況於軍伍？似此姦罔，詎可置而不問？」辛巳，詔兵部中嚴奏功不實之法。

右諫議大夫唐輝等言〔三三〕：「前宣撫司參贊軍事劉子羽、程唐皆爲張浚主謀，而尚列從班，望行貶竄。」癸未，詔貶子羽於白州，唐落職奉祠〔三四〕。先是，浚令前宣撫司隨軍轉運副使、直祕閣榮陽張澄，統本司兵萬人出蜀，詔趣至行在〔三五〕。及浚以次皆貶，而澄獨入對。未幾，遷直徽猷閣，除漕江西。〔三六〕

江西制置使岳飛奏，川陝宣撫司於仙人關與金虜戰獲捷〔三七〕，飛奏中頗有輕敵之意。乙酉，上語宰執曰：「用兵當持重，飛宜深戒之。」朱勝非等曰：「誠如聖訓。」

丙戌，詔閤門、客省、四方館〔三八〕，依祖宗舊制，並屬中書省，不隸臺察。

言者乞撥免役錢以充和買。下轉運、常平兩司共議，兩浙轉運司言：「於本司無妨。」而浙東、西常平司皆言：「役錢既充和買，則役人無可以給。」庚寅，乃詔轉運司多方那支。

【新輯】言者以爲：「中原未復，一二三大臣宜專意大計。而聞都堂困於簿牒。請倣唐故事，惟大事應奏者乃關僕射〔三九〕，庶務分六部長貳專決。」丁酉，詔三省措置。（輯自皇朝中興紀事本末卷二九）

衢州奏直睿思殿鄭弼，經由常山縣騷擾，是日，詔降弼兩官。

襄陽重地，既爲僞將李成所據，湖、湘之民亦不奠枕。士大夫自蜀來者，茫然不知所向。一日，宰執奏事，朱勝非謂當先取之。上曰：「今便可議，就委岳飛如何？」時飛爲江西制置使，駐軍鄂、岳。趙鼎曰：「知上流利害，無如飛者。」徐俯獨以爲不然。鼎既與俯異，即請上令韓世忠以萬人臨泗上爲疑兵，劉光世選精兵出陳、蔡，庶幾兵勢相接。會光世乞奏事，鼎曰：「方議出兵，而大將遽離本軍非便。」俯欲許之，鼎力爭以爲不可。時言者以鼎爲是。俯求去，丙午，以本職提舉洞霄宫。

時上欲令江東宣撫使劉光世分兵巡邊，右僕射朱勝非請遣中使齎劄子付之，庶無濡滯。上慮内侍到軍中多擾，止於急遞發行。

初，南昌潘興嗣高蹈不仕，自嘉祐以來，趙抃、韓琦、唐介交薦於朝〔四〇〕，起爲筠州推官，辭不就。元符中，黄履引徐復、孫侔、李泰伯例，乞官其孫淳，授星子縣尉。及蔡京用事，追奪之。淳既死，趙鼎前知洪州，奏乞加恩於興嗣之孫濤，以爲廉退自守之勸。【新輯】丁未，詔補濤右迪功郎。（輯自皇朝中興紀事本末卷二九）

丁未，兩浙移文婺州，市御爐炭，非若胡桃紋、鵓鴿色者，不中程。守臣王居正付於有司，而不復買。至是，召爲起居舍人，面奏其事。上曰：「隆冬附火取其煖，豈問炭之紋色也〔四一〕？」戊申，上對宰執語及此，愀然曰：「當艱難時，豈宜以此擾人？」因詔罷買。有似此類，悉禁止之。

初，上欲重修神宗、哲宗兩朝實録，殿中侍御史常同亦奏二史議論不公，所以當脩之意。且言惟故范祖禹之子冲，知其本末。時已召冲，未至。五月壬子，上諭宰執曰：「二史失實，非所以傳信後世，可趣冲來，令兼史事。」朱勝非曰：「神宗史緣添入王安石日録，哲宗史經蔡京、蔡卞之手，是所當脩，今脩之，足以彰二帝之盛美矣。」

言者以爲：「祖宗朝，宰執每聚議都堂，頃駐蹕會稽，大臣會議，日至三四。自呂頤浩再相，始不相關。願復故事，以踵前世都俞之風。」是日，詔從之。

川陝宣撫使王似等奏吴玠仙人關之捷。是日，詔宣撫司速上功狀。

考功郎官孔端朝言：「唐德宗時，陸贄建言：『盜滿天下，宜痛自引咎，以言謝之，庶叛者革心。』故所下制書，武夫悍卒，無不感涕。今陛下刻意恢復，而播告之言，或未有以發之。謂宜因事見辭，痛自引責，以收人心。」【新輯】戊午，劄付詞臣。於是，學士綦崇禮、直學士院陳與義、中書舍人張綱皆待罪。詔令供職。與義，河南人也。（輯自皇朝中興紀事本末卷二九）

時淮西宣撫使劉光世屯建康，淮東宣撫使韓世忠屯鎮江，以私隙未平，殿中侍御史常同奏：「二臣蒙恩，不思協心報國，一旦有急，其肯相援？望分是非，正典刑，以示國威[四二]。」上以章示劉、韓兩軍。至是，世忠乞差劉光弼充本軍統兵官[四三]，辛酉，上謂宰執曰：「茲事未便，恐光世疑也。光世弟光烈與世忠弟世良，皆帶御器械。光烈近召世良，世良峻拒之。昨世忠語及此，朕諭之曰：『世良等內諸司耳，設有不和，罷其一可也。至如大將，國家利害所係，漢賈復、寇恂以私憤幾欲交兵，光武一言分之，即結友而去。卿與光世不睦，議者皆謂朝廷失駕馭之術，朕甚愧之。』世忠頓首曰：『敢不奉詔。他日見光世，當負荆以謝。』」時世忠於平江府私第建閣，寶藏御書，乞賜名。有旨賜名「懋功」，學士綦崇禮奏

罷之。世忠乞賜閣名，見朱勝非閒居録云。〔四四〕

時日曆所乞關内東門司，取會禁中出入及更改事務〔四五〕，甲子〔四六〕，上謂宰執曰：「禁中百事，皆守典故，不惟祖宗家法，不敢輕改，亦厭紛紛多事也〔四七〕。」朱勝非曰：「今日皆從簡約，自無改之理。」

自紹興初脩今上日曆，始置脩日曆所，既又號國史日曆所。癸酉，復詔以史館爲名。

時宰臣薦吏部尚書胡松年爲執政，徽猷閣待制趙思誠爲六曹貳。思誠，高密人也。殿中侍御史常同言：「松年乃王黼客，宣和間，劉安世復直龍圖閣，松年在詞掖，嘗醜詆之。今乃營求欲爲執政，可乎？思誠，挺之子。崇寧初，挺之首陳紹述，實致國禍，且與京、黼同時執政。今公道既開，豈可使其子尚當要路？」是月，以同爲起居郎。

六月【新輯】丙申，新宗正少卿、直史館范冲以神、哲兩朝實録，在元祐間嘗經其父祖禹之手，乞免史職。朱勝非曰：「冲不得不辭。」上愀然曰：「頃歲昭慈聖獻皇后誕日，置酒宫中，謂朕曰：『吾逮事宣仁聖烈皇后，求之古今母后之賢，未見其比。因奸臣以私憤誣謗，有玷盛德，吾意在天之靈，不無望於官家也。』朕每念及此，惕然心懷，欲降一詔，明載遺旨，使中外知朕修史之本意。」勝非曰：「聖諭及此，天下幸甚。」時參政趙鼎密贊之尤力。

戊戌，詔改御前五軍爲神武軍，御營五軍爲神武副軍〔四八〕，其統制、統領官並隸樞密

院。（輯自皇朝中興紀事本末卷二九，參考繫年要録卷七七）

己亥，曲赦虔州土賊。

初，上命江西制置使岳飛復取襄陽，亦命淮西宣撫使劉光世發精兵萬餘人援之。飛率統制官王萬等，自鄂渚趨襄陽。右僕射朱勝非許飛迄事建節，且命司農少卿歸安沈昭遠往總軍餉〔四九〕。參知政事趙鼎請上親筆，飭上流監司、帥守餉飛軍毋闕，庶幾必濟。飛等進軍，於是劉豫求救於虜〔五〇〕，虜、僞之兵俱來，我師與遇，連戰大破之，遂復襄陽及郢、隨諸州。飛分遣統制官王貴、張憲進擊賊兵〔五一〕，及復鄧州時，軍聲大振。【新輯】丙午，上謂宰執曰：「岳飛既收復襄陽、郢，粘罕聞之必怒。況今已是六月下旬，便可講防秋事。儻虜人南來，朕當親統諸軍，分頭迎敵，使之無遺類，即中原可復。若依前遠避爲泛海計，何以立國也？」（輯自皇朝中興紀事本末卷二九）

先是，内降以使臣王評爲秀州澉浦巡檢，右諫議大夫唐輝上疏，引康定元年詔，及嘉祐中陳升之劾鎮海軍留後李璋内降轉官〔五二〕，請正其干請之罪〔五三〕。以爲祖宗至公如是，今一巡檢不足道，深恐此風滋長。壬寅，乃詔罷之。

時川、陜無執政爲大帥，言者數上章，以謂若無大帥，必失兩蜀。上因諭朱勝非曰：「西帥難其人，朕欲以趙鼎知樞密院爲之，如張浚故事。」勝非曰：「聖謨如此，臣謹奉詔。」

先是，荆南制置使王𤫉自鄂回鼎，奏已招到賊衆萬餘，然賊累殺招安使臣晁遇等，且乞割州縣如溪洞故事。是月[五四]，湖南帥折彦質報賊不可招，𤫉乃復遣兵蹂踐賊禾，賊乘大水攻鼎州社木寨，破之，官軍死者不知其數，賊愈增氣。𤫉與鎮撫使程昌寓皆坐降官。

户部尚書黄叔敖除徽猷閣學士，奉祠而去。

初，吏部法，選人改京官，而舉主有他故，則報罷之。至是，郎官汪思温始建請[五五]，薦員溢格者，本部以收使不盡之數，移文所舉官，别行改奏。詔從之。

秋七月戊申，建昌小壘而軍士素驕，邀取無度，守不能制。至是，守臣劉滂以法裁之，兵不勝其憤，是日，衆集爲亂[五六]，滂及母妻皆死。滂，東陽人也。

建昌叛卒嬰城自守，江西提刑司遣兵招捕。時又詔右軍統制官趙詳引兵討之[五七]。

庚午，辛執奏討賊事。上曰：「辛企宗自建昌使人來經營，乞委之討賊。頃嘗遣往福建平范汝爲，怯懦無謀，養成大寇。正如王𤫉在湖南玩寇，卒無成功。而企宗又在𤫉之下，惟務交結，本無寸長可用也。」朱勝非曰：「陛下洞察諸將才否如此。」

辛未[五八]，奏趙詳已平賊。上慮官軍入城，未免玉石俱焚。趙鼎曰：「未必敢殺人，恐刼財爾。」上愀然曰：「斯民遭此禍可憫，令有司優恤之。」既而言者以爲：「國家艱難以來，閩中殺漕臣，建康、杭、秀之守臣，皆爲其下所囚，率歸罪有司，以爲失於撫循。臣聞建昌兵悍，劉滂稍裁以法，玆守臣之職，乃并其家皆碎於賊。此而不懲，失刑甚矣。願録滂之死，以白其寃。」詔贈朝請大夫，官其子孫二人〔五九〕。

初，樞密承旨章誼同給事中孫近，出使至虜廷〔六〇〕，與其左、右副元帥粘罕、悟室論事，不少屈〔六一〕，虜人諭以亟還。誼等曰：「萬里銜命，兼迎兩宫，必須得請。」虜遣金吾蕭慶受書，併以風聞歸過吾國。誼詰其所自，虜以實對乃已。還至南京，爲劉豫所留，誼等以計得還。上嘉勞之，乙亥，擢誼爲刑部尚書。

時内侍李廣飲於大將韓世忠家，即坐手刃傷弓匠，事下大理寺。殿中侍御史魏矼言：「内侍出入宫禁，而狠戾發於杯酒，乃至如此。其於防微杜漸，豈得不過爲之慮？建炎三年，常禁内侍不得關通主兵官，及預朝政，如違，以軍法處之。乞申嚴其制，以謹履霜之戒。」

是月，御史中丞辛炳除顯謨閣直學士，與郡而去。朱勝非閒居録曰：「是夏，樞府全闕，胡松年爲吏書，綦崇禮爲内翰，辛炳爲中司，炳欲遷，數言胡、綦之失，捃摭細故，毫髮必聞。未幾，炳病逾月〔六二〕，論奏二公不已，疾小愈，未能造朝，乞先供臺職。有旨從之。議者紛然，謂從官治事而不赴朝參，爲不恭，中司如此，何以掌朝儀？即日出知漳州，怏怏而卒。」

魏矼遷侍御史。於是，矼首論自治之策，且言：「諸軍比日以來，或造言惑衆，或彊行捉募，或刼掠財物，或殺傷農民。朝廷雖付之有司，而未能究治。自古善用將者，必宰輔因其事幾而御之有術，臺諫乘其闕失而言之當理。是以國能御將，將能使兵。今宜訓飭諸將，謹身率下，使士皆心悅誠服，安靜不擾。仍委宰輔以馭將之方，責臺諫以敢言之義，庶幾上下交儆，紀綱克振矣。」

資政殿學士謝克家卒於衢州。

先是，淮西宣撫使劉光世入覲，頗自激昂，奏云：「錢糧不乏，器甲漸足，臣官職又超衆人，所願竭力報國，他日史官紀中興名將，書臣功第一。」上曰：「卿不可徒爲空言，當見之行事。」八月戊寅朔，上以語宰執。於是，朱勝非等皆知上馭將得其道，因言而誨誘之也。

庚辰，御劄以參知政事趙鼎爲知樞密院事、川陝宣撫處置使。朱勝非閑居録曰：「勝非在告，執政詣勝非問疾，鼎曰：『今川、陝兵柄，皆屬吴玠，大帥無他，能制玠足矣。玠見爲宣撫副使，若官與之同，豈可制乎？』勝非曰：『公以元樞出使，豈論宣撫耶？』鼎曰：『須得一使名在宣撫上者，乃可。』勝非曰：『偶疾不能造朝，公難自言，即同官可言也〔六三〕。』」時鼎除命既出，諸名士爭願從之。

權吏部侍郎胡交修言：「近詔六漕細務，令長貳有條者以條決之，無條者以例決之，無條例者酌情裁決。夫以例決事，吏部最多，若旋檢例，吏得爲姦。欲七司各編爲例册，令法司掌以備檢。」從之。

先是，侍御史魏矼論兩淮屯田事，上謂宰執曰：「招集流離，使各安田畝，最爲今日急務。」因舉鴻鴈美宣王詩，謂中興之業，寔在於此。胡松年曰：「朝廷行屯田累年，惟荆南解潛略措置，其餘皆虚文無實效。」上曰：「然。」松年復曰：「漢宣之治，總核名實而已。天下事若因名以責實，無不治者。如屯田尤不可欺，一歲耕墾幾何，收穫幾何，便足以考。」上曰：「卿等可條上，當力行之。」

癸未，朱勝非上屯田利害，言：「今日之兵，既令執兵，又令服田，終歲勤勞，所得如故，有未可者。」上曰：「古者三時務農，一時講武。農即兵也，兵農之制一分，恐不可復合。勝非所陳甚善，可即行之。」孟庾等曰：「自此兵日以衆，食日以廣，饋餉不易，更容臣等與勝非熟議。」

上謂宰執曰：「素聞岳飛行軍有律，未知能破敵如此。」胡松年曰：「惟其有律，所以能破敵也。」乃降詔奬之，且促飛第賞將士。趙鼎曰：「陛下激勵如此，其誰不勸？」尋除飛清遠軍節度、湖北制置使。既而，飛奏辟盧宗訓者知德安府。侍御史魏矼言：「飛新立功，朝廷當成就其美，不宜徙輕儇之徒爲其屬郡。昔郭子儀以奏請不行，謂爲人主所厚。願以臣章示諸將，因此事幾，以善其後。」宗訓之命遂寢。

魏矼請遴羣才，隨宜器使。乙酉，上謂宰執曰：「朝廷當爲官擇人，不可爲人擇官。矼論隨宜器使，正得用人之道〔六四〕。」孟庾曰：「誠如聖諭。」胡松年指疏中語曰：「朝廷用人，誠能毋分朋類，毋徇愛憎，則至公之道行矣。天下幸甚。」

戊子，執政奏事，趙鼎曰：「臣今西行，與吴玠爲同事，或當節制之耶？」上悟，孟庾等言：「趙鼎除使名與王似等同，乞自睿旨易之。」乃除鼎都督川陝諸軍事。既而，鼎又奏荆、襄乃四川後門，遂并領荆、襄諸軍。趙鼎事實曰：「是時，當國者不可否事，事多不決，吏緣爲姦。每鼎受狀之日，人皆駢集，由是見忌。初，上即位，以御營使專總軍政，其後併歸樞密院，宰相得兼領。至是，言者論其失，乞令參知政事通知其事，上以爲然。言者又謂，當國者不知兵，意專以屬鼎也。於是，忌者益切。至是〔六五〕，除知樞密院事、川陝宣撫使，皆忌者之説也。鼎留身，辭以非才。上曰：『行朝之事，朕自主之，宰相苟非其人，自有臺諫。四川全盛，半天下之地，盡以付卿，卿以便宜黜陟，專之可也。』是時，吴玠已除宣撫副使，鼎奏曰：『臣之此行，與吴玠爲同事，或當節制之。』上悟，遂除都督川陝諸軍事。鼎又奏曰：『荆、襄，四川後門，勢須兼領。』上以爲然，遂兼都督川陝荆襄諸軍。命下之日，識者相謂曰：『只此一著，已自過人遠甚也。』」

上曰：「朕於大臣，未嘗不進之以禮，退之以道。」遂舉清人刺文公詩，以爲危國亡師之本，在所深戒也。胡松年曰：「陛下於鼎，可謂任之專，責之重矣。」朱勝非閒居録曰：「時勝非起復居位，已累章丐持餘服。鼎窺宰席甚急，被命殊不樂，申請數十條，皆不可行，如隨軍錢物須七百萬緡之類。勝非參告進呈，指此一項，奏言：『臣昔聞玉音，趙鼎出使，如張浚故事。浚自建康赴蜀，朝廷給錢一百五十萬緡，今鼎所需三倍以上。今歲郊恩，所費不貲。』上曰：『奈何？』勝非曰：『欲支三百萬緡，半出朝廷，已如浚數，半令所部諸路漕司應副。』上可之。既退，鼎訴怒云：『令我作乞兒入蜀耶！』」

於是鼎言：「陛下建炎中遣張浚出使川、陝，國勢百倍於今。浚有補天浴日之功，陛下有礪山帶河之誓，君臣相信，古今無二。而終致物議，以被竄逐。夫喪師失地，浚則有之，然未必如言者之甚也。大抵專黜陟之典，受不御之權，則小人不安其分，謂爵賞可以苟求，一不如意，便生觖望。是時蜀士，至於醵金募人，詣闕訟之，以無爲有，何以自明？故有志之士，欲爲國立事者，每以浚爲戒。且浚有罪，臺諫論之可也，人主誅之亦無憾也。今乃下至草澤、行伍，凡有求於浚而不得者，人人投牒醜詆，及其母妻，甚者指爲跋扈，抑何甚哉！今臣無浚之功，當此重責，去朝廷遠，恐好惡是非，行復紛紛於聰明之下矣。伏望睿鑒，憫臣孤忠，使得展布四體，少寬陛下西顧之憂。」鼎又言：「臣隨行兵，除王進外，取於密院及諸處纔二千人，而强壯者曾無數百。又錢帛各依張浚例，初乞錢百萬，止得五十萬；度牒二萬，止得三千。再乞得萬八千，又乞始足元數。臣日侍宸扆，所陳已艱如此，况在萬里之外？惟望睿斷，不爲羣議所移，臣實萬幸。」趙鼎事實曰：「自鼎入參，常與諸將論防秋大計，獨張俊曰〔六六〕：『避將何之？惟向前一步，庶可脱。當聚天下兵守平江〔六七〕，俟賊退〔六八〕，徐爲之計。』鼎曰：『公言避非策，是也。以天下兵守一州之地，非也。公但堅向前之議足矣。』鼎蓋陰有所處，故每日留身，必陳用兵大計，上意已悟，又使俊密爲之助。至是，決意親征，留鼎不遣入蜀，以鼎久有此議故也。鼎以俊爲助者，乃寇萊公約高瓊之意。蓋統兵官不與之同謀，事必參差，則鼎之策遠矣。」

初，金虜左、右副元帥粘罕、悟室居雲中〔六九〕，是夏，始入見虜主晟〔七〇〕，而兀朮自川口敗回燕山，亦約窩里嗢同覲。至是，劉豫遣人乞兵同入寇，晟議於諸酋〔七一〕，粘罕、悟室沮之，惟窩里嗢請行。晟遂以窩里嗢權左副元帥，撻辣權右副元帥，將兵應豫。又以兀朮先嘗過江，知地險易，使之爲前鋒。於是，劉豫下書僞境，略云：「朕受命數年，治頗有叙。永惟吴越、巴蜀、江湖、嶺海，皆定議一統之地〔七二〕，重念生民久困，不忍用兵，故爲請於大金，欲割地封之，使永保趙氏之祀。豈圖蔑棄大德！乃敢僞遣使聘，密圖吞噬，先刼汝、潁，次掠襄、鄧，至有收復燕雲之謀。是用遣皇子、諸路大總管、左丞相麟領東南行臺尚書令，會大金元帥大軍，直擣僭壘，務使六合混一。」其吠堯之辭，悖逆如此。

先是，湖北制置使岳飛令統制官王萬、辛太，駐清水河以掩賊〔七三〕，太不聽命，擅歸荆南，而鎮撫使解潛不即遣太反，妄申太先復襄。皆爲飛所劾。〔七四〕丙申，詔太特貸命，除名，令自効。

戊戌〔七五〕，詔於臨安府餘杭縣置孳生牧馬監。

是日，以資政殿學士、川陝宣撫使王似知成都府。

是月，以宗正少卿范冲、中書檢正官虞澐並爲左、右史，而侍御史魏矼言二人乃執政趙鼎、胡松年親黨，皆罷之。

先是，侍御史魏矼薦武臣崔謹習、王宏〔七六〕，癸卯〔七七〕，樞密院擬二人差遣。上曰：「臺臣爲朕耳目之官，職在彈擊官邪，若因而論薦人材，竊慮私有好惡。二人且令籍記，他日量材選用。」朱勝非曰：「陛下英斷，非臣等所能仰窺萬一。」

荆南制置使王𤫊下統制官常概屯鼎州城外。

〔校勘記〕

〔一〕鼎澧鎮撫使程昌寓遣統制官杜湛　「鼎澧鎮撫使」，繫年要録卷七二作「知鼎州」，并考證小曆誤。

〔二〕而若失人心　「若」原作「君」，據繫年要録卷七二改。

〔三〕上曰人心國之本也雖有土地而君失人心亦不可立國於是　此二十四字原脱，據皇朝中興紀事本末卷二八補。

〔四〕宣撫處置使張浚奏　「宣撫處置使」，繫年要録卷七二癸酉條注文考證云：張浚去年六月已罷此官，且此奏是其離任後所奏，小曆誤。

〔五〕貧者至貧　「至」，皇朝中興紀事本末卷二八及宋會要輯稿食貨一四作「益」。

〔六〕乃分陝蜀之地　「乃」原作「及」，據皇朝中興紀事本末卷二八改。

〔七〕時遣師古率統制官李進戴越王師古等　「戴越」，繫年要録卷七二作「戴鉞」。

〔八〕叛將慕洧拔寨遁去　「慕容洧」原作「慕洧」，據繫年要録卷七二補。

〔九〕師古深入賊境　「賊」原作「敵」，據皇朝中興紀事本末卷二八改。下同。

〔一〇〕忽遇虜兵　「虜」原作「金」，據皇朝中興紀事本末卷二八改。

〔一一〕案：皇朝中興紀事本末卷二八載：「上謂宰執曰：『御史、諫官所言人臣過惡，未必皆實。易曰：「大君有命，開國承家，小人勿用。」既審知其小人，自當退之。』」

〔一二〕下廣西帥司相度　「帥」原作「師」，據廣雅本及皇朝中興紀事本末卷二八改。

〔一三〕尋有詔除昌寓徽猷閣待制知鎮江府候招安畢日行　「鎮江府」，嘉定鎮江志卷一二同，繫年要録卷七四作「靜江府」。「候招安畢日行」，繫年要録卷七四壬申條注文考證云：「而日曆『可限三日朝辭起發』，與克所云不同。」

〔一四〕金虜左都監兀朮與萬户撒离曷　「虜」原無，據皇朝中興紀事本末卷二八補。

〔一五〕攻仙人關　「攻」，皇朝中興紀事本末卷二八作「犯」。

〔一六〕宣撫司都統制吴玠乃豫爲壘於關旁　「司」原作「使」，據皇朝中興紀事本末卷二八改。

〔一七〕於是虜人至　「虜」原作「金」，據皇朝中興紀事本末卷二八改。下同。

〔一八〕虜攻壘益急　「虜」原作「金兵」，據皇朝中興紀事本末卷二八改。

〔一九〕虜死者布地　「虜」原作「敵」，據皇朝中興紀事本末卷二八改。

〔二〇〕以監察御史劉大中爲秘書少監　「監察御史」，繫年要録卷七四作「右司諫」，并以小曆誤。

〔二一〕除參知政事上令鼎薦人才鼎即以朱震范同吕祉陳橐吕本中林季仲董弅上之　此三十二字原脱，據皇朝中興紀事本末卷二八補。

〔二二〕福建漕臣鄭士彦進對　「對」原作「讀」，據皇朝中興紀事本末卷二八改。

〔二三〕在法疑獄不當奏而輒奏者　「在法疑獄不當」原脱，據皇朝中興紀事本末卷二八補。

〔二四〕凡三十萬衆與虜角　「虜」原作「金」，據皇朝中興紀事本末卷二八改。

〔二五〕案：繫年要録卷六七據日曆繫於「紹興三年八月乙未」。又考證曰：「克又云琮以數城孤立，不能敵，亦誤。琮雖爲河南府孟、汝、鄭州鎮撫使，其實遥領虚名。今不取。」

〔二六〕案：繫年要録卷七六繫於「紹興四年五月丁卯」，并認爲小曆誤。

〔二七〕令宰執以書諭世忠　「書」原脱，據廣雅本、皇朝中興紀事本末卷二八及繫年要録卷七五補。

〔二八〕虜雖議和　「虜」原作「金」，據皇朝中興紀事本末卷二八改。

〔二九〕既遣李成侵襄鄧隨郢　「李成」原作「李誠」，據廣雅本、皇朝中興紀事本末卷二八及繫年要録卷七五改。

〔三〇〕以鎮西軍節度陝西都統制吴玠爲川陝宣撫副使　「鎮西軍節度」，據繫年要録卷七五及名臣碑傳琬琰集上卷一二，吴玠徙鎮「定國軍節度」。

〔三一〕以旌戰士　「士」，皇朝中興紀事本末卷二九作「功」。

〔三二〕而所屬上功　「所」原脱，據廣雅本及皇朝中興紀事本末卷二九補。

〔三三〕右諫議大夫唐輝等言　「輝」，皇朝中興紀事本末卷二九及繫年要録卷七五作「煇」。

〔三四〕唐落職奉祠　「祠」原作「祀」，據廣雅本及皇朝中興紀事本末卷二九改。

〔三五〕案：繫年要録卷六六繫於「紹興三年六月庚寅」，并考證「統本司兵萬人」有誤。

〔三六〕案：繫年要録卷七四繫於「紹興四年三月乙亥」，考證云：「按：日曆澄明年正月戊辰，自直秘閣、江西轉運副使，以隨軍無罣誤，進職一等。克實甚誤。」

〔三七〕江西制置使岳飛奏川陝宣撫司於仙人關與金虜戰獲捷　「虜」原作「人」，據皇朝中興紀事本末卷二九改。

〔三八〕詔閤門客省四方館　「客」原作「各」，據皇朝中興紀事本末卷二九及繫年要録卷七五改。
〔三九〕惟大事應奏者乃關僕射　「關」原作「開」，據繫年要録卷七五改。
〔四〇〕趙抃韓琦唐介交薦於朝　「唐介」原作「唐玠」，據繫年要録卷七五改。
〔四一〕「守臣王居正付於有司」至「豈問炭之紋色也」　此四十一字原脱，據皇朝中興紀事本末卷二九補。
〔四二〕以示國威　皇朝中興紀事本末卷二九及繫年要録卷七六作「以振紀綱」。
〔四三〕案：繫年要録卷七六辛酉條注文考證云，劉光弼原在韓世忠軍中，此次僅爲陞遷。
〔四四〕案：繫年要録卷七六紹興四年五月丁丑考證云：「按：日曆有世忠、密禮奏狀全文，會要亦備載此事。克不細考耳。」
〔四五〕取會禁中出入及更改事務　「取」原脱，據繫年要録卷七六補。
〔四六〕甲子　繫年要録卷七六據日曆繫於「癸亥」。
〔四七〕亦厭紛紛多事也　「厭」原作「最」，據廣雅本、皇朝中興紀事本末卷二九及繫年要録卷七六改。
〔四八〕案：繫年要録卷七七戊戌條注文考證云：「小曆於此日始書改軍名，蓋誤。」
〔四九〕且命司農少卿歸安沈昭遠往總軍餉　「司農少卿」，繫年要録卷七六作「户部員外郎」，且認爲小曆誤。
〔五〇〕於是劉豫求救於虜　「虜」原作「金」，據皇朝中興紀事本末卷二九改。下同。
〔五一〕飛分遣統制官王貴張憲進擊賊兵　「憲」原作「顯」，「賊」原作「敵」，據皇朝中興紀事本末卷二九改。
〔五二〕及嘉祐中陳升之劾鎮海軍留後李璋内降轉官　「鎮海軍」原作「鎮江軍」，據皇朝中興紀事本末卷二九及繫年要録卷七七改。
〔五三〕請正其干請之罪　「請」原脱，據皇朝中興紀事本末卷二九補。

〔五四〕是月　繫年要録卷七八繫於「七月癸丑」。
〔五五〕郎官汪思温始建請　「汪思温」原作「王思温」，據皇朝中興紀事本末卷二九及鴻慶居士集卷三七汪公墓誌銘改。
〔五六〕案：繫年要録卷七八繫於「庚戌」，且考證以小曆爲誤。
〔五七〕時又詔右軍統制官趙詳引兵討之　「統制官」，皇朝中興紀事本末卷三〇及繫年要録卷七八作「統領官」。
〔五八〕辛未　繫年要録卷七八繫於「乙亥」。
〔五九〕官其子孫二人　「孫」原脱，據皇朝中興紀事本末卷三〇補；「二人」，繫年要録卷七八作「官其家三人」。
〔六〇〕出使至虜廷　「虜」原作「金」，據皇朝中興紀事本末卷三〇改。
〔六一〕案：繫年要録卷七八辛未條注文考證：「按此時悟室方爲右副元帥，窩里嗢爲右監軍，克小誤也。」
〔六二〕炳病逾月　「病」原脱，據皇朝中興紀事本末卷三〇補。
〔六三〕即同官可言也　「言」原作「能」，據廣雅本、皇朝中興紀事本末卷三〇及繫年要録卷七九改。
〔六四〕正得用人之道　「正」原作「矼」，據皇朝中興紀事本末卷三〇及繫年要録卷七九改。
〔六五〕至是　「是」原脱，據皇朝中興紀事本末卷三〇補。
〔六六〕獨張俊曰　「俊」原作「浚」，據廣雅本及繫年要録卷八〇改。下同。
〔六七〕當聚天下兵守平江　「聚」原作「裂」，據廣雅本及皇朝中興紀事本末卷三〇改。
〔六八〕俟賊退　「賊」原作「敵」，據皇朝中興紀事本末卷三〇改。
〔六九〕金虜左右副元帥粘罕悟室皆居雲中　「虜」原無，據皇朝中興紀事本末卷三〇補。
〔七〇〕始入見虜主晟　「虜」原作「金」，據皇朝中興紀事本末卷三〇改。

〔七一〕晟議於諸酋 「酋」原作「帥」，據皇朝中興紀事本末卷三〇改。

〔七二〕皆定議一統之地 「定」原作「元」，據皇朝中興紀事本末卷三〇及繫年要録卷八〇改。

〔七三〕駐清水河以掩賊 「賊」原作「敵」，據皇朝中興紀事本末卷三〇改。

〔七四〕案：此段記事，繫年要録卷七九丙申條注文考證云：「熊克小曆稱『湖北制置使岳飛劾辛太』，又云『太擅歸荆南』，皆誤也。飛此月壬寅始除湖北制置，此時但爲江西安復等州制置耳。潛自建炎末寓治宜都，至今未歸荆南，蓋飛按章有云：『太擅往荆南鎮撫使解潛處。』克遂誤也。

〔七五〕戊戌 宋會要輯稿兵二一、繫年要録卷七九及皇宋中興兩朝聖政卷一五繫於「乙未」。

〔七六〕侍御史魏矼薦武臣崔謹習王宏 「崔謹習」，宋會要輯稿職官五五作「崔慎習」，繫年要録卷七九作「崔慎由」。

〔七七〕癸卯 宋會要輯稿職官五五及繫年要録卷七九繫於「壬寅」。

中興小紀卷十七

紹興四年九月，淮東宣撫使韓世忠奏，以遣使議和非便，欲進兵恢復。乙卯〔一〕，上謂宰執曰：「世忠爲國之心甚切，可諭以二聖在遠，當遣使通問。」

丁卯〔二〕，合祀天地於明堂，以太祖、太宗並配，大赦天下。

【新輯】右僕射朱勝非獨相，而機務不決。侍御史魏矼嘗言：「陛下宵衣旰食，將大有爲，而所任一相，未聞有所施設。惟知今日勘當，明日看詳；今日進呈一二細事，明日啓擬一二故人。政務山積於上，賢能陸沉於下。方且月一求去，徒爲紛擾。宜亟如其所請，以慰公議。」至是，又疏其五罪。於是，勝非力請罷。（輯自皇朝中興紀事本末卷三〇）

庚午，詔朱勝非聽持餘服，候服闋，以爲觀文殿大學士、提舉洞霄宫。

【新輯】壬申，上謂宰執曰：「宰相有姦惡，臺諫當言，朕當行之。若摭以小過，使人人無善去者，誰肯作相耶？」趙鼎等曰：「陛下睿照如此，臣隣幸甚。」（輯自皇朝中興紀事本末卷三〇）

癸酉，以知樞密院〔三〕、都督川陝荆襄諸軍趙鼎爲右僕射、平章事兼知樞密院事。趙鼎事實曰：「鼎奏稟朝辭，上曰：『卿豈可遠去？當相卿，付以今日大計。』時獨給事中孫近直學士院，時傳鎖院，莫知爲誰。諸侍從謀於近曰：『今晚必命相公〔四〕，當草制，幸密報彷彿，以解我憂。』近入院，諸人聚於沈與求之家，近密報取樞府細位，諸人喜而散。明日，拜鼎右相，朝士相慶。」

甲戌〔五〕，劉豫遣其子麟、姪猊，引金虜右副元帥窩里嗢等〔六〕，自淮陽分道入寇〔七〕，舟師由清河據楚州，進攻承州，騎兵渡淮據滁州。探者未得其實，以爲賊勢甚少〔八〕。趙鼎曰：「虜前侵我境〔九〕，乃入敵國，即仇也，故縱兵四掠，其鋒可畏。今行豫境，即官軍也。故按隊徐行，不行虛聲，然亦不足深畏。」趙鼎事實曰：「劉光世密遣屬官告鼎云：『相公本入蜀，有警乃留，何故與他負許大事？』韓世忠亦謂人曰：『趙丞相真敢爲者，胡不將官家入福建穩處坐，江上之事付之我輩，或不可，則少避之。俟春首賊退〔一〇〕，徐議何害？』鼎聞諸將之論如此，恐上意移動，復乘間言：『今日之勢，若虜兵渡江〔一一〕，恐其別有措置，不如向時，尚有復振之理。戰固危道，有敗亦有成，不猶愈於退而必亡者乎？且虜、僞俱來〔一二〕，以吾事力對之，誠爲不侔，然漢敗王尋，晉破苻堅，特在人心而已。自降詔親征，士皆鼓勇，陛下養兵十年，用之正在今日。』由是，浮言不能入矣。」

淮東宣撫使韓世忠時在承州，以援兵未至，退保鎮江府。

冬十月丙子，【新輯】世忠奏至，上謂宰執曰：「朕爲二聖在遠，生靈久罹塗炭，屈己請和，而虜復肆侵凌。朕當親總六軍，往臨大江，決於一戰。」趙鼎曰：「累年退避，虜情益驕，今親征出於聖斷，將士皆奮，決可成功。臣等願效區區，亦以圖報。」上因曰：「伐蔡之功，亦憲宗能斷也。故韓愈謂：『凡此蔡功，惟斷乃成。』」沈與求曰：「今日親征，亦由聖斷。」時（輯自皇朝中興紀事本末卷三一上）江東宣撫使劉光世軍在馬家渡，淮西宣撫使張俊軍在采石，遂詔光世以所部兵援世忠，且令俊移軍於建康〔一三〕。而三大將事權相敵，兼持私隙，莫肯協心。上詔侍御史魏矼，監察御史田如鼇分往。如鼇，大庾人也。矼至光世軍中，諭之曰：「賊衆我寡〔一四〕，合力猶懼不支，況軍自爲心，將何以戰？爲諸公計，當滅怨隙，不獨可以報國，身亦有利。」光世意許。矼因勸之貽書二帥，以示無他，使爲犄角。已而，二帥皆復書，交致其情，光世遂以書奏於上。〔一五〕於是，光世進軍屯太平州。

【新輯】丁丑，以參知政事孟庾爲行宮留守。

己卯，宰執奏，乞以韓世忠所報蕃、僞兵犯承、楚事，付奉使魏良臣，往軍前商議。上曰：「和議蓋非得已，儻得淮南百姓安業，即内帑自可了其歲幣，不須户部財賦。朕宫中並無用，内帑所有，專以養兵。」沈與求曰：「陛下爲民之故，捐内帑以充歲幣，此盛德事。」（輯自皇朝中興紀事本末卷三一上）

淮東宣撫使韓世忠復統兵過江，駐於揚州。

上將親征，詔略曰〔一六〕：「朕以兩宫萬里，一别九年，覬迎鑾輅之還，期盡庭闈之奉。卑辭厚幣，遣使請和。比得敵疆之情〔一七〕，稍有休兵之議。而叛臣劉豫，懼禍及身，造爲事端，間諜和好。信逆雛之狂悖，率羣偷而陸梁。警奏既聞，神人共憤，誓挺身而效死，不與賊以俱生[一八]。今朕此行，士氣百倍，殪彼逆黨，成此雋功。咨爾六軍，咸知朕意。」自豫僭逆[一九]，前此至以大齊名之，及是始正其逆罪。詔既下，人皆鼓勇，而朝士中尚有懷疑者，或謂趙鼎曰：「茲事甚大，公更審處，無貽後悔。」鼎不答。既而，侍從及臺諫同日請對。翼日，辛執奏事退，鼎復奏曰：「今日侍從、臺諫皆對，必及親征事，願勿爲羣議所移。」上意益堅。而殿中侍御史張致遠亦言：「今虜敢大入[二〇]，謂我猶如向來不習戰爾。若戎輅親征，必伐虜謀[二一]。」上曰：「正朕志也。」

初，知鎮江府沈晦過闕，論藩帥之兵可用，以爲：「唐中年平安、史，用朔方、太原兩軍；末年平黃巢，用忠武、大同兩軍。今沿江千餘里，若令鎮江、建康、太平、池、鄂五處各有兵一二萬，用本郡財賦，回易官田給之。虜至五郡[二二]，以舟師守江，陸軍守隘，彼難自渡。設渡[二三]，五郡合擊，虜雖善戰[二四]，不能一日破諸城也。若圍五郡，則兵分而勢弱，或以偏師綴我，大軍南寇[二五]，則五郡尾襲而邀擊，虜人安敢遠去？頃歲，虜敢越中山、河間，正以兵少，若太原，則不敢南逾一步。此制稍定，三年移軍江北，糧餉器械，悉皆自隨，所至便成全盛。」晦又言：「大將與帥臣，各有所職，若全倚大將，恐不能辨。近年杜充總大兵在建康[二六]，而帥臣陳邦光不與措置。及充迎敵，而邦光被縶，以至周望去而湯東野逃，郭仲荀去而李鄴降，皆坐此也。望撥零兵二千付臣，併令臣募敢戰之士三千，參用昭義步兵之法，朞年後，京口便成强藩。况東晉常謂京口兵可用〔二七〕，故北府兵號爲最精。唐亦用宣、潤弩手平淮甸。」時方以韓世忠屯軍在府，其言不用。至是，晦乞趣張俊統兵爲世忠之援。宰執皆稱晦論議激昂。上曰：「朕知其爲人，語甚壯，膽志頗怯。更看臨事能副所言否。」沈與求曰：「陛下用人如此，則無失矣。」

時趙鼎、孟庾、胡松年共薦前樞密副都承旨馬擴有才，中因苗傅事得罪，乞復試用。擴亦請自將三千捍賊〔二八〕。上曰：「齊小白猶能忘射鉤之讐，而用管仲，朕豈不能用擴？然既用之，止與三千人，非是。俟引見，示以恩信，然後用之，彼必能效死以報。」鼎曰：「陛下開大度，用人如此，天下幸甚。」沈與求曰：「陛下御將如此，何事不濟？」既而，引擴見，復除樞密副都承旨。鼎又曰：「陛下用人如此，何患不得其死力？」上曰：「擴知兵有謀，不止於鬬將而已〔二九〕。」與求曰：「陛下起擴之廢，寵以美官，必能立功以報陛下。雖漢祖善將，不過如此。」除擴在此月戊子〔三〇〕，今聯書之。

直史館范冲録其父祖禹紹聖初報國史院問目以進，又具到朱、墨本去取體式，乞降付史館，更憑衆議修定。壬午，詔送史館。

初，知建康府吕祉言：「今置江北於度外，非朝廷命帥宣撫兩淮之意。」且乞上親征。

至是，江上探報，惟祉最爲詳密。趙鼎言：「祉慷慨敢爲，此等人材，實不易得。」上曰：「祉真有方面之才，朕留意人物，欲其協濟多難。如知鄂州劉洪道，初緣呂頤浩薦，而所對多誕謾不實，雖有麄材，何所用之？」沈與求曰：「洪道知明州，脱身先遁，一城之民盡殪於賊，至今人怨。」癸未，詔鄂乃上流，宜别擇守臣。

詔僉書樞密院胡松年往鎮江，與諸將會議進兵，因以覘賊。【新輯】丙戌，上曰：「先遣大臣，諭以朕意，庶幾諸將賈勇争先。」沈與求曰：「真宗澶淵之役，亦先遣陳堯叟，此故事也。」

詔常程事並權住。（輯自皇朝中興紀事本末卷三一上）

淮東宣撫使韓世忠奏：「乞過江拒賊〔三〇〕。」戊子，上謂宰執曰：「世忠忠勇，必能成功。可令户部支銀絹，犒賞過江將士，以激其心。」沈與求曰：「自胡騎蹂踐中原〔三一〕，未嘗有與之戰者。今諸將争先用命，此成功之秋也。」既而，世忠又奏，見在揚州，適霖雨未能進師〔三二〕，而恐朝廷訝成功之遲。上曰：「兵事豈可遥制？」趙鼎曰：「軍事不從中覆，古之制也。」乃詔世忠聽機制變。

甲午，户部侍郎梁汝嘉言：「每月經費一百餘萬緡，兼調發所用倍多。請權以江、浙夏税，及和買十分折納五分，二分折四緡，三分折六緡，其紬則皆折納，二分折四緡，八分折八緡。令轉運司計綱輸送。」從之。

淮西宣撫使劉光世探到劉豫事。丙申，【新輯】上謂宰執曰：「劉豫父子逆亂如此，皆朕不德所致。然以朝廷事力，遣一偏師豫可擒也〔三四〕。徒以二聖在遠，故屈己通和，覬還鑾輅。今乃挾虜人之兵，復入爲寇，此安可容？」沈與求曰：「和議乃虜人屢試之策，不足信也。」

時（輯自皇朝中興紀事本末卷三一上）積雨餘月，戊戌，上發臨安，陰雲頓開，軍容甚整，都人欣歎，以謂靖康以來，未有是舉。上登御舟，至臨平鎮，宰執奏事，趙鼎曰：「臣等扈駕登舟，見道傍觀者皆流涕，以手加額。蓋陛下以萬乘之尊，親總師徒，履至險之地，苟心懷愛君，莫不憂此。臣待罪揆路，不寒而慄，非不欲被堅執鋭，率衆摧鋒，而書生不閑戰鬭。又府庫無儲，關津無備，隨宜經理，倉卒取辦，必有過差。願陛下收衆智，降哀痛之詔，捐内帑金以賞激士氣，庶可成功。此在睿斷勉之而已。」

韓世忠總兵駐揚州，時奉使魏良臣過揚，世忠置酒與別，杯一再行，流星庚牌沓至。良臣問故，世忠曰：「有詔移軍守江。」乃命徹爨班師。良臣去，世忠度其已出境，乃上馬令軍中曰：「視吾鞭所嚮。」於是，諸軍大集，行至大儀鎮，勒精兵爲伍陣，設伏二十餘處，戒聞鼓聲則起而擊之。良臣至虜軍〔三五〕，虜問我軍動息，良臣以所見對。大酋兀朮喜甚〔三六〕，勵兵趨江口，距大儀五里，其將孛堇撻不也擁鐵騎過五軍之東〔三七〕，世忠傳小麾鳴鼓，伏者四起，吾軍旗與虜旗雜出〔三八〕，虜軍亂，弓刀無所施〔三九〕。而我師伍伍迭進，背嵬軍各持長斧，上揕人胸，下捎馬足，虜全裝陷泥淖中，人馬俱斃。遂擒孛堇撻不也。兀朮走還泗上，召良臣，責其賣己，將殺之。良臣好辭得免。

世忠提舉官董旻與虜戰於天長軍〔四〇〕，又統制官解元、成閔與戰於承州，皆敗之。擒生女真百餘人，遣屬官建陽陳桷與旻等具舟載之〔四一〕，獻於行在。且言使人戰没者三十餘人。

壬寅，上至平江府，復下詔，略曰：「朕急父兄之難，申子弟之情，師行有名，天其助順。將臨江滸，已次吴門。言念幅員之間，共離戎馬之禍，使汝等丘墓隔絶，骨肉散亡，罪實在予一人，毒乃流於四海。咨爾將士，勿顧便安，宜各奮揚，共圖恢復。」

宰執奏，建炎初，黄潛善、汪伯彦擅權專殺，將布衣陳東、歐陽澈寘之極典〔四二〕。上曰：「朕初即位，聽用非人，至今痛恨之。」乃各贈秘閣修撰，官其兩子，賜田十頃。趙鼎曰：「輔相非人，致陛下責躬自咎如此，誠爲盛德。潛善、伯彦誤國之罪，天下皆知，此安可誣也？」

是月，以徽猷閣直學士、樞密都承旨章誼爲户部尚書〔四三〕。

十一月丙午朔，上御平江府行宫。

【新輯】戊申，上問宰執江上控扼之計。胡松年曰：「臣到鎮江、建康，備見西軍將士奮勵，欲摧醜虜，必能立勳。」上曰：「數年以來，廟堂玩習虛文，而不明實效；侍御、給諫搜剔細務，而不知大體，故未能濟艱難。非朕夙夜留心，治軍旅，備器械，今日賊騎侵軼，何以禦之？」趙鼎曰：「臣等敢不竭駑鈍，以副陛下責實之意。」（輯自皇朝中興紀事本末卷三一下）

時沿江既有備，商賈往來自如，通、泰出納鹽貨如故。上見士氣大振，捷音日聞，欲渡江與賊決戰（四四）。趙鼎曰：「退即不可，渡江非策也。虜兵遠來（四五），利於速戰，豈可與之爭鋒？兵家以氣爲主，三鼓即衰矣。姑守江，使不得渡，徐觀其勢，以決萬全。且豫猶不親臨，止遣其子，豈可煩至尊與逆雛決勝負哉？」於是，遣參知政事沈與求按行江上，與諸將議可否。始知虜騎大集（四六），其數甚衆。與求回言：「沿江居民旋造屋爲肆，虜雖對岸，略不畏之。」此據趙鼎事實修入，不得其時（四七）。事實言（四八）：「久之，張浚來自閩中。」則知此事在浚未至之前也。

時承、楚、泰三州各有水寨民兵，合力擊賊（四九）。庚戌，上謂宰執曰：「淮民不能安業，今又遭賊騎，乃力奮忠義，不忘國家，實我祖宗涵養之力。宜與放十年租稅，仍撥錢米助之。」趙鼎曰：「陛下德澤如此，人心益固，國祚益長矣。」

【新輯】監察御史田如鼇言：「機事不密，則害成。比來未行一事，中外已傳，皆由省吏不密所致。」上曰：「由呂頤浩不知大體，雖鬻食物人，亦縱之入，故事每漏泄。」趙鼎曰：

「舊置中書、密院於皇城内，如在天上，人何由知？自渡江，屋淺而人雜，自然不密。」（輯自皇朝中興紀事本末卷三一下）辛亥〔五〇〕，上命申嚴密事之禁，仍詔漏泄邊機，處以軍法。

殿中侍御史張致遠奏，乞省罷營葺，以繫軍民之心。壬子，詔除軍兵營寨外，令孫佑不得應副。佑，北海人，時知平江府。上因謂宰執曰：「臺諫規戒，朕所樂聞，常恐言者無以補助。昨致遠又奏御舟不計其數，可速行機察。朕隨行惟三十餘舟，皆載書籍，此外無一玩好。」趙鼎曰：「監司、郡守之官，猶巨艦相銜數里，陛下簡約如此，實帝王盛德事也。」上曰：「朕初到平江，孫佑所供進饍，桌子極弊。朕念往日艱難，雖居處隘陋，飲食菲薄，亦所甘心。若邊境已清，郡邑既定，迎還二聖，再安九廟，帝王之尊固在。」鼎等曰：「陛下規模宏遠如此，太平基業，指日可期，天下幸甚。」

川陝宣撫副使吳玠奏：「臣之功，乃張浚、劉子羽知臣而薦用之。今蒙異數，望追成命，而於浚、子羽少寬典刑。」上曰：「進退大臣，斷自朕志，豈可由將帥之言？況朕於浚，既罰其過，詎忘其功？」癸丑，詔子羽自便，士大夫以此多玠之義。

先是，趙鼎薦提舉洞霄宮、福州居住張浚可當大事，顧今執政無如浚者，陛下若不終棄，必於此時用之。乃詔浚復資政殿學士、提舉萬壽觀兼侍讀。（喻樗語録曰：「樗先受趙鼎辟爲川陝都督府屬官，既罷行，因過平江，見鼎曰：『相公之舉，未知果有萬全之計，或賭采一擲也？』鼎曰：『亦安保萬全，事成幸甚，不然，遺臭萬代矣！』樗曰：『今若直前，有如頭重，不可却也。要須有後門。』鼎曰：『有則善矣。』樗曰：『張樞密在福，今只召之，恐逡巡未至。若直除閩浙江淮宣撫使，不許辭免，則命到之日，便有官府軍旅錢糧。樞密來路，即我之後門也。』鼎大以爲然。明日入奏，久之，上曰：『且在經筵亦可。』」

己未，浚至，復以爲知樞密院事。浚見鼎曰：「此行舉措甚當。」既又聞鼎諫上渡江決戰之行，亦深歎服。朱勝非閒居録曰：「時寇犯淮、泗〔五二〕，朝廷震恐，宰相趙鼎嘗失身於僞楚，初無敢薦者，而浚獨薦爲言事官。鼎德之，至是乘急變召浚，復秉樞機。」趙鼎遺事曰：「時中外震恐，朝廷方難其人，鼎力薦張浚可以當之。上問：『浚方略如何？』鼎曰：『浚鋭於功名，而得衆心，可以獨任。』上即日除知樞密院。鼎曰：『陛下幸聽臣言，驟用浚，恐臺諫未悉，必至交攻，非陛下斷自宸衷，無以息衆議。』上爲親書詔刊石也。」

觀文殿學士、提舉崇福宫李綱陳禦賊之策，大略謂：「僞齊悉兵南下，其境内必虚，宜擣潁昌，出其不意，則必還以自救，此爲上策。召上流之兵，沿江而下，以助軍勢，此爲中策。萬一借親征之名，爲順動之計，此下策也。」上曰：「綱去國數年，無一字及朝廷。今豈非以朕總師，親臨大江，合綱之意乎？」辛酉，降詔奬之。

戊辰，趙鼎言：「張孝純、李鄴子弟復在近僚，可見陛下德意。乞降詔示從僞之臣，他日來歸，亦不加罪。」上曰：「中原陷没，致士大夫不幸汙於僭逆，皆朕之過。朕備嘗艱難，不忘恢復，蓋欲拯之塗炭，咸與惟新，要使人人知朕此意。」僉書樞密院胡松年曰：「禹、湯罪己，其興勃焉。臣知中興有期矣。」

右司諫趙霈言：「乞令有司，具一歲錢穀出入之數，以節浮費。」辛未〔五二〕，上謂宰執曰：「霈此疏極關治體，纔過防秋，便可行之。」胡松年曰：「使論事之臣皆如此，何患不能協濟？正恐賊騎既退〔五三〕，國家暫安，虛文細務，又復出矣。」上曰：「趙鼎記此，可以爲戒。」

知樞密院事張浚往江上視師。趙鼎事實曰：「浚在江上，時虜在滁上造舟〔五四〕，已有渡江之耗。鼎密陳：『今日之舉，雖天人咸助，然自古用兵，不能保其必勝。計當先定，事至即應之，庶不倉猝。萬一虜渡江，即再降指揮，方始謂之親征。陛下當親總衛士，直趨常、潤，督諸軍，乘其未畢辦〔五五〕，併力血戰，未必不勝。或遏不住，則駕由他道，復歸臨安，留兵堅守吳江，虜亦安能深入〔五六〕？臣與張浚分糾諸將，或腰截，或尾襲，各據地利，時出擾之，必不使之自肆如前日也。惟不可聞渡江便退，即諸將各自爲謀，天下事不再集矣。』三衙楊沂中、劉錫見鼎言〔五七〕：『探報如此，駕莫須動？』鼎曰：『俟敵已渡〔五八〕，方遣二君率兵趨常、潤，合諸將併力一戰，以決存亡，他無術也。』二人同聲曰：『相公可謂大膽。』鼎曰：『事已到此，不得不然。二公隨駕之親兵也，緩急正賴爲用，豈可先出此言？』二人懼而退。朝論謂鼎勸上親征固難，而此時不動〔五九〕，尤爲難也。」

奉使魏良臣等自虜回〔六〇〕，張浚遇之，問以虜事及大酋之語〔六一〕。良臣謂虜有長平之衆，且出大言，謂當割建州以南，王爾家爲小國，索銀絹犒軍，其數千萬。仍約良臣等再往，浚密奏不可以其言而動，及不須令再往。〔六二〕

十二月乙亥朔，良臣等至平江府，侍御史魏矼亦言：「當罷講和二字，以攻守代之，飭勵諸將，力圖攘狄〔六三〕。」遂不復遣。朱勝非閒居録曰：「初，秦檜自京城隨虜人北去〔六四〕，爲彼大酋撻辣任用〔六五〕。至是，撻辣統兵徑犯淮甸〔六六〕，朝廷遣魏良臣、王繪奉使至其軍，數問檜，且稱其賢。逮檜再相，力薦良臣爲都司，繼除從官，欲彌其言耳。」

魏良臣進奉使語録言，虜人比至天長縣〔六七〕，得親筆手詔墨本，謂良臣曰：「恤民如此，民心安得不歸？」〔六八〕

丁丑，上謂宰執曰：「向下詔丁寧，欲刑無冤爾。」胡松年曰：「臣伏覩詔書，載『小大之獄，雖不能察，必以其情，忠之屬也，可以一戰』。使虜人讀至此〔六九〕，能無懼乎？」

張浚奏以樞密副都承旨馬擴爲沿江制置使，軍於鎮江府。且令湖南制置大使席益撥統制官崔邦弼等軍赴擴。益不從，詔落其職。

淮西宣撫使劉光世奏，統制官王德獲僞官朱從。己卯，上語宰執欲釋之，既而曰：「先軫有言：『武夫力而拘諸原，婦人暫而免諸國，墮軍實而長寇讎，亡無日矣。』諸將方與敵人對壘，今獻俘輒釋之，恐其意怠，勿殺可也。」趙鼎曰：「此皆吾民，誠不必殺。」

乙酉，宰執薦進士王蘋，賜出身，除正字。上曰：「蘋起草茅，而議論若素官於朝。大抵儒者能通世務，乃爲有用。」沈與求曰：「不能通世務〔七〇〕，所謂腐儒。」胡松年曰：「治天下，安用腐儒？」上曰：「然。」蘋，侯官人也。

庚寅，上因論十二夜太陰犯昴宿，有司以爲胡滅之象〔七一〕。胡松年曰：「天象如此，中興可期。」上曰：「范蠡有言，天應至矣，人事未盡也。」趙鼎曰：「正當修人事以應之。」

辛卯，上謂宰執曰：「韓世忠近進鱘魚鮓，朕戒之曰：『艱難之際，不厭菲食。卿當立功報朕。而貢口味，非愛君之實也。』已却之。」沈與求曰：「陛下示以好惡如此，諸將敢不用命？世忠能擒劉豫父子，羈致行闕誅之，而分醢於諸侯，此乃足以報陛下也。」

乙未，【新輯】上謂宰執曰：「賊馬近在淮甸，而將士賈勇争先，諸路守臣，亦翕然自效。」顧趙鼎曰：「此乃朕用卿之力。」鼎曰：「盡出聖畫，臣等何有力焉？然大敵在前，方懼無以塞責。」上曰：「自古國家用賢則治，若警奏初聞，而朕或爲退避之計，江、浙已丘墟矣。」（輯自皇朝中興紀事本末卷三一下）

川陝宣撫副使吴玠奏：「夏國主數通書，有不忘本朝之意〔七二〕。又府州折可求族屬列狀申玠，見訓練士馬，俟玠出師渡河，當爲内援以擊賊〔七三〕。」戊戌〔七四〕，上謂宰執曰：「此祖宗在天之靈扶祐所致，亦見人心憤此虜也〔七五〕。」

知樞密院張浚至鎮江府，召大帥韓世忠、劉光世、張俊與議〔七六〕，且勞其軍。既部分諸將，乃留鎮江以節制之。於是，世忠與虜酋兀朮書〔七七〕，謂張樞密已在此矣。浚因奏捍賊次第〔七八〕，且言：「相持既久，恐其別生姦計〔七九〕，已與諸將議，凡可以克敵者，無不爲也。」上曰：「浚措置如此，虜必不能遽爲衝突〔八〇〕。」參知政事沈與求曰：「晉元帝時，石勒寇壽春，相持三月，晉臣至有勸降勒者，王導拒之。虜今遠來，久相持，非其利也。」上曰：「朕得浚，何愧王導？」

先是，太史言：「來歲正月朔，日當蝕。」侍御史魏矼請下有司講求故事。上曰：「春秋日蝕必書，謹天戒也。」己亥，乃詔百職各爲朕講求，所以消變弭災者。

辛丑，【新輯】趙鼎因奏事言：「比張浚遣使臣來説，諸大將每得金字牌，則踴躍奔命，無敢不虔，由陛下素有以結其心也。」上曰：「諸將奉命，此固美事。然朝廷出號令，亦須審重，使其得之，若降自雲霄之上，其誰敢慢乎？」（輯自皇朝中興紀事本末卷三二下）

金虜之衆屯於竹墩〔八一〕，會雨雪乏糧。又聞上親征，而其主晟病篤，萬户韓常勸兀朮曰：「士無鬭志，苟强驅之過江，必多叛者。况吾君疾篤，内或有故，惟速歸爲善。」兀朮聽之，聞於諸酋〔八二〕，一夕遁去〔八三〕。方遣人馳諭劉麟、劉猊，於是，麟、猊倉皇棄輜重北走〔八四〕。麟既歸，乃率僞官上言，略曰：「以中原制江表，强弱之勢，何啻得百一之利。故自古王者興起，必於河北、山東之地，然後爲真。若乃崛起及遁居吴越之會，計其强者，能自保一隅；有不道，則中原之兵已進，而墟其國者非一也。」於是，豫以其言曉示僞境。

初，親征詔未至廬州，衆譁然棄淮保江。知府仇悆得詔，急録以示人，皆思奮，且遣其子問道告急。上命以官。及虜進據壽春〔八五〕，悆率兵出奇，直抵城下，賊戰敗〔八六〕，欲走渡淮。是月，虜增兵復來〔八七〕，悆盡發戍軍千人拒之，無一還者，遂求救於京西制置使岳飛，飛遣統制官牛臯及愛將徐慶以二千餘騎造廬。既見悆，坐未定，虜驅甲騎五千且破城矣。臯與慶以從騎出城，遥謂虜衆曰〔八八〕：「牛臯在此，爾輩胡爲見陵〔八九〕？」乃展幟示之，金衆愕然，臯舞矟徑前〔九〇〕，賊疑有伏，即奔潰。臯率騎追之，虜兵自相踐死，餘皆遁去。或問趙鼎，賊何以遽遁？鼎曰：「賊衆雖盛，特因劉豫邀請而至，既非本心，當擇利乃進，故不如前日之亡命也。」

是歲，道君在五國城，一日諭王若冲曰：「一自北遷，於今八年，所履風俗異事多矣。深欲著録，未有其人，詢之蔡鞗，以謂文學無如卿者，高居東山，躬稼之餘，爲予記之，善惡必書，不可隱晦，將爲後世之戒。」道君謙虚待下，隨行羣臣，不以大小，未嘗呼名，每有使令，則温顔諭之。

〔校勘記〕

〔一〕乙卯　繫年要録卷八〇繫於「甲寅」。

〔二〕丁卯　繫年要録卷八〇及宋史卷二七高宗本紀四繫於「辛酉」。

〔三〕以知樞密院　「以」原脱，據廣雅本及皇朝中興紀事本末卷三〇補。

〔四〕今晚必命相公　「令」，皇朝中興紀事本末卷三〇及繫年要録卷八〇作「非」。

〔五〕甲戌　繫年要録卷八〇及宋史卷二七高宗本紀四繫於「壬申」。

〔六〕引金虜右副元帥窩里嗢等 「虜」原無，據皇朝中興紀事本末卷三〇補。
〔七〕自淮陽分道入寇 「寇」原作「攻」，據皇朝中興紀事本末卷三〇改。
〔八〕以爲賊勢甚少 「賊」原作「敵」，據皇朝中興紀事本末卷三〇改。
〔九〕虜前侵我境 「虜」原作「金」，據皇朝中興紀事本末卷三〇改。
〔一〇〕俟春首賊退 「賊」原作「敵」，據皇朝中興紀事本末卷三〇改。
〔一一〕若虜兵渡江 「虜」原作「敵」，據皇朝中興紀事本末卷三〇改。
〔一二〕且虜僞俱來 「虜」原作「金」，據皇朝中興紀事本末卷三〇改。
〔一三〕案：繫年要録卷八一丙子條注文考證云：「與日曆所書不同。按：俊此月己卯始除浙西江東宣撫使，此時未爲宣撫，克蓋小誤。」
〔一四〕賊衆我寡 「賊」原作「敵」，據皇朝中興紀事本末卷三一上改。
〔一五〕案：魏矼勸劉光世與韓世忠、張俊同心協力事，繫年要録卷八一繫於「甲午」，并云：「熊克小曆附此事於十月朔，恐太早。日曆十八日甲午，魏矼特引進對。丙申，田如鼇狀奉旨差出，計議軍事，日下出門。據此，則矼等之行，當在世忠奏捷之後。今併附甲午，更俟參考。」
〔一六〕案：繫年要録卷八二據日曆繫於「十一月壬子」。
〔一七〕比得敵疆之情 「敵疆」，皇朝中興紀事本末卷三一上、繫年要録卷八二及三朝北盟會編卷一六六作「强敵」。
〔一八〕不與賊以俱生 「賊」原作「敵」，據皇朝中興紀事本末卷三一上改。
〔一九〕自豫僭逆 「逆」原脱，據皇朝中興紀事本末卷三一上補。
〔二〇〕今虜敢大入 「虜」原作「敵人」，據皇朝中興紀事本末卷三一上改。

〔二一〕必伐虜謀　「虜」原作「敵」，據皇朝中興紀事本末卷三一上改。

〔二二〕虜至五郡　「虜」原作「敵」，據皇朝中興紀事本末卷三一上改。

〔二三〕設渡　原脱，據皇朝中興紀事本末卷三一上及繫年要録卷七八補。

〔二四〕虜雖善戰　「虜」原作「金」，據皇朝中興紀事本末卷三一上改。下同。

〔二五〕大軍南寇　「寇」原作「下」，據皇朝中興紀事本末卷三一上改。

〔二六〕近年杜充總大兵在建康　「康」原脱，據皇朝中興紀事本末卷三一上補。

〔二七〕況東晉常謂京口兵可用　「謂」原作「調」，據廣雅本、皇朝中興紀事本末卷三一上及繫年要録卷七八改。

〔二八〕擴亦請自將三千捍賊　「賊」原作「敵」，據皇朝中興紀事本末卷三一上改。

〔二九〕不止於闖將而已　「將」原作「智」，據皇朝中興紀事本末卷三一上改。

〔三〇〕除擴在此月戊子　「戊子」，繫年要録卷八一作「丁亥」。

〔三一〕乞過江拒賊　「賊」原作「敵」，據皇朝中興紀事本末卷三一上改。

〔三二〕自胡騎蹂踐中原　「胡」原作「敵」，據皇朝中興紀事本末卷三一上改。

〔三三〕適霖雨未能進師　「師」原脱，據皇朝中興紀事本末卷三一上及繫年要録卷八一補。

〔三四〕遣一偏師豫可擒也　「遣」原脱，據繫年要録卷八一補。

〔三五〕良臣至虜軍　「虜」原作「金」，據皇朝中興紀事本末卷三一上改。下同。

〔三六〕良臣以所見對大酋兀术喜甚　「酋」原作「帥」，據皇朝中興紀事本末卷三一上改。

〔三七〕其將孛堇撻不也擁鐵騎過五軍之東　「五」原作「吾」，據皇朝中興紀事本末卷三一上及繫年要録卷八一改。

案：大儀鎮之戰，繫年要録卷八一繫於「戊子」。

〔三八〕吾軍旗與虜旗雜出　「虜」原作「敵」，據皇朝中興紀事本末卷三一上改。下同。

〔三九〕弓刀無所施　「刀」原作「力」，據皇朝中興紀事本末卷三一上及繫年要録卷八一改。

〔四〇〕世忠提舉官董旻與虜戰於天長軍　「虜」原作「金」，據皇朝中興紀事本末卷三一上改。「天長軍」，繫年要録卷八一據日曆作「鵶口橋」，并考證云：「熊克小曆稱旼與虜戰于天長軍，亦誤。按：此時魏良臣正在天長，今從日曆。」

〔四一〕遣屬官建陽陳桷與旻等具舟載之　「建陽」原作「建楊」，據皇朝中興紀事本末卷三一上改。

〔四二〕將布衣陳東歐陽徹寘之極典　「歐陽澈」原作「歐陽徹」，據皇朝中興紀事本末卷三一上及繫年要録卷八一改。

〔四三〕案：繫年要録卷八二庚申條注文考證云：「此蓋承户部題名之誤。誼今年七月自都承旨除刑書，十二月兼權户書，明年正月正除，今各附本日。」

〔四四〕欲渡江與賊決戰　「賊」原作「敵」，據皇朝中興紀事本末卷三一下改。

〔四五〕虜兵遠來　「虜」原作「金」，據皇朝中興紀事本末卷三一下改。

〔四六〕始知虜騎大集　「虜」原作「敵」，據皇朝中興紀事本末卷三一下改。下同。

〔四七〕案：繫年要録卷八二繫於「戊午」。

〔四八〕事實言　「事」原脱，據皇朝中興紀事本末卷三一下補。

〔四九〕合力擊賊　「賊」原作「敵」，據皇朝中興紀事本末卷三一下改。下同。

〔五〇〕辛亥　繫年要録卷八二繫於「庚戌」。

〔五一〕時寇犯淮泗　「寇犯」原作「敵侵」，據皇朝中興紀事本末卷三一下改。

〔五二〕辛未　原作「辛巳」，據皇朝中興紀事本末卷三一下及繫年要録卷八二改。

〔五三〕正恐賊騎既退　「賊」原作「敵」，據皇朝中興紀事本末卷三一下改。

〔五四〕時虜在滁上造舟　「虜」原作「敵」，據皇朝中興紀事本末卷三一下改。下同。

〔五五〕乘其未畢辦　「辦」，皇朝中興紀事本末卷三一下及繫年要録卷八二作「集」。

〔五六〕虜亦安能深入　「虜」原作「金」，據皇朝中興紀事本末卷三一下改。

〔五七〕三衙楊沂中劉錫見鼎言　「劉錫」原作「吴錫」，據皇朝中興紀事本末卷三一下及繫年要録卷八二改。

〔五八〕俟敵已渡　「俟敵」，皇朝中興紀事本末卷三一下作「僞虜」。

〔五九〕而此時不動　「時」原作「事」，據皇朝中興紀事本末卷三一下改。

〔六〇〕奉使魏良臣等自虜回　「虜」原作「金」，據皇朝中興紀事本末卷三一下改。下同。

〔六一〕問以虜事及大酋之語　「酋」原作「帥」，據皇朝中興紀事本末卷三一下改。

〔六二〕浚密奏不可以其言而動及不須令再往　「以其言而動及不須令再往」原脱，據皇朝中興紀事本末卷三一下補。

〔六三〕力圖攘狄　「攘狄」原作「外禦」，據皇朝中興紀事本末卷三一下改。

〔六四〕秦檜自京城隨虜人北去　「虜」原作「金」，據皇朝中興紀事本末卷三一下改。

〔六五〕爲彼大酋撻辣任用　「酋」原作「帥」，據皇朝中興紀事本末卷三一下改。

〔六六〕撻辣統兵徑犯淮甸　「徑犯」原作「侵」，據皇朝中興紀事本末卷三一下改。

〔六七〕虜人比至天長縣　「虜」原作「金」，據皇朝中興紀事本末卷三一下改。

〔六八〕案：此段記事，原作正文，據皇朝中興紀事本末卷三一下改爲注文。

〔六九〕使虜人讀至此　「虜」原作「敵」，據皇朝中興紀事本末卷三一下改。

〔七〇〕大抵儒者能通世務乃爲有用沈與求曰不能通世務　「能通世務乃爲有用沈與求曰」原脱，據皇朝中興紀事本末卷三一下補。

〔七一〕有司以爲胡滅之象　「胡」原作「敵」，據皇朝中興紀事本末卷三一下改。

〔七二〕有不忘本朝之意　「有」原脱，據皇朝中興紀事本末卷三一下及繫年要録卷八三補。

〔七三〕當爲内援以擊賊　「賊」原作「敵」，據皇朝中興紀事本末卷三一下改。

〔七四〕戊戌　繫年要録卷八三繫於「丁酉」。

〔七五〕亦見人心憤此虜也　「此虜」原作「北敵」，據皇朝中興紀事本末卷三一下改。

〔七六〕召大帥韓世忠劉光世張俊與議　「張俊」原作「張浚」，據廣雅本及皇朝中興紀事本末卷三一下改。

〔七七〕世忠與虜酋兀朮書　「虜酋」原作「金帥」，據皇朝中興紀事本末卷三一下改。

〔七八〕浚因奏捍賊次第　「賊」原作「禦」，據皇朝中興紀事本末卷三一下改。

〔七九〕恐其別生姦計　「其」原作「有」，據皇朝中興紀事本末卷三一下及繫年要録卷八三改。

〔八〇〕虜必不能遽爲衝突　「虜」原作「金」，據皇朝中興紀事本末卷三一下改。

〔八一〕金虜之衆屯於竹墩　「虜」原作「人」，據皇朝中興紀事本末卷三一下改。「竹墩」，繫年要録卷八三及皇宋中興兩朝聖政卷一六作「竹塾」，當是。

〔八二〕聞於諸酋　「酋」原作「寨」，據皇朝中興紀事本末卷三一下改。

〔八三〕案：繫年要録卷八三繫於「庚子」。

〔八四〕於是麟猊倉皇棄輜重北走　「於是麟猊」原脱，據皇朝中興紀事本末卷三一下補。

〔八五〕及虜進據壽春　「虜」原作「敵」，據皇朝中興紀事本末卷三一下改。

〔八六〕賊戰敗　「賊」原作「敵」，據皇朝中興紀事本末卷三一下改。下同。

〔八七〕虜增兵復來　「虜」原作「金」，據皇朝中興紀事本末卷三一下改。下同。
〔八八〕遥謂虜衆曰　「虜衆」原作「金人」，據皇朝中興紀事本末卷三一下改。
〔八九〕爾輩胡爲見犯　「陵」，皇朝中興紀事本末卷三一下作「犯」。
〔九〇〕皐舞稍徑前　「稍」原作「袖」，據繫年要録卷八三改。

中興小紀卷十八

紹興五年歲在乙卯春正月乙巳朔，日有蝕之。

丙辰，上謂宰執曰：「大臣，朕之股肱；臺諫，朕之耳目。事均一體。或有官非其人，所當黜者，卿等宜亟以告朕，不必須待論列。書曰：『股肱喜哉！元首起哉！百工熙哉！』股肱得人，則萬事皆治矣。」趙鼎曰：「臣等駑怯，何足仰承聖訓？然爲治之要，在於用人，陛下以此訓臣，可謂得其要矣。」

己未，【新輯】曲赦淮南。

壬戌，宰執奏事，張浚曰：「臣頃使川陝，横遭誣謗，蒙宸翰辨明，死無所恨。」上曰：「朕方屬卿以中原之事，不可以曩日誣謗，過自畏縮。毁譽不公，自古所患，齊威公所以封即墨大夫而烹阿大夫也。」浚曰：「陛下留意毁譽如此，群臣所幸。」

是日，詔淮東宣撫使韓世忠除少師〔一〕，於鎮江置司。癸亥，詔淮西宣撫使劉光世除少保，於太平州置司；江東宣撫使張俊除開府，於建康府置司。三將各賜銀絹三千疋兩。（輯自皇朝中興紀事本末卷三二）

虜兵之遁也〔二〕，留程師回、張延壽爲收後，二將虜中之驍將也〔三〕。至是，張俊命統制官張宗顔引兵追及之，繼又遣統制官王進等邀其歸路，薄之於淮，虜衆悉潰〔四〕，墮淮而死，師回、延壽勢窘而降〔五〕。初，以俊爲浚，既降，始悟曰：「吾以爲張樞密，今乃關西也。」

行宫留守孟庾請上還臨安府。從之。

金虜之薄淮也〔六〕，劉光世遣統制官酈瓊統兵過淮，由間道徑趨光州〔七〕。僞知州許約守城甚堅，又劉麟遣統領官李知柔以衆三千助之。瓊説約降，不從，即進兵急攻，城欲破，約勢窮乃降，遂復光州。甲子，奏至〔八〕，上謂宰執曰：「許約爲劉豫結連楊么，及刼張昂山寨〔九〕，兇逆宜誅。今來歸，朕不欲失信，當貸之。」沈與求曰：「陛下方圖復中原〔一〇〕，倘示大信，安反側，臣見壺漿載道以迎王師矣。」

初，金虜之故主旻與今主晟相約〔一一〕，互傳位於其子孫。旻在日，以晟爲諳版孛極烈〔一二〕。諳版孛極烈者，儲嗣之位也。及晟代旻，即捨己之子宋王宗磐，而以旻之長孫梁王亶，小名曷剌馬者，爲諳版孛極烈〔一三〕，仍領都元帥之職。是月，晟卒，宋王宗磐與旻之子涼王固倫〔一四〕，及左副元帥粘罕皆争立，而亶爲嫡，遂立之。蓋粘罕自去歲爲窩里嗢所代，已失兵柄，故不得立。時窩里嗢、撻辣諸酋自江上回至燕山〔一五〕，悉赴晟之喪。初，晟已僞謚旻爲武元皇帝〔一六〕，廟號太祖。至是，亶僞謚晟爲文烈皇帝〔一七〕，廟號太宗。

【新輯】二月乙亥朔，詔賜湖北制置使岳飛銀絹二千疋兩，仍加兩鎮節度。

刑部尚書章誼移兵部，尋改户部〔一八〕。又以吏部侍郎孫近爲翰林學士。侍御史張致遠乞别修中興日曆。從之。（輯自皇朝中興紀事本末卷三二，參考繫年要録卷八五）

丁丑，上自平江府還臨安府。

己卯，上次秀州。

壬午，上至臨安府。

丙戌，右僕射趙鼎除左僕射，張浚除右僕射，並平章事，浚兼知樞密院、都督諸路軍馬〔一九〕。趙鼎事實曰：「二月回鑾，先議定張浚右揆，出使湖外，平楊么，鼎陞左揆。方鎖院之夕，鼎密啓曰：『宰相無事不統，不必專以邊事，乃爲得體。』洎兩制出，浚獨以軍功及專任邊事爲言。上既以邊事付浚，而政事及進退人材專任於鼎矣。」

喻樗語録曰：「時趙、張二公相得，人固知且並相，樗獨以謂且作樞密使，同心同德，亦何不可？他日，趙退則張繼之，説一般話，行一般事，用一般人，如此則氣道長〔二〇〕。若同相，議論有不合，或當去位，則一番更改，必有參商，是賢者自相戾也。已而，其事亦稍如此。」

【新輯】詔浚暫往江上措置邊防〔二一〕。又詔湖北制置使岳飛往湖南捕盜，賜錢七萬貫，充隨軍激賞。既又詔略曰〔二二〕：「敵人遠遁，邊圉稍安。臨遣相臣，按行師壘。西連隴、蜀，北泊江、淮，既加督護之權，悉在指揮之域。或難從於中覆，宜專制於事幾。」

川陝宣撫副使吴玠以虜犯淮上，亟遣環慶帥楊政乘機牽制。政引兵至秦州，諭僞守以逆順，不肯降，遂攻之。丁亥，拔其城〔二三〕。政撫定，秦民大悦。虜大酋撒離曷聞秦被圍，集諸道來援，政復擊敗之。

丁酉，詔二三大臣，内外協濟，孟庾、沈與求、胡松年各轉一官。於是，徽猷閣待制胡安國與其子起居郎寅書曰：「昔裴度平淮西，功亦大矣，制辭不過曰：『燕弧載櫜，楚廣旋軫，錫階旌德〔二四〕，祚土報勤』而已。李繼隆澶淵奇蹟，止進一階。比觀二揆制詞，四將賞典，頗未曉也。」又曰：「元鎮雖非大手，亦得一半，恨佐之者弱吕，何者而可秉鈞哉？」元鎮，鼎字；吕蓋指頤浩也。（輯自皇朝中興紀事本末卷三二，參考繫年要録卷八五）

庚子，宗正少卿范沖請：「以近詔羣臣條對，倣治平故事，編類進入。」乃以命學士孫近、直學士院胡交修。而殿中侍御史邵武謝祖信又言：「羣臣所條利害，既上御府，願親省覽，或俾大臣分閲，擇可用者奏行。」從之。

故事，左僕射兼監修國史。辛丑，趙鼎奏：「直史館范沖於臣爲外姻，願改授張浚。」上曰：「安可以沖故，廢祖宗故事，況史館非朝廷政事之地，可無辭。」遂詔鼎兼之。於是，殿中侍御史張絢言：「宰相用人，不當以鄉閭親屬爲嫌，更宜訪寒畯。」癸卯，上謂宰執曰：

「如此，則朋黨之風自破矣。」趙鼎曰：「用人所以立國，臣豈敢久居相位，至於立國規模，則當爲遠計也。」鼎於是以政事之先後，及人材所當召用者，密條而置座右，一一奏稟，以次行之。鼎謙沖待士，犯顔敢諫，凡内降恩澤，多奏格不行，號爲賢相。而深喜故崇政殿説書程頤之學，朝士翕然嚮之。時有言今托稱伊川門人者，却皆進用，如選人桐廬喻樗，真其人也，乃不見知。是月，鼎始薦樗改官，除正字〔二五〕，誥辭曰：「頃窮西洛之淵源，遂見古人之大體。」中書舍人王居正行也。樗以此頗爲衆所嫉。徽猷閣待制胡安國亦師頤者也，聞之，以謂：「西洛淵源，古人大體，雖其高弟游酢、楊時、謝良佐諸人，尚難言之，而況樗耶？乃敢托於詞命，以妄褒借，識者憂之。」居正未幾遷兵部侍郎，於是，有「伊川三魂」之目：鼎爲真魂〔二六〕，居正爲强魂，言其多忿也；故工部侍郎楊時爲還魂，言其身死而道猶行也。既而正字襄陽張嵲遂以「元祐中五鬼」配之。

劉豫罷什一之法，改行五等税法。

閏二月丁未，端明殿學士、僉書樞密院事胡松年請外，詔以舊職知宣州。

川陝宣撫使盧法原請上供物帛，自去年以後，仍充贍軍。己酉，上謂宰執曰：「祖宗内帑，本以備邊，宜從所請。」趙鼎等曰：「陛下捐内帑以贍軍，此帝王盛德事也。」

【新輯】乙卯，宰執奏事，上詔孟庾、沈與求並兼權樞密院。趙鼎曰：「仁宗時，陝西用兵，宰臣兼樞密，今臣既兼而參政亦令兼權，則事歸一體，無前人所謂密院調兵，而三省不知，三省財竭，而密院用兵不止者矣。」上曰：「往時三省、密院不同班進呈，是以事多不相關，豈有朝廷議論，而帷幄二三大臣不與聞者也？」

丁卯，詔足食足兵，今日先務，可專令户部尚書章誼措置財用，仍命參知政事孟庾提領其事。己巳，庾請以總制司爲名，專察内外官私隱漏違欠，其合用錢糧，元係户部與漕司應副者依舊。從之。初，州縣出納錢物，每緡已收二十三文，作經制等錢。至是，加爲足數，除舊合得外，餘數並拘發以助軍須。既又拘耆户長雇錢，并抵當庫四分息錢，及轉運司移用常平司七分茶鹽司袋息等錢，悉歸總制司。而總制錢自此始矣。（輯自皇朝中興紀事本末卷三二，參考繫年要録卷八七紹興三年五月丁酉條注文）

詔臨安府依舊帶浙西安撫，鎮江府帶沿江安撫〔二七〕。既而，鎮江守臣劉寧止請：「撥常州、江陰軍及崑山、常熟二縣，屬沿江安撫司。」從之。寧止，歸安人也。

庚午，宰執奏中書舍人劉大中繳大理評事李洪試大法改官事。趙鼎曰：「法以弼教，宜崇獎之。」上曰：「不崇獎之，其學將絶。」沈與求曰：「法家雖別一科，人命所繫，亦宜重其選也。」

是月，都督張浚出江上勞師，至鎮江府，召淮東宣撫使韓世忠，親諭上旨，使移屯楚州，以撼山東。世忠欣然受命，即日舉軍渡江。於是，浚至建康府，勞江東安撫使張俊軍。又至太平州，勞淮西宣撫使劉光世軍而還。

侍御史張致遠、殿中侍御史張絢、右司諫趙霈，交章論新除主管馬軍王𤫉，討賊無功，乞正其罪。詔罷𤫉管軍，仍降充團練使。絢，丹陽人也。𤫉軍一萬五千，撥隸淮東宣撫使韓世忠。

三月乙亥，【新輯】上謂宰執曰：「賞罰國之大典，所以礪世磨鈍，安可闕也？如王𤫉提大兵往上江，所用錢糧不可勝紀，而敗軍覆將，經年不能下楊么。今降官落職，不特少慰公議，又𤫉平日專事交結，亦使知交結不足恃也。」於是，（輯自皇朝中興紀事本末卷三二）趙鼎薦荆南鎮撫使解潛，召爲主管馬軍司公事。初，靖康中，潛副李綱，宣撫河東，鼎在綱幕中，與潛有舊，至是引用之。

先是，川陝宣撫副使盧法原以憾不濟師，不餽糧，及不給降錢幣，不應副器械，功成又不銓量獲功將士。上以手詔詰法原，法原辨數甚悉，上不以爲是。既而，法原卒於閬州〔二八〕。宣撫司事令副使吳玠權主行之。

淮東宣撫使韓世忠已至楚州，遣屬官陳桷等赴闕。左僕射趙鼎奏〔二九〕：「臣已細詢楠，據言韓世忠已過淮南，視控扼之所。楠今來乞兵守建康，蓋欲張浚分占江上，同負此責。臣以通、泰鹽利爲重，乞飭世忠，且在承、楚捍敵，或采石等淺處有警，即令引全軍趨江東或浙西，而通、泰鹽利在所不顧也。楠又言世忠軍老幼，在鎮江非便。臣與楠議，欲令還平江，楠以爲然。此亦張浚之意也。」

乙酉，左僕射趙鼎奏，乞遣中使傳問宣撫。上曰：「當別有所賜。近劉光世進馬，來問朕乞花瓶，遂輟玉瓶賜之。」鼎曰：「陛下御府寶器以寵大將，深得駕馭之術矣。」

是日，趙鼎奏觀文殿大學士李綱録到建炎聖語。上曰：「朕已閲，皆實，綱近日論事，非往時比。」鼎曰：「綱才器過人，嚮辟少年浮躁之士爲屬，致有所累。」上曰：「屬官須老成更練。」鼎曰：「誠如聖諭。」

初，張浚謫居福州，而綱亦寓福，浚與綱會，既除舊隙，遂相厚善。至是，浚入相，數於上前言其忠。未幾，起綱知洪州兼江南安撫制置大使。朱勝非閒居録曰：「舊制御膳，日進一百二十品，淵聖減作四十品。上即祚，又加裁省，其後早晚共止一羊，不過數品而已。巡幸東南，駐蹕郡廨，兵火之後，屋宇闕陋，雖久駐，亦不增葺。中宫未還，妃嬪有名位者纔二三人，其餘宫監，并有職掌者，通不及百人。雖大禹之勤儉，不是過也。大臣密侍帷幄，目覩盛事，固宜仰體德意。而三丞相則不然，李綱私藏過於國帑，乃厚自奉養，侍妾歌僮，衣服飲食，極於美麗，每饗客，餚饌必至百品。遇出，則厨傳數十擔。其居福州也，張浚被召，綱贐行一百二十合，合以朱漆鏤銀裝飾，樣致如一，皆其宅庫所有也。吕頤浩喜酒色，侍妾十數，夜必縱飲。前户部侍郎韓梠家畜三妾，俱有殊色，名聞一時，梠死，諸大將以厚賂取之，吕力争，用數千緡得一人，號三孺人，大寵嬖之。初則專其家政，既而頤浩爲留守兼判臨安，權勢甚盛，三孺人者遂預外事，公然交通韓氏，中外因以媒進，時頤浩六十七歲矣。趙鼎起於白屋，有朴野之狀。一旦拜相，驟爲驕侈，以臨安相府爲不足居，别建大堂，奇花嘉木，環植周圍。堂之四隅，各設大爐，爲異香數種，每坐堂中，則四爐焚香，煙氣氤氲，合於坐上，謂之香雲。又艱難以來，堂饌菲薄，鼎增厚十倍，日有會集，侍從、將帥，下逮省寺官所喜者，次第召食。堂厨公吏云：『日費香直數十緡，酒饌尚不計也。』其後，鼎坐臺疏落職守泉，累章數千言，而乾没都督錢十七萬緡，竊用激賞庫錢七十餘萬緡，奄有臨安府什物三千餘件，乃章中一事。命下，人皆謂鼎必辯而不辯也。」

初，禁衛諸軍遇赦轉員，其法甚備。自中原俶擾，軍營紛亂，排轉不行。時諸將所總，歲歲奏功，而天子親兵久無陞遷之望。左僕射趙鼎請據三衙見管人數，彷彿舊例，立爲轉員之法，始合祖宗舊制，而軍政明矣。〔三〇〕

金虜主亶升所居曰會寧府〔三一〕，建爲上京，仍改官制。初，奉使宇文虚中留其國，至是，受虜官〔三二〕，爲之參定其制，以太師、太傅、太保爲三師，太尉、司徒、司空爲三公。尚書省置令，次左、右丞相，皆平章事；左、右丞皆參知政事。侍中、中書令皆居丞相下，仍爲兼職。元帥府仍置都元帥，左、右副元帥，左、右監軍〔三三〕，左、右都監。樞密院置使、副、僉書院事。大宗正府置判、同判、同僉書事。宣徽院置左、右使，同知，僉書事。六部初置吏、户、禮三部侍郎，後置三尚書，仍兼兵、刑、工。既而，六曹皆置尚書、郎官、左右司及諸曹皆備。國史院置監修，以宰相兼領，次修史、同修史〔三四〕。御史臺置大夫、中丞、侍御史以下，而大夫不除，中丞惟掌訟牒及斷獄、會法。諫院置左右諫議大夫、補闕、拾遺，並以他官兼之，與臺官皆充員而已。翰林學士院置承旨、學士、侍讀、侍講學士、直學士、待制、修撰，而承旨不除。殿前司置都點檢，左、右副點檢，左、右衛將軍。勸農司置使、副。記注院置修注。太常寺置卿、少。秘書省置監、少，以下皆備。國子監官不設。外道置轉運使，而不刺舉，故官吏無所憚。都事、令史用登進士第者預其選，人以爲榮。官無磨勘之法，每一任則轉一官。此其大略也。

初，虜之故主晟兄弟相約〔三五〕，互傳位於其子孫，時亶既立，於義當復用晟之長子，宋國王宗磐爲諳版孛極烈兼元帥之職，而亶不遵初約。及定官制，以三公居都元帥上，又左副元帥粘罕、右副元帥悟室皆亶所忌〔三六〕。至是，以宗磐爲太師，領三省事，易其儲嗣之位，封粘罕晉國王，亦領三省事，又除悟室左丞相，皆以相位易其兵柄。而冀王窩里嗢、魯王撻辣正除左、右副元帥，故宗磐失望，其後以至謀變，蓋兆於此也。未幾，窩里嗢死，以撻辣代之，而進左監軍兀朮爲右副元帥。

夏四月甲辰朔，【新輯】上謂宰執曰：「監察御史田如鼇可除言事官。」上因曰：「臺臣，耳目之官。朕未嘗不遴此選，然必試之六察，度其可用，然後除言事官。」沈與求曰：

「臺臣與朝廷分持紀綱，須得沈厚練達之人，則論事不苟，可以仰付聖意。」上曰：「然。」先是，（輯自皇朝中興紀事本末卷三三）言者請倣景德會計録，列紹興以來歲計，量入爲出。詔送户部。戊申，本部先纘到去歲收支數，餘乞容續録。從之。

初，太廟神主寓於温州，歲時薦饗，委之守臣。司封郎官林待聘嘗言：「原廟之在郡國，有漢故事，而太廟神主禮宜在都。今新邑未奠，宜考古師行載主之義，還之行闕，以彰聖孝。」至是，始就臨安府建太廟，遣權太常少卿沙縣張銖迎至行在，既而奉安，上行款謁之禮。明年，親征，遂奉木主以行。

先是，侍講范沖乞依仁宗邇英閣故事，寫書無逸、孝經天子四章爲圖，設於講殿之壁。上從其請，親御宸翰，寫成二圖。庚戌，上以語宰執，於是，趙鼎贊上從善汲汲之意，且曰：「沖以世官，入侍經幄，乞修故事，宜也。」沈與求曰：「宋璟獻無逸圖以爲元龜，今宸翰昭回，非璟所獻之比。陛下方夙夜自警，則恢復可期，天下幸甚。」

乙卯，【新輯】上謂宰執曰：「比來銓吏因緣爲姦，士大夫頗苦之。每戒飭侍郎，而尚未革。鄭滋既去，晏亨復、張致遠必能爲朕留意〔三七〕，今宿弊不去，當先黜之。」趙鼎曰：「亨復、致遠皆孜孜奉職，必能仰副聖意。」

先是，（輯自皇朝中興紀事本末卷三三）詔直寶文閣曾紆齎其父布所著正論赴闕，中道除紆知信州。戊午〔三八〕，上謂宰執曰：「昨閱曾布正論，其言皆正當。」趙鼎曰：「臣嚮官陝西，嘗見此乃布親筆，近復得於紆處，蓋相去二十年矣，宛然如故。」沈與求曰：「韓璜言紆造正論，蓋不知其詳也。」上顧鼎曰：「布有奏藁，薦陳瓘等十餘人，卿跋尾，具言曾見正論。」鼎曰：「臣誠有之。」

先有詔發常平倉米賑糶，己未，宰執奏，欲每日糶一千石。上曰：「陰霖不止，細民艱食，官爲發廩，則穀價自平。」趙鼎等曰：「陛下憂民如此，臣等期有以副聖意。官既賑濟，則富家不至閉糴。」上曰：「富家惟務厚藏而不知散。」鼎曰：「厚藏而不知散，所以致富。及子孫驕奢妄用，則家道往往不振。」上曰：「立國亦然〔三九〕，子孫不知祖宗創業艱難，習成驕奢，馴致禍亂，亦可以爲戒也。」沈與求曰：「周公陳王業艱難以戒成王，七月之詩是也。今陛下念祖宗創業艱難，日復一日，臣知勘定有期矣。」

甲子，道君皇帝崩於五國城，聖壽五十有四。後太后回鑾，知是此日。先是，道君嘗命隨行王若沖録北遷事跡，未克成書。丙寅，淵聖申命若沖，以謂先王嘉言善行〔四〇〕，不可無紀，乃許隨行官吏，各具見聞，送若沖編修。仍令蔡絛提點。未幾，書成，即所謂太上道君北狩行録是也。

徽猷閣待制程昌寓守鼎州六年，賊不能犯。是月，除昌寓都督府參議官〔四一〕，乃移知岳州，程千秋代之。千秋在岳時，賊已願出降，及至鼎，始覺賊無就招意。時統制官杜湛亦改爲都督府左軍統制，千秋因留湛所領蔡兵以捍賊。

是夏，金虜主亶以其國有親喪〔四二〕，慮本朝乘而伐之〔四三〕，令右副元帥兀朮屯於黎陽，而左副元帥撻辣歸祈州。

初，金虜攻熙河，蕃、漢官盡降，隴右郡王趙懷恩乃攜老小入蜀。至是，乞依兄懷德例，別帶一職。五月己卯，詔除懷恩正任觀察使。

辛巳〔四四〕，上殿官李椿年言：「歲鬻度牒不下萬數，是失一萬農也，積而累之，農幾盡矣。昔越王報吴，生男女有賞，嫁娶不時有罰，今則反是。」上曰：「越王養兵二十餘年，而後報吴。」椿年曰：「陛下知此道矣，願斷而行。」上首肯之。椿年，浮梁人也。

己丑，【新輯】以參知政事孟庾爲知樞密院事，依舊兼總制司。時右僕射張浚督師在外，庾之除也，浚不及知，乃具奏，以爲如此，則臣不當在相位矣。上親筆諭之。（輯自皇朝中興紀事本末卷三三）

左司諫趙霈言：「安不忘危，治不忘亂，安危治亂之機，相爲倚伏。昨丁陽九厄運，比者皇威始震，戎寇遠遁〔四五〕，已肇中興之業。天其或者殆將悔禍，所謂安危治亂之機，不可一日忘也。漢光武初定天下，馮異來朝，詔曰：『倉卒蕪蔞亭豆粥，虖沱麥飯。』異頓首曰：『願國家無忘河北之難，小臣不敢忘巾車之恩。』唐太宗既平高昌，魏徵舉小白無忘在莒之事，以戒之。帝曰：『朕不敢忘布衣時，公不得忘叔牙之爲人也。』臣亦願陛下無忘親征時，臣無忘扈從時，則恢復可期矣。」辛卯〔四六〕，詔霈論奏得諫臣之體，令尚書省寫成圖進入。

時貴州防禦使瑗在宮中，上嘗以語宰執曰：「此子天資特異，儼如神人。朕親自教之讀書，性極彊記。」至是，趙鼎得旨，造書院於行宮門内，以爲資善堂，欲令就學。上曰：「朕年二十九未有子，然國朝自有仁宗故事，今未封王，止令建節、封國公，似合宜。以朕所見，此事甚易行，而前代帝主多以爲難。」鼎曰：「自古帝王以爲難，而陛下行之甚易，此所以莫可跂及也。」上曰：「藝祖創業至勤，朕取『子』字行下子，鞠於宮中，庶仰慰藝祖在天之靈。」孟庾曰：「陛下念藝祖創業而聖慮及此，帝王所難之事也。」己亥，以瑗爲保慶軍節度使、建國公。宗正少卿范沖、起居郎朱震並爲資善堂翊善。震，邵武軍人也。趙鼎事實曰：「一日，上語鼎曰：『欲令瑗出閣，選官教之。且就禁中置學館，便建資善堂，庶幾正當，所差官亦有名。仍一依皇子建節、除國公。』鼎乃與同列議，選范沖、朱震爲翊善，朝論以二人爲極天下之選。上亦嘗謂鼎曰：『前日臺諫因對，語及資善之建，皆曰如朱震、范沖，天生此二人爲今日資善之用，可謂得人矣。』然是時建資善及命官與出閣之日，適張浚在外，故憸人得以間之，始見疾矣。」

都督張浚謂：「楊么據洞庭湖，實占上流，不先去之，爲腹心害，將無以立國。然寇阻重湖，春夏則耕耘，秋冬水落，則收糧于寨，載老小于船中，而驅其衆，四出爲暴。前此朝廷以夏多水潦，必冬乃出師，故寇得併力，而我多不利。今乘其怠而討之，彼衆既散，一旦復合，固已疲於奔命。又不得守其田畝禾稼，則有絶食之憂，黨與必攜，可招來也。雖已命湖南制置使岳飛往討，而兵將未必喻此，或逞兵殺戮，則失勝算，傷國體。」遂奏請自行。上許焉。浚因辟樞密都承旨馬擴爲都督府都統制。初，湖南制置大使席益獲楊么探者數百人，皆傳致遠縣囚之。浚行至醴陵縣，召囚問之，盡釋其縛，給以文書，俾分示諸寨曰：「今既不得保田畝禾稼，必乏食且餒死矣。不如早降不死。」數百人歡呼而往。及潭州，而首領黄誠、周倫等先請受約束，然嘗殺招安使人，猶不自安。浚令岳飛分屯鼎、澧、益陽，壓以兵。戊戌，飛至鼎之城外，置寨列艦。飛素有威望，而軍律甚嚴。乃遣先出降人楊華入賊招安。華未降時，爲賊魁，以寬厚得衆，遂與故部曲潛結么黨，殺么以降。時大旱，湖水涸如冬間。

六月甲辰，【新輯】賊將楊欽率全部三千人詣飛降，飛待之甚厚。欽在賊中最悍，所至當先，賊恃以爲强。欽降，賊喪氣矣。

己酉，建國公初出資善堂，見翊善范冲、朱震如師傅禮。宰執得旨，依故事謁見。是日，上謂宰執曰：「南班宗室甚有貧者，昨出内帑錢，人賜二百緡，令宗正丞沈禹卿散給。

尚有親賢近屬，已會人數。」趙鼎曰：「今宗室凋零無幾，陛下崇穆如此〔四七〕，盛德事也。」（輯自皇朝中興紀事本末卷三三）

言者謂：「康定初，陝西用兵，詔樞密院邊事與宰相同議，又因晏殊言，參知政事亦許同議。今二府同班奏事，與舊制別班再上不同，而宰臣已兼知右府。欲乞邊事之大者，三省同批旨，密院官押劄子。」庚戌，詔從之〔四八〕。

甲寅，宰相以久旱〔四九〕，【新輯】請解機政。不許。丙辰，上曰：「旱魃爲虐，皆由菲德所致，豈可移過大臣？然有闕政，當講求之，乃是消弭之道。」趙鼎等頓首謝。（輯自皇朝中興紀事本末卷三三）時詔禁屠以禱雨。右諫議大夫趙霈言：「自來斷屠，止禁猪、羊，而不及鵝、鴨，請併禁之。」中書舍人胡寅見霈疏曰：「一疏無三百言，而用鵝、鴨字以十數，況諫職乃及此乎？聞虜中統兵者號『龍虎大王』〔五〇〕，脱或入寇〔五一〕，當以『鵝鴨諫議』拒之。」時人以爲名對。〔五二〕

戊午，【新輯】上謂宰執曰：「近有民自汴京來，云張九成投僞齊，有此否？」趙鼎曰：「九成見居鹽官縣，焉有此事？必有讒者惑聖聽。比探僞齊，得九成廷策，言蹂踐民田事，以此出牓，然未知是否。昔夏竦嘗誣富弼遣石介投契丹，今欲中傷人者，便以投豫誣之。」沈與求曰：「陛下召用九成，則讒者息矣。」上曰：「無讒言，北來人所傳不審耳。然用之若遲，人必謂九成不用於僞齊，復還矣。」遂除著作佐郎。

是日，詔福建歲貢龍團鳳茶權減一半。（輯自皇朝中興紀事本末卷三三）

詔贈故觀文殿學士鄧洵仁五官。中書舍人劉大中言：「洵仁兄弟相繼執政，專以諂諛固寵，望賜追寢。」丙寅〔五三〕，詔從之。自靖康初，追復元祐諸臣官職，後亦稍稍擢其子孫，然議論不一，是非混淆。趙鼎夙有此志，是以身任之。因大中繳洵仁辭頭，遂歷言熙豐、祐聖、崇觀政事人材、善惡利害，首尾甚備。上嘉納，即詔牓之朝堂。

先是，都督張浚親臨湖以觀賊勢，疑未可攻，復欲還朝，爲防秋之計〔五四〕。會制置使岳飛來，以小圖白浚曰：「此易擒耳。」浚曰：「此妨防秋之備。」飛請浚少留八日擒之，浚乃遣飛往。初，湖南統制官任士安、王滲、郝政領兵二萬餘，慢王𤫉，不稟其令，以此無功。飛始至，鞭士安以折其氣，使爲賊餌。先揚言岳太尉兵二十萬至矣。及是，止見士安等軍，賊併力拒之，飛伏大兵四合，賊敗走，悉乘舟入據水寨。賊將陳瑫內變，刼僞太子鍾子義船，獲金交牀與龍鳳輦等，詣飛降。楊么赴水死，黃誠、周倫遂挾子義，奔潭州都督府降，餘黨相繼皆降。飛入水寨，殺賊衆殆盡，惟夏誠寨恃險固守，飛擇善罵者二十人夜往罵之〔五五〕，且悉衆運草木，流下填滿，乃長驅入營，遂擒賊誠，果應「飛來」之讖。於是，浚言除楊么就戮外，招到黃誠、周倫等衆二十餘萬，湖寇盡平。李龜年記楊么本末曰：「初，賊自恃其險，官軍陸襲則入湖，水攻則登岸。賊中爲之語曰：『有能害我，須是飛來。』蓋言其險，非有羽翼莫能近也。俄詔用岳飛，適值大旱，而湖水涸。飛命軍士伐君山之木，爲巨筏無數，賊意謂以木筏塞諸港汊。賊戰敗，急趨舟，欲出湖，而港汊木筏已滿，舟爲所礙，不能遁，戮死而外，盡招降之。飛來之讖，於是乎驗。」

初，張浚與淮東宣撫使韓世忠議，令移屯泗上，既而，世忠退屯承、楚之間，與初議小異，浚遂請祠。上乃降詔諭世忠，且謂宰執曰：「世忠移屯，既略如議，浚復何疑？」趙鼎曰：「臣等已作書報浚。」而世忠將董旼亦自謂，他日有警，老小必還鎮江。則積糧淮南非便。浚必曉此意。至是，董旼擕親筆詔至軍前，世忠拜詔感泣，軍情共戴聖恩。

〔校勘記〕

〔一〕詔淮東宣撫使韓世忠除少師　「少師」，繫年要録卷八四作「少保」。

〔二〕虜兵之遁也　「虜」原作「金」，據皇朝中興紀事本末卷三二改。

〔三〕二將虜中之驍將也　「虜」原作「彼」，據皇朝中興紀事本末卷三二改。

〔四〕虜衆悉潰　「虜」原作「敵」，據皇朝中興紀事本末卷三二改。

〔五〕案：此段記事，繫年要録卷八四繫於「庚戌」；「張宗顔追及之」，繫年要録卷八四據劉光世捷奏，追擊金兵的是王進及楊忠憫。

〔六〕金虜之薄淮也　「虜」原脱，據皇朝中興紀事本末卷三二補、改。

〔七〕劉光世遣統制官酈瓊統兵過淮由間道徑趨光州　「劉光世」原作「劉光遠」，據廣雅本、皇朝中興紀事本末卷三二及繫年要録卷八四改。「酈瓊統兵過淮由間道徑趨光州」，繫年要録卷八四作「聲言過淮」，并認爲小曆誤。

〔八〕案：甲子日，繫年要録卷八四認爲是收復之日，後六日奏至。

〔九〕及刼張昂山寨　「及」原作「乃」，據皇朝中興紀事本末卷三二及繫年要録卷八四改。

〔一〇〕陛下方圖復中原　「陛」原作「朕」，據廣雅本及皇朝中興紀事本末卷三二改。

〔一一〕金虜之故主旻與今主晟相約　「虜」原脱，據皇朝中興紀事本末卷三二補。

〔一二〕以晟爲諳版孛極烈　「諳版孛極烈」原作「安班貝勒」，據原注及皇朝中興紀事本末卷三二回改。下文徑改，不出校。

〔一三〕小名曷剌馬者爲諳版孛極烈　「曷剌馬」原作「哈爾滿」，據原注及皇朝中興紀事本末卷三二回改。下文徑改，不出校。

〔一四〕宋王宗磐與旻之子涼王固碖　「固碖」原作「固倫」，據原注及皇朝中興紀事本末卷三二回改。下文徑改，不出校。

〔一五〕時窩里嗢撻辣諸酋自江上回至燕山　「酋」原作「帥」，據皇朝中興紀事本末卷三二改。

〔一六〕晟已僞謚旻爲武元皇帝　「僞」原脱，據皇朝中興紀事本末卷三二補。

〔一七〕亶僞謚晟爲文烈皇帝　「僞」原脱，據皇朝中興紀事本末卷三二補。

〔一八〕案：繫年要録卷八五認爲小曆誤，考證云：「按：誼紹興二年九月自刑部侍郎改兵部侍郎，遂遷都承、刑書。去年十二月，兼權户部，今始正除，未嘗爲兵書也。」

〔一九〕浚兼知樞密院都督諸路軍馬　皇朝中興紀事本末卷三二及繫年要録卷八五均無「浚」字。

〔二〇〕如此則氣道長　「氣」，廣雅本及皇朝中興紀事本末卷三二作「泰」。

〔二一〕案：此詔，繫年要録卷八五繫於「壬辰」。

〔二二〕案：此詔，繫年要録卷八五繫於「庚子」。

〔二三〕丁亥拔其城　案：繫年要録卷八五丁亥條注文認爲，小曆僅書楊政，而不及吴璘，有缺漏。

〔二四〕錫階旌德　「錫階」原脱，據繫年要録卷八五補。

〔二五〕案：繫年要録卷八四紹興五年正月壬戌條注文考證：「按：樗改官在去年九月壬申，又先已從辟爲江西大制司及都督府屬官，不應云『乃不見知』。今不取。」

〔二六〕鼎爲真魂　「真」，皇朝中興紀事本末卷三二及繫年要録卷八六壬申條引小曆作「尊」。

〔二七〕鎮江府帶沿江安撫　「沿」原作「松」，據皇朝中興紀事本末卷三二及下文改。案：繫年要録卷八七據日曆繫於「三月丁酉」。

〔二八〕案：盧法原卒，繫年要録卷八五附於二月末。

〔二九〕案：此段記事，繫年要録卷八七繫於三月「丁卯」。

〔三〇〕案：此段記事，繫年要録卷八七繫於三月「癸未」。

〔三一〕金虜主亶升所居曰會寧府　「虜」原脱，據皇朝中興紀事本末卷三二補。

〔三二〕受虜官　「虜」原作「金」，據皇朝中興紀事本末卷三二改。

〔三三〕左右監軍　原脱，據皇朝中興紀事本末卷三二及繫年要録卷八四補。

〔三四〕次修史同修史　「同修史」原脱，據皇朝中興紀事本末卷三二及繫年要録卷八四補。

〔三五〕虜之故主晟兄弟相約　「虜」原作「金」，據皇朝中興紀事本末卷三二改。

〔三六〕案：繫年要録卷八四紹興五年正月末附考證云：「希尹（悟室）自丙午至甲寅，止爲監軍，未嘗除元帥也。」小曆誤。

〔三七〕晏亨復張致遠必能爲朕留意　「亨」，繫年要録卷八八作「敦」，是，此處蓋避宋光宗諱改。

〔三八〕戊午　繫年要録卷八八繫於「庚午」。

〔三九〕立國亦然　「立國」，皇朝中興紀事本末卷三三作「爲君」。

〔四〇〕以謂先王嘉言善行　「王」，皇朝中興紀事本末卷三三作「皇」。

〔四一〕案：繫年要録卷八五繫於「紹興五年二月辛卯」。并考證云：「熊克小曆載昌寓除參議官，千秋知鼎州在今年六月。按：日曆二人改除並在去年十月，而昌寓以今年六月去官，克遂誤記也。」案：今存中興小紀及皇朝中興紀事本末實際繫於今年四月，未知孰是，待考。

〔四二〕金虜主亶以其國有親喪　「虜」原無，據皇朝中興紀事本末卷三三補。

〔四三〕慮本朝乘而伐之　「伐」原作「代」，據廣雅本及皇朝中興紀事本末卷三三改。

〔四四〕辛巳　繫年要録卷八九繫於「丙戌」。

〔四五〕戎寇遠遁　「戎寇」原作「仇讐」，據皇朝中興紀事本末卷三三改。

〔四六〕辛卯　繫年要録卷八五繫於「二月壬辰」，并以小曆繫於五月辛卯爲誤。

〔四七〕陛下崇穆如此　「崇穆」，繫年要録卷九〇作「敦睦」，蓋避光宗諱改。

〔四八〕庚戌詔從之　「庚戌」，繫年要録卷七七據日曆繫於「紹興四年六月丙戌」，并考證小曆誤。

〔四九〕宰相以久旱　「宰相」原脱，據皇朝中興紀事本末卷三三補。

〔五〇〕聞虜中統兵者號龍虎大王　「虜」原作「敵」，據皇朝中興紀事本末卷三三改。

〔五一〕脱或入寇　「寇」原作「攻」，據皇朝中興紀事本末卷三三改。

〔五二〕案此段記事，繫年要録卷九五紹興五年十月庚子條注文考證云：「熊克小曆載此事於今年六月，又云：『時詔禁屠以禱雨，霈言自來止禁豬羊，而不及鵞鴨，請併禁之。』皆小誤。此事非霈建請，兼霈六月間亦未爲諫議也。」

〔五三〕丙寅　原作「戊寅」，案本月癸卯朔，無戊寅日，據繫年要録卷九〇改。

〔五四〕案：繫年要録卷九〇甲辰條注文云：「熊克小曆載浚欲歸防秋，在欽降之後，蓋誤。」

〔五五〕飛擇善罵者二十人夜往罵之　「二十」原作「二千」，據皇朝中興紀事本末卷三三及繫年要録卷九〇改。

中興小紀卷十九

紹興五年秋七月壬申朔，【新輯】宰執奏事，上謂宰執曰：「卿可作書與張浚及此事，浚必喜。今日廟堂不比靖康，有妨功害能者，凡軍旅事，彼此議定，然後行之。」

知樞密院孟庾以疾求去，己卯，除觀文殿學士、知紹興府。

内侍盧公裔致仕在蜀中，自請赴行在。庚辰，上謂宰執曰：「斯人極不良〔一〕。靖康劫寨之事，其謀爲多，今若歸内侍省，必欲侵外事，若與外任，必陵同列，只宜與祠觀。朕宮中小黄門數十輩，聊備洒掃趨走。近上者亦有數，未嘗假以權也。每觀漢、唐及近時之變，不得不防微杜漸。」趙鼎曰：「聖慮及此，社稷之幸。漢、唐宦官傳可爲鑒者〔二〕，更留聖意。」上曰：「仇士良傳可爲鑒也。」（輯自皇朝中興紀事本末卷三四）上謂趙鼎曰：「内侍亦有動人者，如軍器所，初緣内侍李至道措置有法，至今整齊。至道左右手籌計，不差毫釐，是亦人妖爾。」鼎曰：「惟其精敏如此，便非國家之福。」

丙戌，【新輯】上謂宰執曰：「民窮爲盜，多緣守令不良以擾之，若安其田里，肯爲盜乎？朕夙夜以此爲懷。卿等當留意擇守令，庶幾百姓樂事。」趙鼎曰：「臣等敢不躬聖訓。」

（輯自皇朝中興紀事本末卷三四）

都督張浚以知滁州何洋所條屯田利害來上〔三〕。癸巳，上謂宰臣曰：「淮北之民襁負而至，朕爲民父母，豈可使其失所？可賦田予之，更加優恤，以廣招徠之路。」趙鼎曰：「彼乍歸，無所居〔四〕，當賑助之。」沈與求曰：「立國不當爲朝夕計，就耕之民，若蠲租税，更助之，五年以後，兩淮荒土已闢，亦爲無窮之利。」上曰：「然。」

內軍器庫保明前行徐才良者出職。乙未，上謂宰執曰：「內諸司轉官出職文字，祖宗法並用御寶，朕守之甚嚴，但令有司依法行之。」趙鼎曰〔五〕：「陛下雖細事，亦謹守祖宗之法，中外幸甚。」

自建炎兵興，四方舉子不能至行在，遂以省額分於諸路，謂之類試。所收多不當。至是，始復開省闈，一如舊例。

八月乙巳，觀文殿學士、提舉洞霄宮范宗尹卒於台州。

時宗室趙繼之、趙不愚皆有贓，爲言者所論，而趙鼎嘗薦此二人，乃乞解機政。丁未，上曰：「事有輕重，卿薦士之失甚輕，而朕之罷相甚重。況頃臺臣論李處勵罪，呂頤浩爲相，嘗薦處勵，亦自陳，今案牘在中書可見也。卿既自劾，復有何嫌？宜體朕懷，勿再有請。」

己酉，詔四川比歲軍興，百姓供億不易，恐吏緣爲姦，令宣撫司按治。

【新輯】是日，宰執奏探到劉豫簽山東民六十以下、二十以上，悉爲兵。每畝田科錢五百。上曰：「朕未嘗一日忘中原之民，使陷於塗炭，皆朕之過，爲之惻然。」（輯自皇朝中興紀事本末卷三四）

詔故趙普佐太祖開基，非他勳臣之比，官其五世孫六房各一資。

户部尚書章誼求去。癸丑，除龍圖閣學士、知温州〔六〕。

先是，起居郎任申先乞追贈其父伯雨官，且言伯雨因論章惇、蔡卞誣謗宣仁后，有廢立之意，遂被責。仍以伯雨手澤進之。乃詔贈伯雨諫議大夫。上曰：「朕嘗親奉隆祐之訓，今果爾。」三省可議追貶。」己未，詔略曰：「比覽元符諫臣任伯雨疏，論章厚、蔡卞詆誣宣仁聖烈太后，欲追廢爲庶人。誰無母慈？何忍至此！賴哲宗聖明不從，使其言施用，豈不蔑太母九年保祐之功，略泰陵終身仁孝之德？可追貶〔七〕惇節度副使，卞團練副使，子孫不得除在内職任。」於是，倉部郎官章傑出知婺州，太府寺丞章僅出爲江東提舉官。給事中廖剛封還詔書，謂如此，豈足以示懲？乃詔傑、僅並與外祠〔八〕，而新監進奏院章倧亦罷。既而，倧登進士第，只補外任。

試中博學宏詞科、新敕局删定官王鑒、新明州教授石延慶，並與堂除。鑒，鄞縣人〔九〕；延慶，山陰人也。

淮東宣撫使韓世忠奏：「獲到僞官王拱等十人，乞推恩將士。」壬戌〔一〇〕，上曰：「宿遷僞官，本是吾民。他時邊臣如此小利不須賞，庶免生事。今世忠既保明，姑量與推恩。」

知貢舉、翰林學士孫近上合格進士樊光遠等。癸亥，上御集英殿策試。上謂宰執曰：「復詩賦累年，未有卓然可稱者。俟唱名，取高等陞甲，以勸多士〔一一〕。」既，遂賜汪洋以下二百二十人及第、出身〔一二〕。先是，有官人黄中第一，上曰：「故事如何？」沈與求曰：「皇祐初，有官人沈文通第一，仁宗曰：『朕不欲以貴胄先天下寒畯。』遂以馮京爲第一，文通爲第二。」上曰：「此故事也。」乃擢洋第一，而省闈賦魁鄭厚依第三名〔一三〕。光遠，錢塘人；洋，玉山人；中，邵武人；厚，莆田人〔一四〕。仍賜洋名應辰。

時言者請賜新進士儒行及中庸篇〔一五〕。詔正字高閌校正〔一六〕，上將親書以賜。閌言：「儒行詞説夸大，類戰國縱横之學，蓋出於漢儒雜記。望止賜中庸，庶使學者知聖學淵源，而不惑於雜。」上乃止賜中庸。閌，鄞縣人也。

丙寅，曲赦潭、郴、鼎、澧、岳、復諸州。

初，詔常州布衣陳德一撰統元新曆，至是成。中書舍人朱震上之。詔震爲之序。

己巳，右僕射張浚以平楊么功，自宣奉加左金紫光禄大夫。

詔祕書省以十八員爲額。自南渡以來，百司日有申明，皆臨時裁決，初無定制，三省、樞密院尤爲叢冗。至是，左僕射趙鼎請委後省及都司，取會前後所行之例，約以中制，立爲定法，付之有司，遵守而行。吏不得以爲姦矣。〔一七〕

是月，劉豫之子麟出獵于陳留，有義黨百餘人欲擒麟南歸，其徒首之，悉斬於汴京。豫又以其弟復知濟南府，觀知淮寧軍。

九月壬申，【新輯】宰執奏都督府參議官、權川陝宣撫副使邵溥按部内守臣趙承之事，趙鼎曰：「溥出蜀中，極振職。」上曰：「人情多鋭於初，久之則懈，常如此乃佳。自古帝王亦然，唐明皇開元之治，天寶之亂可見矣。」鼎曰：「陛下知此，中興之功不難致也。」（輯自皇朝中興紀事本末卷三四）

都督張浚奏：「江上諸軍精强，非前日之比。」壬午，宰執進呈。趙鼎曰：「承平時，陝西並邊兵，亦未必如此，皆陛下累年葺治之力。」沈與求曰：「去歲陛下英斷，亦恃有此可以却敵也。」上曰：「皆卿等協贊。向使朱勝非尚爲相，必勸朕退避，今已無江、浙矣。」

湖南北制置使岳飛以平楊么功，除檢校少保。

重修神宗實録書成，乙酉，監修國史趙鼎上之。

史館奏：「乞以故東京留守宗澤行實，與前宰臣汪伯彦等所進建炎中興日曆，參照具録，斷自聖意，付之史館。」戊子，上謂宰執曰：「朕昨使事，今十年，歷歷可記。」趙鼎曰：「臣聞宗澤勸陛下勿爲河朔之行，信否？」上曰：「誠有之。澤云：『肅王一去不回〔一八〕，況虜騎已逼〔一九〕，大王去無益。』澤留朕雖有功，然朕不甚喜，蓋淵聖委朕以事使，朕不能成，有違恨也。時磁人亦不放朕去。然疑王雲爲姦而殺之，澤不爲無力〔二〇〕。」沈與求曰〔二一〕：「澤留陛下，此乃天命。至不能救雲，豈得無過哉？」

己丑，上謂宰執曰：「祖宗朝人才，中外迭用，故無偏重之弊。邇來士大夫以内爲重，今身至侍從而不歷州縣者，宜少革之。」

初，元符末，上書范柔中等三十人，皆以直言獲罪，定爲邪等。壬辰，上謂宰執曰：「此乃蔡京、蔡卞之罪〔二二〕。獻言者有可取則行，無可取則容之，如是，則上無拒諫之名，下有敢言之士，何至目爲邪等？其誤道君，皆此類也。唐馬周言：『貞觀初〔二三〕，米斗直一縑，而天下恬然，知陛下憂之也。今一縑易粟十餘斛，而百姓怨，以爲陛下不憂之也。』其言可謂切矣！太宗亦優容之，復加擢用。」

先是，國子監丞正平張戒上書幾八千言〔二四〕，自謂恐忤聖意，願陛下容之。【新輯】乙未，上謂宰執曰：「朕熟覽之，其憂國憂君之心誠可嘉。朕大開言路，以防壅閉，意自欲賞之。」趙鼎不答。沈與求曰：「陛下如此，何患不聞盡言？」上曰：「戒言朕有仁宗守成之德，而不知太祖創業之志，此言良是。朕見仁宗在位四十二年，德洽民心，至今天下誦之，朕心仰慕如堯舜、文武，故當時立政用人之事，朕常置在左右，朝夕以爲法。至於太祖以神武創業，朕不及也。」趙鼎曰：「陛下以仁宗爲法，此乃中興之基。至於太祖創業艱難，願陛下常留聖慮，則施之行事，自然若符節矣。」（輯自皇朝中興紀事本末卷三四）

自南渡以來，國計所賴者惟鹽。每因闕用，即改新鈔，以幸入納之廣。第苟目前，不知利權，爲商賈所持。去年冬，鼎請立對帶之法，商賈聽命，而鹽法遂爲定制，除去積年之弊。是秋，加以出剩，立爲分數，許入納與對帶二法並行〔二五〕，出入有常，源源不絕，始不爲巨猾所制矣。此據趙鼎事實修入。

冬十月，上御書車攻詩，宣示宰執，癸卯，趙鼎等入謝。上曰：「車攻，宣王中興之詩。今當與卿等夙夜勉勵，以修政事，攘夷狄〔二六〕。」鼎等曰：「臣等庸才，何足以副陛下此意？然陛下游神翰墨之間，亦不忘恢復，臣等敢不自勉。」

都督張浚自湖、湘轉由兩淮，會諸將議防秋，至是還。庚戌，入見，上曰：「羣盜既就招撫，以成朕不殺之仁，卿之功也。」趙鼎曰：「湖、湘既平，則川、陝血脉通，他日可漸爲恢復之圖矣。」時有武略郎成希靖以策干浚，言：「國家阻江據關，深得御敵之道。彼之騎兵蓋無所施，近年屢北，終不得志於吴、蜀。必將遺我以破殘之地，使吾取之，則兵勢遂至分，而又約以和好，使吾信之。然後出吾不意，以此詭道而圖吴、蜀。一落其計中，爲害不細。」又虜將撒离曷郎君常與其腹心人黄職方者〔二七〕，於陷蕃人賀仔處言之，以謂：「有金國王子定計〔二八〕，要入川不難，第陝西棄下三四年不顧，南兵必來作主，則一舉而四川可取。」其後，仔歸朝，授官爲秦鳳都監，時虜已歸我河南、陝西故地，仔始言之。

壬戌，上謂宰執曰：「比頻得二聖安報，朕當親筆諭四方，使知朕朝夕不忘二聖之意。」遂降手詔，略曰：「二聖遠狩，九年于兹。迎請之使屢馳，侍膳之期尚遠。晨昏在念，怵惕靡容。間緣首虜之來歸〔二九〕，每喻兩宫之安報。惟孝悌之至，可通神明，而小大之臣，共堅忠義。庶戡多難，克成厥功。」趙鼎等曰：「陛下聖意如此，天必降之福，迎還兩宫有日矣。」

時温州有唐顔真卿之後裔居焉。詔守臣推擇，遣到顔邵、顔卓，各賫真卿所自書告身〔三〇〕，又顔彦輝乃真卿直下第十一世孫。乙丑，上謂宰執曰：「人有一死，或輕於鴻毛，或重於泰山，在處死爲難耳。真卿死節，可謂得所處矣。今艱難之際，欲臣下盡節，可量推恩，以勸忠義。況仁祖時，曾命顔似賢以官，自有故事。」趙鼎曰：「真卿死節一時，而名重萬世，人安可不勉於善？」既而邵、卓、彦輝皆補初品官。

先是，都督府參議、權川陝宣撫副使邵溥，自閬州移司綿州，凡戰守皆副使吴玠專行，溥概不得與。玠急於軍食，與總領四川財賦趙開謀不合，玠欲從陸運糧，開執言不可。玠乃自爲之，時調夫兩川，運米十五萬石至利州，費民間傭夫錢六百餘萬緡。

丁卯，以端明殿學士席益爲資政殿學士、四川安撫制置使兼知成都府。詔益乃前執政，令位川陝宣撫司之上。既而，益至成都言：「蜀民已病，而軍尚乏食，圖以救弊，不一而足。欲以上流水漲之時，併運於閬、利，俟春水生後，則運至軍前，庶無如今夏頓闕。又於閬、利就糴入中，庶免多支脚錢。又於瀘、叙、嘉、黔，官伐木造船，庶免拘船，致商人逃避。又於洋川就糴十萬石，庶免陸運民多役死。」上以益所陳曲盡利害，降詔從之。

是月，館職高閌言：「太祖欲平僭僞，嘗置神衛水軍。至真宗祥符中，以兵備不可廢，乃選水卒於金明池習戰棹〔三一〕，仍置營池側，號虎翼軍。當無事之日尚爾，今沿江雖有舟師，而繫於岸上〔三二〕。乞時令按習，以精其能，庶幾緩急可用，不至誤事也。」

十一月庚午朔，中書舍人胡寅言：「縣令，近民之官，尤在精擇。宜依漢制，嘗爲臺、省、寺、監官者，分宰百里，有政績，則擢以不次，仍增重其權〔三三〕。軍屯本縣者，許之節制。」詔付三省。

初，宣撫副使兼營田大使吴玠，苦軍餉不繼，遂於洋川及關外成、鳳、岷三州治屯田，歲收十萬斛。又調戍兵治褒城廢堰，民知灌溉可恃，皆願歸業。至是，就緒。甲戌，降詔獎之。先是，利路漕臣成都郭大中言於玠曰：「漢中雖得營田粟萬斛，而民不敢復業。若使民自爲耕，則所得數什百於此矣。」玠用其言，歲入果多。玠又將陸運，大中曰：「利路幸小熟，請以本司緡錢就糴，徐責兩路僦船之直以償。」玠從之。丁夫得不死于路，而餉亦不乏。大中又患水運亡失，以策誘賈販，省費十之五。

庚辰〔三四〕，給事中呂祉言：「侍從官以論思獻納爲職，豈可與庶官輪對？願勿拘時。」從之。

甲申，以翰林學士孫近爲吏部尚書，仍兼學士〔三五〕，刑部侍郎兼權直院胡交修爲翰林學士。

乙酉，以顯謨閣直學士李光，兵部侍郎、都督府參謀折彥質〔三六〕，徽猷閣待制李彌大，並爲尚書。光，禮部；彥質，兵部；彌大，工部。

初，總領四川財賦趙開言：「總領之職，於四路漕計或不相關，必正其名，俾知有所統。」至是，乃以開爲四川都轉運使，仍兼宣撫司參議，領茶馬等如故。

癸巳，有親從官趙勝自金國還歸，言二聖萬福，上悲咽不自勝。左僕射趙鼎曰：「願少寬聖慮，強於自治，天必悔禍，二聖終有還期也。」

是月〔三七〕，劉豫令僞境民有鬻子者，依商稅法，計緡而收其算。

十二月己亥朔，詔以湖北制置使岳飛兼湖北京西招討使。

川陝宣撫使吳玠遣其子拱來奏邊事，庚子，上謂宰執曰：「玠比乞入覲，今遣子來，得事君之體矣。玠握兵在外，乃能如此，良可嘉也。」

是日，詔神武乃北齊軍號，久欲釐正，宜改爲行營護軍。仍分中軍、江東前軍、淮東後軍、湖北左軍、淮西右軍，川陝並聽本路宣撫司節制，後亦謂之右護軍。其中軍權隸殿前司，遂以都統制楊沂中權殿帥事。〔三八〕既而，左僕射趙鼎又曰：「都督府軍馬合撥隸三衙。」上曰：「祖宗故事，軍馬未有不隸三衙者，今釐正之，甚善。其名既正，則軍政漸可復舊。」

禮部尚書李光言：「江、浙爲根本之地，宜卹民而寬其力。今寬其力，漕司不任轉輸之職，而趣辦于州縣。乞檢舊例，應上供及軍糧錢帛，令漕司自備脚費。」癸卯，詔從之。

辛亥，【新輯】宰執奏事，趙鼎因論用人。上曰：「朝廷用人，不當分彼此，四方宜參用之。」沈與求曰：「成湯立賢無方，豈限南北。」（輯自皇朝中興紀事本末卷三四）

太府少卿沈昭遠請久任計臣。是日〔三九〕，上謂宰執曰：「祖宗時，三司使如陳恕任最久，號稱職。今內外計臣，儻能稱職，就加秩以寵之，不須數易。」張浚曰：「他官有稱職者亦然。」上又曰：「孔門文學、政事各是一科，朝廷用人，若取文學而疏於政事，亦非通才。至於侍從論思獻納，尤須兼二者之長。」趙鼎曰：「誠如聖訓。」

【新輯】起居郎潘良貴請令六部遵守格法。辛酉，上謂宰執曰：「祖宗自有格法，有司能遵守，即爲稱職。惟其因事陳請，人思幸得，此法之所以寖廢也。可依所請。」沈與求曰：「六部乃法守之地，有司徇情，遂至廢法而用例〔四〇〕。然情豈勝徇耶？僥倖之門塞，則人自安分。」張浚曰：「六部，周六官也。取法天地四時，各司其職，則法行而治矣。」（輯自皇朝中興紀事本末卷三四）

殿中侍御史晉陵周葵言：「監登聞檢院隸諫省，而敕令所删定官爲書局，望皆俾輪對。」從之。初，葵言：「今天步尚艱，非臣子諷諫之時，臣願直言其失，大抵務虛文而無實效。」因數近所行之事不當，凡二十許。上曰：「趙鼎、張浚爲朕任事，不可以小事形跡之。」葵曰：「陛下即位，已相十許人，其初皆極意委之，卒以公議不容而去，大臣亦無固志。假如陛下有過，尚望大臣納忠，豈大臣有過，而言者指陳，便謂形迹？臣願因人言，使大臣易意，不唯可救朝廷之闕，亦可保全之。」上曰：「此論甚奇。」至是，朝廷議大舉〔四一〕，而葵三章力言：「此存亡之機，不必更論安危治亂。自古未有不先自治其國而成大功者。」或言葵沮國大計，遂遷司農少卿。

初，御前軍器所以内侍提舉，不屬工部。是年，始罷提舉官，日輪工部郎官及軍器監赴本所視之。

罷諸鎮撫使。

劉豫遣人持海道圖及戰船樣獻於金人。乃興燕、雲、兩河夫四十萬，入蔚州交牙山採木爲栰，由唐河運入虎州，金虜於雄州北立城曰虎州〔四二〕，意以雄爲熊，謂虎可以勝熊也。造戰船，將由海道以入寇也〔四三〕。

自靖康以來，中原之民不臣金虜者〔四四〕，於太行山相保聚。初，太原張横者，有衆二萬〔四五〕，往來嵐、憲之境。嵐、憲知州同知領兵一千五百人，入山捕之，爲横所敗，兩同知俱被執。又梁小哥者，有衆四千，破神山縣。神山距平陽帥府百里而近，本府遣兵三千付總管判官鄧奭，將而討之，虜軍遥見小哥旗幟〔四六〕，不敢進。既而有都統馬五者，領契丹鐵騎五百至，責奭逗遛，併將其軍與小哥戰，亦敗而死。小哥名青，懷、衛間人也。

〔校勘記〕

〔一〕斯人極不良　「斯」原作「期」，據宋名臣言行録別集下卷四改。

〔二〕漢唐宦官傳可爲鑒者　「漢唐」原脱，據繫年要録卷九一補。

〔三〕督張浚以知滁州何洋所條屯田利害來上　「滁州」原作「徐州」，據皇朝中興紀事本末卷三四及繫年要録卷九一改。

〔四〕彼乍歸無所居　「無所居」，皇朝中興紀事本末卷三四作「無以爲生」。

〔五〕趙鼎曰　「鼎」下，皇朝中興紀事本末卷三四有「等」字。

〔六〕除龍圖閣學士知温州　「龍圖閣」，繫年要録卷九二作「徽猷閣」。

〔七〕案：「己未，詔略曰」至「略泰陵終身仁孝之德可追貶」七十七字原脱，據皇朝中興紀事本末卷三四補。

〔八〕乃詔傑僅並與外祠　「傑」原脱，據皇朝中興紀事本末卷三四補。

〔九〕璧鄞縣人　「鄞」原作「勤」，據廣雅本改。

〔一〇〕壬戌　繫年要録卷九二繫於「己未」。

〔一一〕以勸多士　「勸」原作「觀」，據皇朝中興紀事本末卷三四改。

〔一二〕案：賜及第事，繫年要録卷九三繫於「九月乙亥」。

〔一三〕而省闈賦魁鄭厚依第三名　「依第三名」，繫年要録卷九三乙亥條作「循二資，與陞擢差遣」，并考證小曆誤。

〔一四〕厚莆田人　「莆」原作「蒲」，據皇朝中興紀事本末卷三四及繫年要録卷九三改。

〔一五〕案：繫年要録卷九三繫於「九月己丑」。

〔一六〕詔正字高閌校正　「校」原脱，據廣雅本、皇朝中興紀事本末卷三四及繫年要録卷九三補。

〔一七〕案：此事繫年要録卷九六繫於「十二月辛未（是辛丑之誤）」。并考證云：「熊克小曆略載此事於今年八月末，又不出俁奏請，實甚誤也。按：今年八月戊午，止是編集糧審院續降指揮，今移附此。」

〔一八〕肅王一去不回　「去」原作「不」，據皇朝中興紀事本末卷三四改。

〔一九〕況虜騎已逼　「虜」原作「敵」，據皇朝中興紀事本末卷三四改。

〔二〇〕澤不爲無力　「無力」，繫年要録卷九三作「無過」。

〔二一〕沈與求曰　「沈與求」，繫年要録卷九三作「鼎」。

〔二二〕此乃蔡京蔡卞之罪　「蔡京」原脱，據皇朝中興紀事本末卷三四補。

〔二三〕貞觀初　「貞」原作「身」，據繫年要録卷九三改。案：皇朝中興紀事本末卷三四作「正」，蓋避仁宗嫌名之諱而改。
〔二四〕國子監丞正平張戒上書幾八千言　「丞」原作「承」，據廣雅本及皇朝中興紀事本末卷三四改。
〔二五〕許入納與對帶二法並行　「許」原作「計」，據皇朝中興紀事本末卷三四及繫年要録卷八〇改。
〔二六〕攘夷狄　原作「制仇敵」，據皇朝中興紀事本末卷三五改。
〔二七〕又虜將撒离曷郎君常與其腹心人黄職方者　「虜」原作「金」，據皇朝中興紀事本末卷三五改。下同。
〔二八〕有金國王子定計　「金」原作「今」，據皇朝中興紀事本末卷三五改。
〔二九〕間緣首虜之來歸　「虜」原作「敵」，據皇朝中興紀事本末卷三五改。
〔三〇〕各齎真卿所自書告身　「自」原作「有」，據皇朝中興紀事本末卷三五改。
〔三一〕乃選水卒於金明池習戰棹　「棹」原作「掉」，據皇朝中興紀事本末卷三五改。
〔三二〕而繫於岸上　「上」，廣雅本及皇朝中興紀事本末卷三五作「下」。
〔三三〕仍增重其權　「仍」原作「似」，據廣雅本及皇朝中興紀事本末卷三五改。
〔三四〕庚辰　繫年要録卷九六繫於「十二月己酉」，且考證云：「按：祉是月十三日始除給事中，其實祉上此奏在十二月十一日己酉，克蓋差一月也。」
〔三五〕仍兼學士　「仍」原脱，據廣雅本及皇朝中興紀事本末卷三五補。
〔三六〕兵部侍郎都督府參謀折彦質　「兵部」，繫年要録卷九五作「工部」。
〔三七〕案：繫年要録卷九四附於「十月末」。
〔三八〕案：改軍號事，繫年要録卷九六庚子條注文考證：「熊克小曆稱『並聽本路宣撫司節制』，此時湖北未置宣撫也。克云：『川陝右軍後亦謂之右護軍。』此亦鹵莽，今不取。」

〔三九〕案：繫年要録卷九六繫於「庚申」。

〔四〇〕遂至廢法而用例　「法」原作「至」，據繫年要録卷九六及皇宋中興兩朝聖政卷一八改。

〔四一〕朝廷議大舉　「議」原脱，據廣雅本及皇朝中興紀事本末卷三五及繫年要録卷九六補。

〔四二〕金虜於雄州北立城曰虎州　「虜」原作「人」，據皇朝中興紀事本末卷三五改。

〔四三〕將由海道以入寇也　「入寇」原作「窺我」，據皇朝中興紀事本末卷三五改。

〔四四〕中原之民不臣金虜者　「不臣金虜」原作「不從金」，據皇朝中興紀事本末卷三五改。

〔四五〕有衆二萬　「二萬」，皇朝中興紀事本末卷三五及繫年要録卷九三作「二千」。

〔四六〕虜軍遥見小哥旗幟　「虜」原作「金」，據皇朝中興紀事本末卷三五改。

中興小紀卷二十

紹興六年歲在丙辰春正月，詔四川都轉運使趙開，親董餉至宣撫使吴玠軍前。而都督張浚亦奏詰開違慢。又詔四川安撫大使席益趣開行，且除開徽猷閣待制。復降指揮，都轉運使不當與四路漕臣同繫銜〔一〕，凡此皆所以解間隙，趣應辦也。辛巳，陞玠宣撫使〔二〕，仍罷綿州宣撫司〔三〕，軍馬聽玠移撥，錢物委開拘收。

【新輯】時起居舍人董弅等論廟制。癸未，宰執奏事，趙鼎曰：「今日召百官，就尚書省集議廟制。」上曰：「太祖開基創業，始受天命，祫饗居東嚮之位，於太祖之廟而已，載在禮經，無可疑也。士大夫必無異同之論矣。」弅，益都人也。（輯自皇朝中興紀事本末卷三六）

都督張浚請親行邊郡，分命諸將，以觀機會。上乃令浚往視師。初，言屯田者甚衆，而行之未見其效。至是，浚兼領屯田以出，始置官屬，凡所行之事，皆畫一而去。趙鼎事實曰：「張浚再出江上，欲謀大舉，深慮諸將議論不同，未能成功，心頗憂之，不欲出口。鼎察知其意，與之謀曰：『公之此行，未便能舉事，莫若兼領屯田，而他日歸見上，猶足以藉手。』浚大以爲然，曰：『邊事未成，當大作屯田而歸，不爲無補。』於是，置官屬，畫一而去。先此言屯田者甚衆，至是始爲之，其後歲收數十萬，逮今獲其利也。」

【新輯】浚即張榜聲劉豫僭逆之罪。時淮東宣撫使韓世忠駐軍承、楚，淮西宣撫使劉光世屯太平州，江東宣撫使張俊屯建康府〔四〕，而湖北京西招討使岳飛在鄂州。朝論以爲邊防未備，空闕之處尚多。浚獨謂：「楚、漢交兵之際，漢駐兵殽、澠間，則楚不敢越境而西。蓋大軍在前，雖有他歧捷經，敵人畏我之議其後，不敢逾越而深入，故太原未陷，則粘罕之兵不復濟河，亦以此耳。論者多以前後空闊爲憂，曾不議其糧食所自來，師徒所自歸。不然，必環數千里之地，盡以兵守之，然後可安乎？」浚既白于上，又以告之同列，惟上深以爲然。於是，參知政事沈與求言：「都督府關取空名告敕、宣劄以萬數，臣疑其有所爲，以問趙鼎、張浚，而不以告臣。今又見浚言，有川陝、荆襄之行，此固用兵之謀。臣初不以爲非，第欲審而後行。況遣宰臣之出，乃大議論，臣實參機務，而不豫聞，是智不足謀國也。乞罷政。」不允。是日〔五〕，詔百官出城班送浚行〔六〕。宗正丞孫緯白浚，自言沂人，「丞相此行，恢復中原，望以緯守本郡」。浚大喜，對衆稱善而許之。（輯自皇朝中興紀事本末卷三六，參考繫年要録卷九七）

己丑，上謂宰執曰：「前日三大帥屬官陳桷等引對，朕諭以朝廷養兵之久，國用既竭，民力已困，須專意屯田，此亦自古已成之效。況軍中亦須先立家計，若有機會，方圖進取。」趙鼎等曰：「如此措置，社稷之幸。」時軍需甚急，故有鬻爵及配賣度牒、錢引數事，朝士多以爲不可。於是，言者論之。初，中書舍人任申先，趙鼎客也。至是獨助張浚，乃攜臺諫章示館職張戒曰：「此論何如？」戒言：「不知。」申先曰：「子以臺諫之言，不敢論耶？」於是，給事中呂祉謂人曰：「申先姦邪，第知附右相，不悟人之嗤己。」然或者以爲祉之附浚，又甚於申先者也。〔七〕

時參知政事沈與求累章乞罷，【二月】癸亥〔八〕，除資政殿學士、知明州，以僉書樞密院折彦質權參知政事，與求未幾提舉洞霄宫。時趙鼎、張浚俱帶都督諸路軍馬，置司於行在，浚出視師江上，以行府爲名。而鼎居中總政事，表裏相應。然浚所行之事，亦有關三省、樞密院者。先是，與求及知樞密院孟庾皆不能平，常曰：「三省、樞密院乃奉行行府文書耶？」庾已稱疾求罷，至是與求復去。趙鼎事實曰：「時張浚在江上經營興舉，鼎居中總政事，相爲表裏。鼎自以遭時多故，遇人主特達之知，心惟至公，務要協濟，未嘗有所疑忌。而行府所行之事，往往侵紊三省，知樞密院孟庾、參知政事沈與求憤然不平之，曰：『三省、樞密院乃奉行行府文書耶？』各稱疾罷去。鼎乃一切隱忍，未嘗計較，無分彼我，所幸國事有濟，然人以此爲難也。」

都督張浚至江上，會諸大帥議事，乃命韓世忠據承、楚以圖淮陽，命劉光世屯廬州以招北軍，張俊練兵建康，爲進屯盱眙之計〔九〕，又命楊沂中領精兵爲俊後翼，命岳飛進屯襄陽，以窺中原。於是，國威大振。上御書裴度傳，遣賜浚，以示至意。浚於諸大帥中，獨稱世忠與飛可倚以大事。時劉豫頗於僞境聚衆，世忠自楚州引兵渡淮擊敗之，直至淮陽而還。上手書賜浚曰：「世忠既捷，整軍還屯，進退合宜，不失事機，亦卿指授之方。卿更審虛實，徐爲後圖，或遣岳飛一窺陳、蔡，使賊枝梧之不暇也。」

三月庚寅〔一〇〕，宰執奏四川制置使席益按夔路帥臣罪狀〔一一〕，上曰：「蜀去朝廷遠，號令久不及，官吏無復知畏。前日周秘論蜀中銓選事，朕再三勉之，云蜀中利害〔一二〕，久無人論及，今日方見此章。」祕，歷城人，時爲殿中侍御史。

時〔一三〕，前宰臣汪伯彥等進建炎中興日曆，詔付史館，修元帥府事實。【新輯】乙未〔一四〕，趙鼎奏：「近日請編元帥府事，有可疑者，如言『王雲行李中有短頂頭巾，百姓知其果叛』。」上曰：「雲死後，宗澤方遣客司賷兩頂蕃頭巾，云得之雲行李中。時耿延禧、高世則皆在坐，曰王雲亦孜孜爲國〔一五〕，豈可誣衊以此？」又言：「黃潛善遣張宗入京密結王時雍。」上曰：「此事亦不然。黃潛厚一日驟來見朕，哽咽不能言，再三叩之，乃云：『二聖已去，張邦昌僭立。』朕是時更無分毫生意，與耿南仲議往招潛善，既到，即檄諸路共力勤王。當時處置，皆是潛善。張宗見存，自可問也。」折彥質曰：「大抵人情喜宗澤而惡潛善爾。」上曰：「潛善誤國固有罪，然事之是非，亦豈可不公？」（輯自皇朝中興紀事本末卷三六）既而，纂一十卷，書成，鼎上之。鼎上元帥府事實在四月，今聯書之。

先是，去歲旱傷，湖南尤甚。安撫制置大使呂頤浩入境，即奏截撥上供米三萬石，及令廣西帥、漕兩司備五萬石〔一六〕，水運至本路，以充賑濟。又乞降助教勅、度牒，誘上户糴米。民不能耕，則借之糧種，夏税亦俟秋成併輸，全活甚衆。先是，郴、衡、桂陽草盜紛起，頤浩遣統領官步諒、裴鐸招捕悉平。鼎寇楊么既滅，有雷進者尚據慈利縣，是春，其黨伍俊斬進首，詣知鼎州張觷降，觷遣統制官覃敵、梁吉提兵悉撫定之。

初，劉豫毁明堂，得金龍之金四百兩，大銅錢三百萬。是月，以明堂基爲講武殿，改其門亦號講武。時豫再開貢舉，取進士邵世矩以下六十九人。

夏四月庚子，【新輯】上御講筵，給事中兼侍講朱震留身，論四方奏讞，自王安石開按問之法，及曾布增强盜贓錢，遂皆不死。辛丑，上以語宰執曰：「此極弊事，若出得一人死罪，雖云陰德，然殺人者不死，亦豈聖人立法之意？」折彦質曰：「此非陰德，乃長姦爾。」上顧趙鼎曰：「遇有奏案，切須詳之。」

先是，（輯自皇朝中興紀事本末卷三七）户部郎官兼主管都督行府財用張澄，請依四川法造交子，與見緡並行，仍先造二十萬，用于江淮。既又詔造百五十萬充糴本，而未椿到見錢。于是，右諫議大夫趙霈等謂，恐失信于民。且言其弊有五，望詔大臣詳議而速罷之。丙午，送户部。時翰林學士胡交修亦上疏，力陳其害，以爲：「崇寧大錢覆轍可鑒，方大臣建議，舉朝無敢非者。法行未幾，錢分兩等，市有二價，姦民盜鑄，死徒相屬，終莫能勝。今之交子，校之大錢，無銅炭之費，無鼓鑄之勞，一夫日造數十百紙，鬼神莫得窺焉，真贋莫辨〔一七〕，轉手相付，旋以僞券抵罪，禍及無辜。久之，見錢盡歸藏鏹之家，商賈不行，細民艱食，必無束手待盡之理。比及悔悟〔一八〕，恐無及矣。」遂詔不行。

時臨安府多火災〔一九〕，或數刻爇千百家。趙霈又建請：「峻其刑名，仍保五均坐，庶火初作，衆亟撲滅。」事下刑部立法，禮部尚書李光適兼權刑部，不奉詔。乃抗論：「天災譴告，人君宜修德以厭之，不當峻法，濫及無知之民。」朝論謂：「刑部有司也，抗疏爲非。而諫官之論，宜略爲施行。」中書舍人董弅白宰執曰：「二者之論，俱不爲過，使兩易之，則各爲舉職矣。」

五月壬辰，【新輯】上謂宰執曰：「近日金星犯畢，占法邊有敗兵，當諭與張浚，令諸帥戒守邊者。天既有象，須修人事以應之。」癸巳，趙鼎奏：「昨呼占天者問之，皆云自有所臨分野。」上曰：「畢主趙地，然既言邊有敗兵，則我亦當戒也。」（輯自皇朝中興紀事本末卷三七）

正字喻樗言〔二〇〕：「祖宗制科，以待非常之才，猶許士人應選。近設宏辭科，望詔舉人有願兼應者聽。」詔送禮部，其後不行。

【新輯】都督張浚以謂東南形勢，莫重於建康，實爲中興根本。且使人主居此，則北望中原，常懷憤惕，不敢自暇自逸。而臨安僻居一隅，内則易生安肆，外則不足以號召遠近，繫中原之心。遂奏請聖駕以秋冬臨建康，撫三軍而圖恢復。浚又渡江撫淮上諸屯，屬方盛暑，浚不憚勞，人皆感悦。時防秋不遠，浚以方略諭諸帥，大抵先圖自守，以致其師，而後乘機擊之。〔二一〕（輯自皇朝中興紀事本末卷三七，參考繫年要録卷一〇二）

都督張浚奏〔二二〕，以户部郎官、主管都督行府財用張澄爲兩浙轉運副使。時駐蹕之所，計司已劇，而淮南漕職，亦命澄兼領。〔二三〕

是月，左宣教郎平陽蕭振召對稱旨，上欲除臺官，適無闕。趙鼎欲授以樞密副承旨，上令與秘書郎。越數日，鼎薦人爲監察御史，御批除振。

六月丁未，宰執奏前日地震。上曰：「上天譴告，朕極憂恐。」趙鼎曰：「嚮緣地震，吕頤浩罷職。」上曰：「頤浩之罪，非爲此。卿等但與朕協力修政事，以答天譴爾。」

戊申，趙鼎乞下詔求言，上可之。【新輯】上曰：「故事，當避殿減膳。今只一殿，而常膳甚薄，更減亦何害？」趙鼎曰：「此文具耳。應天當修人事，今費用大而科歛煩〔二四〕，此最傷和氣者也。臣等日夕惴惴，終恐才薄，上辜任使。」於是，右司諫王縉言：「地震駐蹕之所，豈非天心仁愛，著陰盛之戒，女子、小人則遠之，夷狄、盗賊則備之〔二五〕，是皆陰類也。」又言：「陛下即位十年，軍政未立，國用未節。宜詔大臣參酌祖宗舊制，每歲出納之數而裁酌之。抑僥倖以靖衆志，薄賦斂以寬民力，爲長久之計也。」朱勝非閒居録曰：「是月，因地震手詔求言。勝非欲以三事應詔，而未敢遽上。有自行朝至湖者〔二六〕，爲勝非言大臣無所論。勝非始不信，後數日，邸報論地震一疏云：『應天以實不以文。今浙江監渡使臣阻節往來，諸軍回易，擅增物價，能去二害，則和氣可召，災異自消。此應天之實也。』於是，降旨追使臣送獄，立法禁回易强市。勝非歎駭累日，竟不敢奏。時趙鼎作相，植黨如山，無敢言者。」

禮部尚書李光以疾乞祠，是日，除端明殿學士、知台州。（輯自皇朝中興紀事本末卷三七）

上以襄陽府上流重地，已令帶京西安撫經略使。壬子，又詔荆府亦依例帶湖北安撫經略使。時已召襄陽帥、保康軍承宣使王彦爲行營前護軍都統制，以湖南漕臣、權帥事薛弼代之。弼入境，彦遣親兵七千人來迓，其將言王太尉未有去意。弼徑馳入，彦晨未起，已報新帥入府，遽出交政。仍起彦所部八字兵一萬赴行在〔二七〕，人頗不樂。弼竭犒師，彦遂統之以行。〔二八〕

【新輯】吏部郎官黄祖舜乞堂除縣令〔二九〕。辛酉，上語宰執曰：「祖舜謂朝廷知選郡守矣，獨縣令付之銓曹，若委郡守，使得澄汰無狀者，亦庶幾也，此論有理。」祖舜，福清人也。（輯自皇朝中興紀事本末卷三七，參考繫年要録卷一〇二）

秋七月癸酉，以吏部侍郎劉大中爲兵部尚書。

初，内侍馮益以潛藩舊恩，恃此頗恣。建炎間，駕幸浙東，因與大將張俊争渡，以語侵俊，復訴于上。事下御史臺，趙鼎時爲殿中侍御史，嘗論益之横，以爲明受之變，本於内侍，覆車之轍，不可不戒。【新輯】至是，鼎見益猶出鋒芒，意其未戢，乃言於上前。庚辰，上謂宰執曰：「馮益頗預外事，寖不可長，令與宫觀，日下出門。」於是，鼎等再三賀上威斷。上曰：「朕待此曹，未嘗不盡恩意，然才聞過失，亦不少貸。」（輯自皇朝中興紀事本末卷三八，參考繫年要録卷一〇三）

趙鼎事實曰：「内侍官兩經大變，其勢少戢，而餘風未殄。其後鋒鋩稍出，如馮益者，尤爲暴横，始因訴張俊，鼎常論劾。至是，奏斥去之，其黨始知畏，中外翕然稱快。」

【新輯】喻樗記趙鼎逸事曰：「劉豫揭牓山東，妄言御藥馮益遣人收買飛鴿，因有不遜之語。知泗州劉綱繳奏僞牓。鼎與張浚進呈〔三〇〕。浚奏曰：『乞斬益以釋謗。』上不應，又曰：『不則遠竄之。』上未允間，鼎繼奏曰：『馮益之罪，事實曖昧，然疑似間，有關國體。若朝廷略不加罰，外議必謂陛下實嘗遣之，有累聖德。不若暫解其職，姑典外祠，以釋衆惑。』上欣然出之浙東。浚怒鼎不主己意，鼎曰：『自古欲去小人者，急之則黨合而禍大，緩之則彼自相擠。昔袁紹、李訓必欲盡誅宦官，卒乱漢、唐，其事可鑒。今益罪雖誅不足以快天下，然群閹恐人君手滑，必力争以薄其罪。不若責而遠之，既不傷上之意，彼但見奪職責輕，必不致力營救。又幸其去位，必以次規進，安肯容其入耶？若力排之，此輩側目吾人，其黨愈固，而不可破矣。』浚歎服其言。」（輯自皇朝中興紀事本末卷三八）

是日〔三一〕，上因論及司馬光字畫端勁，如其爲人。「朕恨生太晚，不及識其風采」。

八月〔三二〕，淮東宣撫使韓世忠引兵自淮陽已還楚州，江東宣撫使張俊既城盱眙，遂進屯泗州。湖北京西招討使岳飛亦遣兵至蔡州，焚其積聚。至是，張浚承詔入覲，力請上進臨建康，以爲不可緩。然朝論同者極鮮，惟上斷然不疑。【新輯】趙鼎事實曰：「是秋探報，賊決有南窺之意，乃議前期幸平江，就近應接。張浚先在江上，已令張俊城盱眙，移軍居之。鼎謂非便，浚堅欲爲之。鼎以其行府措置，不欲力爭，每爲上陳其利害云。」（輯自皇朝中興紀事本末卷三八）

初，浚在淮上〔三三〕，謀渡淮北嚮，惟倚韓世忠爲用，世忠辭以兵少，欲摘張俊之將趙密爲助。浚以行府檄俊，俊拒之〔三四〕，謂世忠有見吞之意。浚奏乞降聖旨，而俊亦稟於朝。鼎白上曰：「浚以宰相督諸軍，若號令不行，何以舉事？俊亦不可拒。」乃責俊當聽行府之命，不應尚稟於朝。復下浚一面專行，不必申明，慮失機事。時議者以爲得體。至是，浚歸奏，終以俊不肯分軍爲患。鼎謂浚曰：「世忠所欲者趙密，今楊沂中武勇不減于密，而所統乃御前兵，誰敢覬覦？當令沂中助世忠，却發密入衛，俊尚敢爲辭耶？」浚曰：「此上策也，某不能及。」〔三五〕趙鼎事實曰：「向降指揮，責張俊自當一聽行府之命，乃朝廷主張行府，及楊沂中爲泗上之行，破劉猊以成功，實肇於此也。」

癸丑，宰執以郭執中遺表進，上歎息久之。張浚曰：「執中當崇寧初，以上書邪等，禁錮二十年。晚遭陛下，而年已老，不得收尺寸之效。」上問：「當時以何事入邪等？」趙鼎曰：「凡蔡京、蔡卞所惡者，皆入邪等。」折彥質曰：「京、卞以紹述爲説，凡斥已者，盡誣以

『司馬光前朝名相，今誹謗先帝。』上謂然曰：「上皇内禪之初，嘗遣梁師成諭淵聖曰〔三六〕：『司馬光前朝名相，今諸事當以光爲法。』則上皇之意可知矣。朕今行事，與上皇時豈無修潤者？要之從百姓安便而已。百姓安便，乃上皇之意也。」

甲寅〔三七〕，上謂宰執曰：「近時士大夫數言縣令多不稱其任者。朕再三思之，亦難盡擇。莫若精選監司、郡守，似爲要道。正如朕深居九重之中，安能盡知百執事能否？當留意宰相耳。」

上殿官劉長源奏〔三八〕，元符人臣子孫未必盡愚，元祐人臣子孫未必皆賢，且引用房遺愛事爲證。己未，上謂宰執曰：「長源昨日開陳，至比戰國之士，若不用於秦，則歸楚，議論殊可怪。」張浚曰：「長源不學無識，疏中引事皆非所敢聞者。況元符人臣子孫，孰爲可用而不用？」折彦質曰：「如蔡京、王黼，乃國家之深仇，罪通于天，幸逃族誅。正使子孫真有可用，猶不當用〔三九〕。」乃詔長源與遠小監當。

時四川都轉運使趙開復與制置使席益議不協，開以舊宣撫司贍軍財賦，不許他司移用。又言：「益截都轉運司錢，於閬、利州糴米，非是。」又言：「應副宣撫使吴玠軍須，紹興四年，總爲錢一千九百五十餘萬緡，五年，又增四百二十萬有奇。今蜀中公私俱困，事急可憂。」又言：「軍務惟錢糧最大，欲自都督府制其調發〔四〇〕，庶無妄動枉費，以損威勢。而將兵所給，皆宜覈實。」朝廷知開難與益、玠共事，是月，詔開赴闕。既而，益奏行轉般摺運之法，雖甚利，而玠與益相疑，上下觀望，終不果行焉。

吏部尚書兼翰林學士孫近除龍圖閣學士、知紹興府。

時百司並留臨安，常程事取決於留守司，所不能決者，申行在。詔兵部尚書劉大中、翰林院學士朱震、侍讀學士范沖、中書舍人陳與義、董弅、户部侍郎王俁、工部侍郎趙霈〔四一〕、起居郎張燾、侍御史周秘、左右司諫陳公輔、王縉、左右司郎官耿自求、徐林等並扈從。主管軍馬、權殿前司解潛，提舉宿衛親兵劉錡同總禁衛之職，而知臨安府梁汝嘉充隨駕都轉運使。

九月丙寅朔，上發臨安府。【新輯】先詣上天竺寺燒香，道傍有執黄旗報捷者，乃湖北京西招討使岳飛遣統制官王貴、郝政、董先引兵攻下虢州寄治盧氏縣賊衆，獲糧十五萬石。

（輯自皇朝中興紀事本末卷三八）

丁卯，上至臨平鎮。【新輯】於舟中與宰執論：「飛之捷，固可喜，淮上諸將各據要害，雖爲必守計，然兵家不慮勝，爲慮敗爾。一小跌，不知如何，更宜熟慮。」趙鼎等奉命而退。

（輯自皇朝中興紀事本末卷三八）

戊辰，宰執閲楊沂中下統制官王存、吴進將所部二千人還臨安，聽留守司用。進勇於戰，常對御騎射，上曰：「一好漢。」進聞之，刺「好漢吴進」字，作褙心〔四二〕，每閱兵，則披以示衆。

聖駕經崇德縣，引對知縣趙涣之，而時有言涣之因緣搔擾者，已巳，上謂宰執曰：「昨日涣之對，議論殊無可取。朕問民間疾苦，輒云朝廷每加寬卹，民間别無事。又問户口多寡，亦漫不省。」趙鼎曰：「陛下所以延見守令，正欲知民間爾。」上曰：「朕猶恨累日風雨〔四三〕，不能親乘馬往田間，勞問父老。」鼎曰：「陛下卹民如此，天下幸甚。」

庚午，上次平江府。

初，劉豫因金虜大酋粘罕下高慶裔所推〔四四〕，粘罕請于故金主晟而立之。豫每歲於二人厚有所獻，而蔑視其他諸酋〔四五〕，故多憾焉。皆謂：「我等冒矢石，拓土地，乃爲慶裔輩所賣。」至是，豫聞上將親征，遣人告急於金主亶，求兵爲援，且乞先寇江上。亶會諸帥議之。僞皇伯、領三省事宋國王宗磐曰〔四六〕：「先主所以立豫者，欲豫闢疆保境，我得息兵安民也。自立豫之後，既不能自守，兵連禍結，愈無休時。今若從之，勝則豫獲其利，敗則我受其弊。况前年因豫乞兵，常不利於江上矣，今何可再從之？」亶遂却豫之請，許其自行。且遣兀朮提兵黎陽，以觀釁焉。時金人已厭豫，然未廢之者，以粘罕猶在故也。豫以僞皇子、左丞相麟領行臺尚書，主管殿前司許清臣權大總管府，右丞李鄴、户部侍郎馮長寧皆參行臺謀議，與李成、孔彦舟、關師古輩，悉在麾下，僉鄉兵三十萬，號七十萬，分道入寇：西路趨合肥〔四七〕，以麟統之；東路由紫荆山出渦口，以姪猊統之。諜報至，僕射張浚復往江上視師。趙鼎事實曰：「聖駕至平江，未浹日，已報賊至〔四八〕，右相張浚遂出。時劉麟一項趨合肥〔四九〕，麟弟猊一項侵及滁、和，淮甸大擾。是時，張俊駐盱眙〔五〇〕，楊沂中屯泗上，韓世忠在楚，岳飛在鄂，聲勢了不相及。獨劉光世大兵在太平，光世遣輕騎據廬，而沿江一帶〔五一〕，更無軍馬，朝廷甚憂之。」

己卯，上諭宰執曰：「前此大臣誤國，困百姓以供不急之務〔五二〕。今正用兵，未能蠲除力役，真有愧也。」

時將臣趙密、巨師古軍中，多苦重腿之疾〔五三〕，上賜之藥，軍士服者，一服而愈。庚辰，趙鼎奏其事，上曰：「朕常留意於藥，每退，即令醫者胗脉，纔有虧處，即治之。正如治天下，不敢以小害而不去也。」

史館修撰范沖言：「重修神宗實録，於朱、墨二本中，有所刊定，奉詔别爲考異一書，明著去取之意，以垂後世。今重修哲宗實録，考其議論多誣，亦乞别爲一書，以辨誣爲名〔五四〕。」壬午，詔從之。

初，詔吏部侍郎、詳定一司勅令晏敦復等修紹興禄秩勅令格式，至是，書成。丁亥，右僕射張浚上之。

時湖北岳飛軍初置總領錢糧，戊子，詔户部郎官霍蠡爲之，於鄂州置司。初，飛一軍每月費錢三十九萬緡，歲計四百六十萬緡餘。至是，蠡申〔五五〕：「飛軍中每歲統制、統領將官、使臣三百五十餘員，多請過一十四萬餘緡，軍兵八千餘人〔五六〕，多請過一千三百餘緡，總計一十五萬餘緡。」於是，右正言李誼言〔五七〕：「蠡職在出納，理當究心。然慮點檢苛細，若行改正，却合支券錢六萬餘貫，纔省九萬緡而已。望令依舊勘支，務存大體，以副陛下優恤將士之意。」蠡，武進人，端友子；誼，南昌人也。

癸巳，翰林學士朱震言：「今以戰馬爲急，而買於廣右〔五八〕，深慮夷人爲姦，伺我虚實。乞諭帥臣，凡買馬必擇謹密之士，庶消患於未然。異時西北路通〔五九〕，則漸减廣馬之數。」乃詔帥臣提舉買馬官，常稽察之，不得因以生邊患。

時右司諫王縉以大臣不和爲憂，乃言：「今陛下所與共濟艱難、復大業者，二三大臣爾。或出而總戎，或處而秉軸，交修政事之間，進退人才之際，謀慮有不相及，則初意未必盡同。苟無私心，惟其當而已。願戒大臣，俾同心同德，絶猜間之萌，以協濟國事。」至再三言之。

冬十月，賊衆十萬已次濠、壽之間，張俊拒之。即詔併以淮西軍屬俊，主管殿前司楊沂中爲俊統制官。浚遣沂中至泗州與俊合，且使謂之曰：「上待統制厚，宜及時立大功，取節鉞。或有差跌，浚不敢私。」諸將皆聽命。戊戌，沂中統兵至濠州。

癸卯，上謂宰執曰：「劉光世之意〔六〇〕，欲退保采石。」趙鼎曰：「諸處探報，殊無金人，自當鏖戰。若官軍不能勝豫賊，則何以立國？但光世隨處分兵捍賊，已見失策，今賊已渡淮〔六一〕。當遣張俊軍與光世合，乃爲得計。萬一賊得志於光世，則大事去矣。」折彥質曰：「誠如趙鼎所論。」上顧鼎曰：「卿此策，頗合朕意，度金人行兵不如此，必止是劉豫之衆，合軍擊之，無不勝者。」

【新輯】時，光世言乏糧，詔江東漕臣向子諲濟其軍。子諲晝夜併行至廬，而光世兵已出東門。子諲直入城見光世，具言綱船至岸次，光世乃止，率兵拒賊。

張浚遣楊沂中自濠州來牽制賊勢，又遣統制官張宗顔等自泗州來爲其後繼。劉猊賊衆數萬過定遠縣，欲趨宣化，以犯建康。甲辰，沂中悉衆以出，至李家灣，與猊遇，摧鋒軍統制官吴錫率勁卒五千突入猊軍中，賊衆潰亂，沂中縱大軍乘之，宗顔等亦俱進，大破其衆，横屍滿野。趙鼎事實曰：「初，麟、猊之報急甚，張浚倉皇出江上，未知爲計。鼎曰：『上嚴督諸將，皆鼎自擬詔，檢上親筆付諸將。』於是，皆恐悚奔命。楊沂中自泗上率吴錫、張宗顔直前，與劉猊遇，大破之，使麟賊失援，大衄而遁，皆鼎之始謀也。」（輯自皇朝中興紀事本末卷三九）

時賊軍東路猊所統〔六二〕，猊既敗，引數騎挺身逃去。西路麟所統，麟聞猊敗，亦望風而潰。光世乘勢追襲，亦捷。通兩路所得，船數百艘，車數千兩，器甲、金帛、錢米、軍需之物，不可勝計。京東虜騎尋亦退走〔六三〕，朔方大恐。上以手書賜浚，略曰：「賊雛犯順，侵壽及濠，卿獎率師徒，臨敵益壯，遂使凶渠宵遁，同惡自焚。寤寐忠勤，不忘嘉歎〔六四〕。」仍令浚具上都督府隨行官吏、軍兵推賞〔六五〕。浚言：「賞或濫加，則將士解體。」遂惟保奏有戰功者。諫官陳公輔言：「前日賊犯淮西，諸將用命，捷音屢奏，邊上稍寧。蓋廟社之靈，而陛下威德所至。然行賞當不逾時，廟堂必有定議。臣聞濠、梁之急，張俊遣楊沂中來援，遂破賊兵，此功固不可掩。劉光世不守廬州，而濠、梁戍兵，輒便抽回，如渦口要地，更無人防，若非沂中兵至，淮西焉可保哉？光世豈得無罪？此昭然無可疑者。又沂中之勝，以吳錫先登。光世追賊，王德尤爲有力。是二人當有崇獎，以爲諸軍之勸。若韓世忠屯於淮東，賊不敢犯，岳飛進破商、虢，擾賊腹脅，二人雖無淮西之功，宜特優寵，使有功見知，則終能爲陛下建中興之業矣。」既而賞功，加俊少保、三鎮節度使，沂中爲保成軍節度使、殿前都虞候。除俊及沂中在十二月，今聯書之。

戊申，上語及張俊平李成，得敗卒八千人，而俊纔有萬衆。明日又戰，恐其爲亂，夜遣陳思恭盡殪之。事雖不得已，然朕今思之，尚寒心也。上又謂宰執曰：「近日淮西有警，朕常夜分方寢，奏報到，輒披衣以起，或至再三。」趙鼎曰：「致陛下憂勞如此，臣等之罪也。」

時楊沂中奏捷，俘戮甚衆。辛亥，上愀然謂宰執曰：「此皆朕赤子，賊迫之南來，既犯兵鋒，又不得不殺，念之痛心。」顧趙鼎曰：「可更敕諸將，爾後務先招降。其陣亡者，亟瘞之。」

癸丑〔六六〕，以巡幸隨軍轉運使梁汝嘉爲浙西淮東沿海制置使，仍兼隨軍轉運之職。

先是，詔湖北京西招討使岳飛往駐江州。【十一月】癸酉，飛奏已至〔六七〕。上曰：「淮西既無事，飛不須更來。」趙鼎曰：「此有以見諸將知尊朝廷。」上曰：「劉麟敗北，朕不足喜，而諸將知尊朝廷，爲可喜也。司馬光作通鑑，首論魏斯、趙籍、韓虔爲諸侯，以爲：『禮莫大於分，分莫大於名。何謂分？綱紀是也。何謂名？公、侯、卿、大夫是也。』又曰：『貴以臨賤，賤以事貴，上之使下，猶心腹之運手足，根本之制枝葉；下之事上，猶手足之衛心腹，枝葉之庇根本〔六八〕。』其措意深矣，有國家者，以此爲先務也。」

十一月庚辰〔六九〕，【新輯】上諭宰執曰：「司馬光隸字真似漢人，近時米芾輩所不可彷佛。朕有光隸字五卷，日久展玩。又所寫乃中庸及家人卦，皆修身治家之道，不特玩其字而已。」趙鼎曰：「如光所謂動容中禮，無毫法遺恨者也。」

時江州繳奏仁宗御飛白字，及御書賜翰林學士王洙，問今歲科舉內中合奏告文宣王，及諸賢表章。庚午，趙鼎言：「此事不見他書。」上曰：「祖宗留意人才如此，天下安得不

治？」（輯自皇朝中興紀事本末卷三九）

金虜遣使問劉豫罪〔七〇〕，豫惶懼，免猊爲庶人以謝之。於是，虜廢豫之意決矣〔七一〕。

起居舍人吕本中言：「自古中興，必有根本之地，以制四方之地，則京師是也〔七二〕。有根本之兵，以制四方之兵，則禁衛是也。今根本之地，不過江、浙、福建，而諸路凋殘，民力已困。若根本之兵，則禁衛是也，而單弱不可用。今大臣先求二者之要而行之。」時本中權中書舍人，有監階州倉草場苗亘者〔七三〕，以贓獲罪，詔黥之。本中繳奏曰：「近歲官吏犯贓，多抵黥罪，且既名士人，行法之際，宜有所避。況四方之遠，或有枉濫，何繇盡知？若遽施此刑，異時察其非辜，雖欲深悔，亦無所及矣。論者以嚴刑上法祖宗，夫祖宗之時，臨機制變，事有不得已者。然自仁宗而降，寬大之政，久已成風。累聖相承，不敢輒易。今一旦盡改成法，欲用祖宗權宜之制，則將重失人心，臣未見其可也。又此刑既用，臣恐後世不幸姦臣弄權，必且借之以及無罪，直言私議，亦不能免，何者？用之已熟，彼得藉口，不以爲異也。使國家此刑不絶，則紹聖以來憸人盜柄，搢紳遭此，殆將無遺類矣。願酌處恒罰，以稱陛下仁厚之意。」凡兩奏，從之。

十二月甲午朔，曲赦淮西。

召龍圖閣學士孫近爲吏部尚書〔七四〕。

三省言：「昨遣使諸道，惟川、陝未曾遣官〔七五〕。」乃詔右司員外郎范直方宣諭兩路，及撫問吳玠一軍。

右僕射張浚還平江，隨班入見，具奏劉光世退屯事〔七六〕。上曰：「却賊之功〔七七〕，盡出右相。」時趙鼎等已議回蹕臨安，浚力請幸建康，且言：「天下之事，不唱則不起，不爲則不成。今四海民心，孰不思王室。而虜、僞脅之以威〔七八〕，雖有智勇，無緣展竭。比三歲間，賴陛下一再進撫，士氣稍振。今當示以形勢，激忠興懦，則三四大帥，不敢偷安。蓋天下者，陛下之天下，陛下不自致力，以爲之先，則人有解體之意，日復一日，終以削弱。異時復詔巡幸，其誰信之？何者？彼知以此爲避地之計，無意於圖天下故也。論者不過曰：『萬一有警，難於遠避。』夫將士用命，扼淮而戰，破敵有餘。苟人有離心，則何地容足？又不過曰：『當秋而戰，及春而還。』此但可以紓一時之急，年年爲之，人皆習熟，難立國矣。又不過曰：『賊占上流，順舟可下。』今襄、漢我有，舟何自來？使賊有餘力，水陸偕進，陛下深處臨安，亦能安乎？」鼎言：「雖弱不敵强〔七九〕，且宜自守，未可以進。」乙巳〔八〇〕，鼎罷，除觀文殿大學士、知紹興府。朱勝非閒居録曰：「趙鼎、張浚争權，浚自謂有卻敵之功，興復之策，當獨任國事，諷侍從、臺諫及其黨與攻鼎，出知會稽。」

時張浚專任國政，浚首言：「親民之官，治道所急。比年内重外輕，流落於外者，終身不用，經營於内者，積歲得美官。又官於朝者，多不歷民事。請以郡守、監司有治狀者除郎官，郎曹資淺者除監司、郡守〔八一〕，館職未歷民事者，除通判。」仍乞降詔。從之。乃下詔〔八二〕，略曰：「朝廷設官，本以爲民，比年重内輕外，殊失治道之本。自今監司、郡守秩滿，考其治效，内除郎官。而未歷民事者，使復承流於外，庶幾民被實惠，以稱朕意。」

【新輯】先是，召觀文殿學士、醴泉觀使秦檜爲行宫留守。戊申，詔檜於行在供職。觀文殿學士孟庾仍充留守。（輯自皇朝中興紀事本末卷三九）

辛亥，召資政殿學士、提舉洞霄宫張守爲參知政事。

丙辰，湖南大帥〔八三〕、少保吕頤浩爲浙西安撫制置大使、行宫留守。

翰林學士朱震請編古循吏傳一書〔八四〕，以賜守令之有治行者。上曰：「不若有治行者進擢，無治行者隨輕重責罰，自有勸懲。賜循吏傳，恐無補於事。」

己未，以兵部尚書劉大中爲龍圖閣直學士、知處州。

辛酉，御筆除徽猷閣直學士、知鎮江府胡世將爲給事中。上謂參知政事張守曰：「本不須親批，恐卿以鄉人爲嫌。」守曰：「臣蒙恩備位政地纔旬日，未有一毫以慰中外。首召世將，必謂臣私於鄉黨。實以常州多士，時有進用者，臣頃在廟堂，屢遭此謗，凡惡臣者，皆以藉口。」上曰：「擢用人才，豈可以小嫌自疑？世將之賢，朕固知之。」守曰：「如世將人才，誠不易得。臣頃固嘗論薦，亦不敢以臣之私，妨嫌賢者，但世將雖陛下親擢，恐遠近不能户曉。」上曰：「無慮也。」

辛酉，言者請以寺、監、丞、簿、編修、删定、檢、鼓等院官，未歷民事者，並堂除大邑〔八五〕，下尚書左右司〔八六〕。辛酉，都司言：「寺、監、丞、簿，已准省劄，别措置外，其編修、删定、檢、鼓等院，欲堂除近闕大邑。」從之。遂以山陰、諸暨、餘杭、富陽、江寧、上元、南昌、分寧等四十處爲大邑。

浙東帥、觀文殿大學士趙鼎在越，惟以束吏、卹民爲務。每言：「不束吏，雖善政不能行，蓋除害然後可以興利。易之豫：『利建侯行師』，謂建侯行師，乃所以致豫。解『公用射隼于高墉之上』，謂射隼而去小人，乃所以致解。」鼎之學得於易者如此。至是，姦猾屏息。又場務利入之源，不令侵耗，財賦遂足。

是冬，劉豫遣其僞皇子府參謀官馮長寧，請於金虜主亶〔八七〕，欲立子麟爲僞嗣〔八八〕。亶曰：「先主立爾者，以謂有德於河南，爾子亦有德耶？予當遣人諮訪之。」時豫兵敗，故以此探虜之意〔八九〕，虜不從〔九〇〕。豫自知危矣。

夏國馬多爲達靼所盜〔九一〕，是歲，夏國興兵，自河清軍渡河，由雲中境徑之達靼，取馬而歸，往來皆不假道於金國。初，大酋粘罕、悟室皆鎮雲中〔九二〕，故夏人不敢動，二帥已罷兵柄，而左監軍撒离曷代守雲中，夏人知其無能爲，所以徑行不顧，金虜亦不敢問也〔九三〕。

【校勘記】

〔一〕都轉運使不當與四路漕臣同繫銜 「都」原脱，據皇朝中興紀事本末卷三六補。案：此段記事，繫年要録卷九九繫於「三月癸酉」，注文考證云：「熊克小曆載開除待制在今年正月，又云：『先是，詔開親至軍前，又令席益趣開行。』皆誤也。按：日曆此月戊辰，有旨令開親至軍前應副，至是止令益催趣糧運耳。李燾撰開墓誌稱『忠獻奏詰公違慢，又詔席大光趣公』，亦止謂催趣糧餉，克蓋小誤。」

〔二〕案：繫年要録卷九七辛巳條注文考證云：「按：玠正使名在九年正月，克但見日曆書『有旨，吳玠依舊川陝宣撫使』，遂承其誤，不復考耳。恐是元降旨失契勘，或日曆脱字，當考。」

〔三〕仍罷綿州宣撫司 「司」原作「使」，據皇朝中興紀事本末卷三六及繫年要録卷九七改。

〔四〕江東宣撫使張俊屯建康府 「俊」原作「浚」，據繫年要録卷九七改。

〔五〕是日 繫年要録卷九七繫於「丙戌」。

〔六〕案：繫年要録卷九七丙戌條注文考證云：「日曆正月十五日癸未，三省奏，勘會張浚視師荆、襄，已免班送，有旨，令百官並出城餞送。今從之。」

〔七〕案：任申先事，繫年要録卷一〇〇繫於「紹興六年四月乙卯」，注文考證云：「申先事，以熊克小曆所書附入，但克繫此事於正月己丑，恐誤。蓋今年二月甲辰方置交子務，三月末間，言者方論交子不便，至此方論官告。申先持示張戒，當在此時，故趙霈疏中有云：『臺諫有所論列，公然對衆指議。』其罷去實以此也。今移附此日，庶不牴牾。」

〔八〕案：癸卯原繫於正月，正月爲己巳朔，無癸亥日，據繫年要録卷九八，應繫於二月，下條「都督張浚至江上」則繫於二月辛亥。

〔九〕命劉光世屯廬州以招北軍張俊練兵建康爲進屯盱眙之計　「俊」原作「浚」，據繫年要録卷九八改，下同。「廬州以招北軍張俊練兵建康爲進屯」與「之計」原脱，據皇朝中興紀事本末卷三六補。

〔一〇〕三月庚寅　「三月」原作「二月」，據皇朝中興紀事本末卷三六及繫年要録卷九九改。「庚寅」，繫年要録卷九九繫於「丙戌」。

〔一一〕宰執奏四川制置使席益按夔路帥臣罪狀　「制置」原互倒，據廣雅本及繫年要録卷九九乙正。

〔一二〕云蜀中利害　「云」原作「去」，據廣雅本及皇朝中興紀事本末卷三六改。

〔一三〕時　皇朝中興紀事本末卷三六作「先是」。

〔一四〕乙未　繫年要録卷九九繫於「癸巳」。

〔一五〕曰王雲亦孜孜爲國　「亦」原作「李」，據繫年要録卷九九改。

〔一六〕及令廣西帥漕兩司備五萬石　「兩」原作「西」，據廣雅本及皇朝中興紀事本末卷三六改。

〔一七〕真贗莫辨　「贗」原作「鷹」，「辨」原作「辧」，據皇朝中興紀事本末卷三七改。

〔一八〕比及悔悟　「悟」原作「悮」，據廣雅本及皇朝中興紀事本末卷三七改。

〔一九〕時臨安府多火災　「多」原脱，據皇朝中興紀事本末卷三七及繫年要録卷九九補。

〔二〇〕案：此條繫年要録卷一〇二繫於「紹興六年六月乙巳」。

〔二一〕案：此段文字，繫年要録卷一〇二繫於六月己酉，考證云：「熊克小曆繫之五月，恐太早。日曆浚奏已擇定六月中旬渡江，前去淮甸。巡按不得其日，故因遣中使，遂書之。」

〔二二〕都督張浚奏　「奏」原作「奉」，據廣雅本及皇朝中興紀事本末卷三七改。

〔二三〕案：繫年要録卷一〇二乙卯條注文考證云：「蓋不考江、浙餽運本末也。」

〔二四〕今費用大而科斂煩　「科」原作「糾」，據繫年要録卷一〇二改。

〔二五〕夷狄盜賊則備之　「狄」原作「秋」，據宋史全文續資治通鑑卷一九改。

〔二六〕有自行朝至湖者　「湖」原作「潮」，據繫年要録卷一〇二改。

〔二七〕仍起彦所部八字兵二萬赴行在　「部」原脱，據廣雅本、皇朝中興紀事本末卷三七及繫年要録卷一〇三補。

〔二八〕案：繫年要録卷一〇三紹興六年七月辛巳條注文引此段記事，考證云：「按：荆南先除薛弼，六月乙巳，改用王庶，所謂帶經略使者乃庶也。但此時庶未到，而弼先至荆南交割耳。所云『彦未有去意，及八字軍不樂赴行在。』他書皆無此説，更當考詳。」

〔二九〕案：繫年要録卷一〇二辛酉條注文考證云：「熊克小曆稱：『吏部郎官黄祖舜乞堂除縣令。』按：祖舜今年七月始自監丞，遷屯田郎官。克恐誤。」

〔三〇〕繫年要録卷一〇三注文考證云：「樗所記，謂鼎與張浚同進呈，則誤。按：此時浚在淮上，疑劉綱自行府繳奏，而鼎進呈耳。」

〔三一〕是日　繫年要録卷一〇四繫於「紹興六年八月己亥」。

〔三二〕八月　原脱，據廣雅本及皇朝中興紀事本末卷三七補。

〔三三〕初浚在淮上　「淮」原作「江」，據皇朝中興紀事本末卷三八改。

〔三四〕俊拒之　「俊」原脱，據皇朝中興紀事本末卷三八補。

〔三五〕案：此段記事，繫年要録卷九九繫於「紹興六年三月乙亥」，注文考證云：「克繫於今年八月浚入奏之後，蓋不知其日月也。按：日曆今年二月二十日戊午，有旨楊沂中赴都督行府使唤；三月八日乙亥，有旨趙密權聽殿前司節制。此事正與克所云相合。但其後世忠兵未出，而金重兵犯淮西，反以沂中隸俊，蓋臨機區處，非夙議也。故表而出之，以補史闕。」

〔三六〕嘗遣梁師成諭淵聖曰　「嘗」原作「尚」，據皇朝中興紀事本末卷三八及繫年要録卷一〇四改。

〔三七〕甲寅　繫年要録卷一〇三繫於「紹興六年七月甲午」。

〔三八〕案：此時劉長源爲監察御史，繫年要録卷一〇四庚申條考證：「熊克小曆止稱『上殿官劉長源』，蓋不考真爲御史也。」

〔三九〕猶不當用　「用」原脱，據皇朝中興紀事本末卷三八及繫年要録卷一〇四補。

〔四〇〕欲自都督府制其調發　「其」原作「具」，據廣雅本、皇朝中興紀事本末卷三八及繫年要録卷一〇四改。

〔四一〕户部侍郎王俣工部侍郎趙霈　「王俣工部侍郎」原脱，據皇朝中興紀事本末卷三八補。

〔四二〕作褙心　「褙」原作「徬」，據皇朝中興紀事本末卷三八改。

〔四三〕朕猶恨累日風雨　「風雨」原脱，據繫年要録卷一〇五補。

〔四四〕劉豫因金虜大酋粘罕下高慶裔所推　「虜」原無，「酋」原作「帥」，據皇朝中興紀事本末卷三八補、改。

〔四五〕而蔑視其他諸酋　「酋」原作「帥」，據皇朝中興紀事本末卷三八改。

〔四六〕僞皇伯領三省事宋國王宗磐曰　「僞」原脱，據皇朝中興紀事本末卷三八補。

〔四七〕西路趨合肥　「西路」，繫年要録卷一〇五作「中路」，而「西路由光州犯六安，彦舟統之」。

〔四八〕已報賊至　「至」，皇朝中興紀事本末卷三八作「動」。

〔四九〕時劉麟一項趨合肥　「劉麟」原作「劉豫」，據皇朝中興紀事本末卷三八改。

〔五〇〕張俊駐盱眙　「盱眙」原作「盱貽」，據皇朝中興紀事本末卷三八改。
〔五一〕而沿江一帶　「沿」原作「松」，據皇朝中興紀事本末卷三八改。
〔五二〕困百姓以供不急之務　「困」、「務」，皇朝中興紀事本末卷三八及繫年要録卷一〇五作「科」、「費」。
〔五三〕多苦重膇之疾　「膇」原作「腿」，據廣雅本、皇朝中興紀事本末卷三八及繫年要録卷一〇五改。
〔五四〕以辨誣爲名　「辨」原作「辦」，據皇朝中興紀事本末卷三八改。
〔五五〕案：霍蠡中奏，繫年要録卷一一三繫於「紹興七年八月丙申」，考證云：「蠡奏不得其日，今因其轉官遂書之。熊克小曆繫之去年八月戊子，蠡初受命時，誤矣。是時，李誼止爲監察御史，今年七月，方除正言。此段或可移附今年十月戊戌蠡入判之日，但是時乃淮西軍變後，恐不應議裁減，更須詳考。」
〔五六〕軍兵八十餘人　「八千」原作「八十」，據皇朝中興紀事本末卷三八及繫年要録卷一一三改。
〔五七〕右正言李誼言　「右」原作「左」，據皇朝中興紀事本末卷三八及繫年要録卷一一三改。
〔五八〕而買於廣右　「右」原作「在」，據廣雅本及皇朝中興紀事本末卷三八改。
〔五九〕異時西北路通　「北」原脱，據皇朝中興紀事本末卷三八及繫年要録卷一〇五補。
〔六〇〕劉光世之意　「光」原作「先」，據廣雅本及皇朝中興紀事本末卷三九改。
〔六一〕今賊已渡淮　「賊」原脱，據皇朝中興紀事本末卷三九及繫年要録卷一〇六補。
〔六二〕時賊軍東路猊所統　「猊所統」原脱，據皇朝中興紀事本末卷三九補。
〔六三〕京東虜騎尋亦退走　「虜騎」原作「金人」，據皇朝中興紀事本末卷三九改。
〔六四〕不忘嘉歎　「忘」原作「亡」，據皇朝中興紀事本末卷三九改。
〔六五〕仍令浚具上都督府隨行官吏軍兵推賞　「浚」原作「俊」，據皇朝中興紀事本末卷三九及繫年要録卷一〇六改。

〔六六〕癸丑　繫年要録卷一〇六繫於「壬寅」，以小曆誤。
〔六七〕案：繫年要録卷一〇六繫於「十一月癸酉」，當是。其注文考證云：「按：此止是飛起發，未至江州也。上語云『飛自不須更來』，則必止其行矣。當考。」
〔六八〕枝葉之庇根本　「枝」原作「技」，據皇朝中興紀事本末卷三九改。
〔六九〕十一月庚辰　「庚辰」原作「丙辰」，考十一月乙丑朔，無丙辰日，據繫年要録卷一〇七改。
〔七〇〕金虜遣使問劉豫罪　「虜」原作「人」，據皇朝中興紀事本末卷三九改。
〔七一〕虜廢豫之意決矣　「虜」原作「金」，據皇朝中興紀事本末卷三九改。「廢豫之意決矣」，繫年要録卷一〇六作「始有廢豫之意矣」。
〔七二〕則京師是也　五字原脱，據皇朝中興紀事本末卷三九補。
〔七三〕有監階州倉草場苗亘者　「苗亘」原作「苗豆」，據皇朝中興紀事本末卷三九及繫年要録卷一〇六改。
〔七四〕案：繫年要録卷一〇七繫此事於「壬寅」，并以小曆誤。
〔七五〕惟川陜未曾遣官　「遣」原作「選」，據皇朝中興紀事本末卷三九改。
〔七六〕具奏劉光世退屯事　「退」原脱，據皇朝中興紀事本末卷三九補。
〔七七〕却賊之功　「賊」原作「敵」，據皇朝中興紀事本末卷三九改。下同。
〔七八〕而虜僞脅之以威　「虜」原作「金」，據皇朝中興紀事本末卷三九改。
〔七九〕雖弱不敵强　「弱不敵强」，皇朝中興紀事本末卷三九作「强弱不敵」。
〔八〇〕乙巳　繫年要録卷一〇七繫於「壬寅」，并以小曆誤。乙巳則是趙鼎罷相之日。
〔八一〕郎曹資淺者除監司郡守　「資」原脱，據皇朝中興紀事本末卷三九補。

〔八二〕乃下詔　繫年要録卷一〇七繫於「丁未」。
〔八三〕湖南大帥　「大帥」原作「太師」，據廣雅本及皇朝中興紀事本末卷三九改。
〔八四〕案：此事，繫年要録卷一〇七繫於「丁巳」。
〔八五〕堂除大邑　「大」原作「太」，據皇朝中興紀事本末卷三九改。
〔八六〕下尚書左右司　「尚」原作「其」，據皇朝中興紀事本末卷三九改。
〔八七〕請於金虜主亶　「虜」原無，據皇朝中興紀事本末卷三九補。
〔八八〕欲立子麟爲僞嗣　「僞」原作「儲」，據皇朝中興紀事本末卷三九改。
〔八九〕故以此探虜之意　「虜」原作「金」，據皇朝中興紀事本末卷三九改。
〔九〇〕虜不從　「虜」原無，據皇朝中興紀事本末卷三九補。
〔九一〕夏國馬多爲達靼所盜　「達靼」原作「塔坦」，據皇朝中興紀事本末卷三九改。下同。
〔九二〕大酋粘罕悟室皆鎮雲中　「酋」原作「帥」，據皇朝中興紀事本末卷三九改。
〔九三〕金虜亦不敢問也　「虜」原作「人」，據皇朝中興紀事本末卷三九改。

中興小紀卷二十一

紹興七年歲在丁巳春正月癸亥朔，詔：「朕將親臨大江，駐蹕建康，以察天意。」時左司諫陳公輔勸上幸建康甚力。公輔又論：「今世尚程頤之學，以鄙言怪語爲伊川之文，高視闊步爲伊川之行，人能習此則爲賢，而舍是皆非也。」上因詔學者，令以孔孟爲師。〔一〕時録黄下禮部，吏欲鏤版，中書舍人董弅權侍郎，曰：「少俟之。」郎官黄次山申臺，謂弅沮格詔令。於是，侍御史周祕弾弅出之〔二〕，除集英殿修撰、知衢州。趙鼎雜記曰：「其後，給事中胡世將舉次山自代，朝廷擬修注。上曰：『非告訐董弅者耶？此風不可長。』遂令補外，除湖南提刑。當國者意甚沮。丁巳歲九月，鼎再相，即除弅次對。」

既而，翰林學士朱震求去〔三〕。徽猷閣待制胡安國聞之，與其子中書舍人寅書曰：「子發求去晚矣，當公輔之説纔上，若據正論力爭，則進退之義明。今不發一言，默然而去，豈不負平日所學？惜哉！且復問宰相云：『某當去否？』既數日，又云：『今少定矣。』此何等語？遇緩急即是爲偷生免死計，豈能爲國遠慮？平生讀易何爲也？」於是，安國自上奏曰：「士以孔孟爲師，不易之至論。然孔孟之道不傳久矣。自程頤始發明之，而後其道可學〔四〕，至今使學者師孔孟，而不得從頤之學，是入室而不由户也。夫頤之文，於諸經、語、孟，則發其微旨，而知求仁之方、入德之序，則鄙言怪語，豈其文哉？頤之行，則孝悌顯於家，忠誠動於鄉，非其道義，一介不以取與，則高視闊步，豈其行哉？自嘉祐以來，頤與兄顥及邵雍、張載，皆以道德名世。如司馬光、吕公著、吕大防，莫不薦之。頤有易、春秋傳，雍有經世書，載有正蒙書，惟顥未及著書，望下禮官，討論故事，加此四人封爵，載在祀典，比于荀、揚之列。仍詔館閣裒其遺書，以羽翼六經，使邪説不得作，而道術定矣。」

丙寅，上爲宰執曰：「昨日張俊呈馬，因爲區别良否，皆不差。」張浚曰〔五〕：「臣聞陛下聞馬足聲，而知其良否。」上曰：「然。」因論觀墨，惟李廷珪墨有骨有肉，昔道君令潘谷、及蔡京令張滋造墨，皆用廷珪法，而谷止得其肉，滋止得其骨，雖暗中入手〔六〕，亦可知也。浚曰：「物猶易知，惟知人爲難。」上曰：「人誠難知。」張守曰「惟以爲難，則用捨必不苟。」浚曰：「孔子言：『始吾於人也，聽其言而信其行；今吾於人也，聽其言而觀其行。』此兩言爲要。」上曰：「是孔子於人，其始未能無失也。」浚曰：「聖人待人以誠，故聞其言而信之，至爲小人所紿，而後加察焉，故必觀其行。」上以爲然。

先是，諸路贍大軍錢，令轉運司於經制、榷酤、征商等數内，逐月樁辦，因號月樁錢。然所樁不能什之二三，餘則州縣之吏臨時措畫，錙銖而積，僅能充數。一月未畢，而後月之期已迫。戊辰〔七〕，户部郎官霍蠡言：「月椿錢病民最甚，乞詔守臣具所樁窠名幾何，與臨時措置者若爲而辦。朝廷召諸路漕臣，稟決其可行與否而罷行之〔八〕。又江西、湖南認發岳飛軍月椿錢，亦令具申省。」

己卯，吏部尚書孫近，請詔三省、樞密院，凡所以靖中原、攘夷狄者〔九〕，日夜講求。而常程之事付之有司。上諭宰執曰：「近所論甚當，常程事可付之六曹。」張守言：「六曹有常法，故不敢專決，而朝廷則可取旨行之。」上曰：「六曹長貳不任責，則事巨細皆取決於朝廷；若任責，則朝廷事自然清簡。要當遴擇長貳而已。」

辛巳，上與宰執論淮陽取之不難，但未易守。張守曰：「必淮陽未可進，故世忠退師。」張浚曰：「昔西伯戡黎，祖伊恐，奔告于受，以要害之地不可失。今淮陽，乃劉豫要害之地，故守之必堅。」上曰：「取天下須論形勢，則餘不勞力而自定矣。如弈碁，而置大勢既當，自有必勝之理。」（輯自皇朝中興紀事本末卷四〇）【新輯】淮東宣撫使韓世忠與僞境淮陽軍對壘，引兵攻之，未能下。世忠奏已回楚州。

召資政殿學士、提舉洞霄宫沈與求爲提舉萬壽觀兼侍讀〔一〇〕，既至，癸未，以翰林學士陳與義爲參知政事，與求爲同知樞密院事。

乙酉，詔：「本兵之地，事權宜重，依祖宗故事，置樞密使、副〔一一〕，而知、同、僉書，亦皆仍舊。」

初，以道君遠在沙漠，乃遣問安使何蘚等往金國通問，至是還，始知道君及寧德皇后已相繼上仙。丁亥，宰執入見，上號慟擗踴，終日不食。張浚等力請，方進少粥。以觀文殿學士、醴泉觀使兼侍讀秦檜爲樞密使。舊例，宰執新除，雖到堂，即時歸第。是日，以何蘚等回，留檜議事，不許歸第。

是時，禮儀皆正字、權禮部郎官眉山孫道夫草定。方議論之際，翰林學士朱震多依違，人或罪其緘默。獨著作佐郎王蘋以謂：「若子發建明，是已取名而歸過于上也。」子發之意，或出於此。此據呂大麟見聞志〔一二〕。

初，馬軍帥解潛，與樞密院都統制王彥不協，兩軍之士嘗交鬬于通衢，中外訩訩。是月，平江民居火，潛所部入人室，聲言救火，而攘其貨。有旨兵士免推治，管轄使臣劉舜臣降兩官。給事中胡世將駁奏曰：「潛統軍無律，不黜無以明賞罰。」乃詔罷潛及彥，以浙西淮東制置副使劉錡主管馬軍，併兩軍以屬之。〔一三〕

初，河南布衣尹焞，漸之孫也。師故程頤，得其師學。靖康初，召至京，授和靖處士。建炎兵亂，鎮撫使翟興聘之，不就，徙居長安。劉豫僭位，使僞帥趙彬招以厚禮〔一四〕，焞逃去，遂入蜀，止于涪。先是，范沖在經筵，力薦，召之不赴，遂用程頤故事，授左宣教郎、崇政殿説書。先是，焞至九江，值左司諫陳公輔論學程氏者之弊，復辭曰：「學程氏者，焞也。」於是右僕射張浚顯言其嘗拒劉豫之節，焞始就職〔一五〕。

自復賢良方正科，久未有應詔者。按此節詞，意未足，疑有脱文。二月【新輯】辛丑，復詔中外從臣，舉直言極諫之士。

時知果州宇文彬、通判龐信孺進禾登九穗圖不當。丙辰，三省擬各降一官。上曰：「此不出誕謾，即諂諛耳。去年四月旱，民艱食，安有瑞禾？政使偶然有之，何足爲瑞？往年知撫州高衡進甘露圖，朕疾其佞，已罷守符。彬等可降官罷之〔一六〕。」秦檜曰：「如此，則四方知陛下好惡矣。」（輯自皇朝中興紀事本末卷四〇）

戊午，詔太尉、湖北京西安撫副使岳飛爲宣撫使。時淮東宣撫使韓世忠、江東宣撫使張俊皆已立功，而飛以列將拔起，世忠、俊不能平。先是，飛皆屈己下之，書數通，俱不答。及飛破楊么，獻樓船各一，兵徒戰守之械畢備，世忠始大悦，而俊益忌之。飛參議官薛弼雖每勸飛調護，幕中之輕鋭者復教飛勿苦降意，於是，飛與俊隙始深矣。

庚申〔一七〕，上發平江府，幸建康府。

【新輯】辛酉，上次常州。（輯自皇朝中興紀事本末卷四〇）

三月癸亥朔，上次丹陽縣。辛執奏岳飛下將士功賞，上曰：「諸將每奏乞功賞，朕未常許之，一切付之有司，所以抑其僥求也。功有大小，賞有厚薄，朕何敢私？亦戒諸將不可容私，若私則有功者解體，緩急何以使人？」張浚曰：「陛下誠得御將之道。」

三月甲子，上次鎮江府。

丁卯，以吏部侍郎呂祉爲兵部尚書，仍兼都督府參議軍事。

己巳，上次下蜀鎮，上謂宰執曰：「道中閱韓世忠背嵬軍，極驍健，武藝比往日益精矣。」張浚因言：「諸將之才不同，要在得士心，則人肯用命。」上然之。

初，臨安行宮留守呂頤浩至平江，欲勸上輟行，而不得朝，乃隨上西來。至是始見。上撫諭遣之。〔一八〕及頤浩回臨安，處事甚有緒，豪右莫敢犯禁。始奏浙江渡以舟之大小定人數多寡，後遵用之。

辛未，上至建康府駐蹕。

戊寅，同知樞密院事沈與求進知院事。

先是，上謂宰執曰：「宣和皇后春秋已高，朕朝夕思之，不遑安處。」張浚等曰：「聖孝如此，可以格天矣。」己卯，詔宜尊爲皇太后。

中原遺民有自汴都來者，言：「劉豫自麟、猊敗後，意沮氣喪，其黨皆携貳。虜中謂豫必不能立國〔一九〕，而民心日望王師之來。」朝廷因是遂謀北伐。都督張浚乃出行淮上，撫諭諸軍〔二〇〕，且築廬州城。時議者謂：「淮西宣撫使劉光世昨退當塗，幾誤大事，後雖有功，可以贖過，不宜仍握兵柄。」又言：「其軍律不嚴，士卒恣横。」浚歸，亦言：「光世不卹國事，語以恢復，則意氣怫然。」于是，光世屢辭疾，乞解兵柄。乃從而罷之。甲申，除光世檢校少師、萬壽觀使〔二一〕，以其兵屬都督府。趙鼎事實曰：「初，駕至建康，當軸者以光世不足仗〔二二〕，遣其腹心吕祉誘脅之，俾請宫祠，罷兵柄，欲以其兵盡付岳飛，爲北伐之舉〔二三〕。」

是月，金虜右副元帥兀朮自黎陽北歸燕山〔二四〕。

夏四月丙申，權主管馬軍劉錡言：「得旨撥行營前護副軍、侍衛馬軍，今欲併爲十二將，每二將爲一軍，餘兩將爲遊奕軍。」從之。

丁酉〔二五〕，詔徽猷閣待制王倫奉使大金國，迎奉梓宫，以武經大夫高公繪副之。皇太后禮物，例支金一百兩〔二六〕，付倫等行。初，靖康執政孫傅、張叔夜從二聖北狩〔二七〕，至是，樞密使秦檜因言二人家屬在虜中甚貧〔二八〕，宜有賑給。上詔依宇文虚中例與之〔二九〕。上曰：「靖康中，耿南仲用事，每遣使憚行，則威以軍法，及既行，身分所請多不給，家屬至狼狽。比還，恩澤又復鐫減。如此，何以使人？」張浚曰：「南仲誤國，何止此事？」

先是，上批内侍鄭諶除帶御器械，己亥，復諭宰執，未須行。朕昨召用徐俯，外議謂諶所薦，朕何嘗容内侍薦人？止緣黄庭堅集有徐郎、徐甥，後胡直孺薦俯自代，質之汪藻〔三〇〕，藻以爲然，遂召用之。今諶新命，恐外間紛紛，不若止與在外宫祠。張浚等曰：「陛下聖慮如此，敢不奉詔。」

癸卯，詔諸路天寧、萬壽寺觀，並以報恩、廣孝爲額。

初，張浚與湖北京西宣撫使岳飛議不合，飛喪母，乞持服，乃棄軍而去，居江州廬山，〔三一〕以本軍提舉事務官張憲權管軍事。浚因請用兵部侍郎、樞密都承旨、兼都督府參議張宗元爲宣撫判官。憲在告，而宗元除書下，軍中籍籍，曰：「張侍郎來，我公不復還矣。」參議官薛弼請憲强出臨軍，憲諭羣校曰：「我公心腹事，參謀必知，盍往問之。」羣校至，弼謂之曰：「張侍郎來，由宣撫請也。宣撫解軍未幾，汝輩壞軍法如此，宣撫聞之且不樂。今朝廷已遣敕使，起復宣撫矣，張非久留者。」衆遂安。〔三二〕上詔飛入覲，弼亦移書趣飛行。至是，飛偕弼入奏事，飛以手疏言儲貳事〔三三〕，衝風吹紙動摇。飛聲戰，讀不能句。飛退，弼進，上視之色動。弼曰：「臣在道，嘗怪飛習寫細字，乃作此奏，雖其子弟無知者。」此據朱勝非閒居録及野記，與薛季宣所述參修。勝非又曰：「時張浚捃摭岳飛之過，以張宗元監其軍，蓋浚方謀收内外兵柄，天下寒心。」又張戒默記曰：薛弼以甲子正月，道由建昌，謂戒曰：「弼之免於禍，天也。往者丁巳歲，被旨從鵬入覲，與鵬遇於九江之舟中，鵬説曰：『某此行將陳大計。』弼請之，鵬云：『近諜報虜酋以儲貳大事入京闕〔三四〕，爲朝廷計，莫若正資宗之名，則虜謀沮矣〔三五〕。』弼不敢應。抵建康，與弼同日對。鵬第一班，弼次之，鵬下殿，面如死灰。弼造膝，上曰：『飛適奏乞正資宗之名，朕諭以卿雖忠，然握重兵於外，此事非卿所當與也。』弼曰：『臣雖在其幕中，然初不與聞。昨到九江，但見飛習小楷，凡密奏，皆飛自書耳。』上曰：『飛意似不悦，卿自以意開諭之。』弼受旨而退。」嗟夫！鵬爲大將而越職及此，其取死宜哉。弼又云：「不知若箇書生教之耳。」岳飛，字鵬舉，故戒隱其語，但曰鵬云。

丁未，上與宰執言飛來解帥事。上曰：「飛頃入對，請由商、虢取關、陝，欲併統淮甸之兵而行。朕問何時可畢？對曰：『期以三年。』朕諭飛駐蹕於此，以淮甸爲屏蔽。若輟淮甸之兵，便能定中原，朕亦何惜？第恐中原未復，而淮甸失守，則行朝未得奠枕而卧也。飛無以對。」飛既復任，宗元乃還。

左司諫陳公輔言〔三六〕：「昨今月初四日上殿。親奉聖語，説及岳飛，臣前此採諸人言，皆謂飛忠義可用，不應近日便敢如此。恐別無他意，祇是所見有異，望陛下加察。然飛本麄人，凡事終少委曲，臣度其心，往往謂其餘大將，或以兵爲樂，坐延歲月，我必欲勝之。又以劉豫不足平，要當以十萬横截虜境〔三七〕，使虜不能援，勢孤自敗，則中原必得，此亦是一説。陛下且當示以不疑，與之反復詰難，俟其無辭，然後令之曰：『朝廷但欲先取河南，今淮東、淮西已有措置，而京西一面緩急賴卿〔三八〕。』飛豈敢拒命？前此朝綱不振，諸將皆有易心，習以爲常，此飛所以敢言與宰相議不合也。今日正宜思所以制之。如劉光世雖罷，而更寵以少師，坐享富貴，諸將皆謂朝廷賞罰不明。臣乞俟張浚自淮西歸，若見得光世懦怯不法，當明著其罪，使天下知之，亦可以警諸將也。」

初，建康府通判楊邦乂不肯降虜〔三九〕，爲虜所害，已賜田二頃及銀、絹各一百。癸丑，詔加賜田三頃，仍贈待制。上曰：「顏真卿異代忠臣，朕官其子孫，邦乂爲朕死節，可不厚褒，以爲忠義之勸乎？」

度支郎官莊必强言：「聞廬、壽問微有邊警，蓋因將臣入覲，而逆雛乘間渡淮，我師初不知之，則斥堠不明甚矣。往歲維揚之變，前監不遠。又聞淮上之師，頗有離次而去者，此必有姦人陰間以誘我師。願詔諸將，悉以實聞，毋有所諱。」甲寅，詔關都督府。

知湖州汪藻再進大觀、政和詔旨，凡六年事，且言：「已置史館，見修日曆，此後臣不當豫。」詔藻仍續編進。

都官郎中馮康國言〔四〇〕：「今天付吴、蜀于陛下，爲中興之基，然蜀地狹而民貧，昔諸葛亮苦軍食不足，運以木牛流馬，而莫遂久駐。自兵興饋餉，已八年矣，亮所苦者，無歲無之。前年陸運，始行成都、潼川、利三路，調夫十萬，縣官部役，先至者賞。貪婪之吏，俾夜作晝，莫恤民苦，多斃于道。運糧一石，民間費錢數十千。夫養兵所以保蜀，而苦民如此，蜀可保乎?嘉陵江險,夏漲冬澁,終歲水運,誠莫能給,故時起陸運之役。兼將佐請米甚厚,米價高而銀絹平,既缺正米,不免折支,所以歲費大而錢糧兩不給也。臣謂宜遣官諭吴玠,於三月以後,九月以前,除防關外,且移兵于内郡就糧,則蜀民稍寬,可免後患。」丁巳,詔關都督府。上嘗問權左司郎官孫道夫曰:「卿,蜀人,宜熟知利害,水運與陸運孰便?」道夫言:「水運遲而費省,陸運速而役煩。向宣撫司初由水運,每石取民錢十千;後以爲緩,起夫十餘萬人陸運〔四一〕,每石取民錢五十餘千,利害可見。」上曰:「水運既便,自當行之。兵,國之武備,不可不養;民乃邦本,不可不恤。恤民乃所以養兵也。」

初,都督府議合兵北討,命參議軍事劉子羽諭指西師,且察邊備虚實。子羽還奏,虜未可圖〔四二〕,宜治兵,廣屯田,以俟機會。至是,欲以子羽領光世兵,子羽復以爲不可。乃詔子羽知泉州。〔四三〕

時金虜以粘罕、悟室爲相〔四四〕,左副元帥撻辣居祈州,右副元帥兀朮已歸燕山。左丞高慶裔者,粘罕之腹心也。皇伯領三省事宗磐欲挫粘罕,因慶裔以贓敗,下之大理寺,獄具,當斬。粘罕乞免官爲庶人,以贖其罪。國主亶不從,遂斬于都市,臨刑,粘罕哭與之别。慶裔曰:「公早聽我言,豈至今日?我死,公其善保之。」蓋慶裔嘗教粘罕反也。粘罕於是絶食縱飲,未幾病而死。

初，鎮江府吕城夾岡地勢高，久不雨，則水淺而漕舟艱。至是，兩浙轉運使向子諲取唐韋損、劉晏考覈狀，建言：「欲置斗門二、石磋一，以復舊迹，度費萬緡，庶爲永利〔四五〕。」詔從之〔四六〕。子諲又請：「於德勝橋置倉和糴，因以平價，且免脚乘欠折。每上江糧運至鎮江，冬則候潮閘，占舟而妨摺運，綱兵亦復侵耗。乞置倉以轉般爲名，諸路綱至，即令卸納。」從之。

五月乙丑，上與宰執論淮西事，因曰：「兵無不可用，在主將得人爾。趙奢用趙兵大破秦軍，而趙括將之則大敗。樂毅用燕兵破齊，而騎劫代之則爲田單所敗。豈不在主將得人乎？」秦檜曰：「陛下論兵，可謂得其要矣。」後數日，左司諫陳公輔因對，以南兵不可用爲疑。上慨然曰：「赤壁之役，曹操敗於周瑜；淝水之戰，苻堅敗于謝玄。北人豈常勝哉？越王勾踐卒敗吴王，兵彊諸國，亦豈必北方士馬耶？」

戊寅，上謂宰執曰：「治天下須恩威賞罰並行，若有恩而無威，有賞而無罰，何以爲治？朕未嘗以私怒降人一官，所以言此者，蓋姑息之風不可長也。楊沂中，朕撫之過于子弟，去年淮西有警，朕親筆戒之，若不進，便當行軍法。沂中震恐承命，所以成功。」秦檜曰：「陛下英武如此，中興不難致也。」

初，淮西一軍，皆故羣盜，平時驕悍自恣。劉光世罷後，雖隸都督府，仍駐廬州。都督張浚乃請同兵部尚書呂祉往廬視師，及浚還朝，留祉以護諸將。至是，祉亦迴，而尚未置帥。樞密使秦檜、知樞密院沈與求，以握兵爲督府之嫌，乞置武帥。時統制官王德、酈瓊二人交惡，而德乃光世愛將，遂除德爲都統制。于是，瓊等大譟，列狀都督府〔四七〕，以訟其過。

先是，劉豫後苑有梟鳴，又烏數十鳴于內庭，皆作「休也」之聲，豫惡之，募能捕獲一梟者，賞錢五千。是月，無雲而雷，有龍起撼宣德門，滅「宣德」二字，豫亟命修之。

初，神宗實録已成書矣。至是，乃用著作郎永康何掄刊正訛謬。六月甲午〔四八〕，詔：「前所修詳略失中，去取未當，不足垂世，令本省官簽貼進入。」趙鼎事實曰：「初，因臣僚上言，裕、泰二史，是非失實，始命官重修。鼎去國之後，有言其非者，乃降御筆改修。」於是〔四九〕，正字兼史館校勘李彌正、高閌〔五〇〕，見右僕射張浚，乞辭史職。浚曰：「正欲平其事，故令史官自簽貼，若辭却，恐非便。」既而，著作郎張嵲對罷，申左右史，以所得聖語云：「范冲、任申先止凴校勘官，便以爲是，故實録多舛誤。」時冲、申先並爲史館修撰，彌正、閌遂再辭史館。從之。趙鼎事實曰：「後趙鼎再相，一日見上，論及史事，上曰〔五一〕：『止是修訛錯者，非有所改也。』鼎曰：『但所降御筆如此，外間不得不疑。』上曰：『此乃宰相擬定者，俟一併降出，卿自可見〔五二〕。』鼎又曰：『近見起居注載著作郎張嵲所得聖語，亦復如此。』上愕然曰：『安得有此？嵲小人也，乃敢爾耶？』上駭甚，謂鼎曰：『嵲所記不得存留。』鼎曰：『前此已修入時政記，付之史館矣。』上曰：『爲之奈何？』曰：

『俟他日修日曆，當喻史官除去之。』上曰：『甚善。』蓋此事本非上意，特重違用事者之言耳。」

丙申，羣臣詣南郊，請道君尊謚，宜天錫之曰聖文仁德顯孝皇帝，廟號徽宗。

知樞密院沈與求卒。

時王德亦訟酈瓊等之過，乃召德以本軍還爲都督府都統制〔五三〕，復命兵部尚書呂祉以都督府參謀領之。於是，中書舍人張燾見張浚言：「祉書生，不更軍旅，何得輕付！」浚不從。右司諫王縉乃請於都督府屬官中，選知兵者，助之謀議，且留軍中，撫循訓練，以通將士之情。又直祕閣詹至前在都督府機幕，時已去，亦貽書于浚曰：「呂尚書之賢，固一時選。然於此軍恩威曲折，卵翼成就，恐不及前人。前此軍已付王德，德雖有功，而與酈瓊輩故等夷耳，恐有中不能平者。願更擇偏裨，素爲軍中所親附者，使爲德副，以通下情。」浚雖然其言，未及行也。戊戌〔五四〕，以祉撫諭淮西諸軍。

時建康有未起左藏庫錢帛，奏乞免輸。【新輯】己酉，上曰：「建康兵火之後，遺民無幾，朕何忍更追取積逋耶？可並除之。」因謂宰執曰：「邊事未靖，軍須取於諸路者尚多，斯民重困。他日兵寢，當一切蠲之，雖常賦亦與除一二年。朕之此心，天實臨之。」張浚曰：「聖志如此，天必助順。他日更在陛下選用大臣，推行德意。」上曰：「然，事亦在朕。」秦檜曰：「聖志既定，人誰敢違？」因論及唐太宗不能去封德彝。上曰：「唐太宗用封德彝、宇文士及，朕常以爲恨，既知其奸，猶信之不疑。」陳與義曰：「古人謂去佞如拔山。」浚曰：「太宗所謂惡惡而不能去也。」（輯自皇朝中興紀事本末卷四〇）

癸丑，以侍御史周祕爲中丞。

上殿官趙子琇頗知蜀中事宜〔五五〕，因言：「今四川財貨、茶鹽、榷酤與夫常賦之外，可以供公上者，經度措置，固已曲盡。在今日無復理財之策，惟有惜財之術爾。願下明詔，使主兵者念民力之易殫，凡不急支用，當有以蠲裁。典計者知戍兵之久勞，凡經費之須，務有以贍給。則兩司相通，恤民、贍軍同濟國事。」丙辰，詔劄與宣撫副使吳玠及都轉運使李迨。

宰執奏上殿官蜀人蒲贄乞駐蹕江陵事。上曰：「荊南形勢，自古吳、蜀必争之地，故杜甫江陵望幸詩云：『地利通西蜀，天文照北秦。』宜諭帥臣王庶練兵積粟，及治城塹，招流移，爲悠久之計。」上又曰：「蜀中多士，幾與三吳不殊〔五六〕，如摯者，極不易得也。」

時方盛暑，張浚一日坐東閣，參知政事張守突入，執浚手曰：「守嚮言某舊德有聲，今與同列，徐考其人，似與昔異，晚節必竟，有患失之心〔五七〕，是將爲天下深憂。」蓋指樞密使秦檜也。浚以爲然。

〔校勘記〕

〔一〕上因詔學者令以孔孟爲師　案：繫年要録卷一〇八己未條注文考證云：「按日曆此日無聖語，但于公輔奏後書有旨云云。則是大臣批旨也。今從日曆。」

〔二〕案：繫年要録卷一〇八繫此事於「辛亥」。

〔三〕案：繫年要録卷一〇八繫於「癸酉」。

〔四〕而後其道可學　「學」原作「興」，據皇朝中興紀事本末卷四〇及繫年要録卷一〇八改。

〔五〕張浚曰　「浚」原作「俊」，據廣雅本、皇朝中興紀事本末卷四〇及繫年要録卷一〇八改。下同。

〔六〕雖暗中入手　「手」原脱，據皇朝中興紀事本末卷四〇及繫年要録卷一〇八補。

〔七〕戊辰　繫年要録卷一〇八繫於「丁卯」。

〔八〕稟決其可行與否而罷行之　「行之」原脱，據廣雅本及繫年要録卷一〇八補。

〔九〕凡所以靖中原攘夷狄者　「攘夷狄」原作「制外國」，據皇朝中興紀事本末卷四〇改。

〔一〇〕召資政殿學士提舉洞霄宮沈與求爲提舉萬壽觀兼侍讀　「萬壽觀」，繫年要録卷一〇八作「醴泉觀」。

〔一一〕置樞密使副　「使副」原互倒，據廣雅本、皇朝中興紀事本末卷四〇及繫年要録卷一〇八乙正。

〔一二〕此據吕大麟臨見聞志　「吕大麟」原作「吕大臨」，據皇朝中興紀事本末卷四〇改。本書卷一一、卷二五亦屢引吕大麟見聞志。

〔一三〕案：此段記事，繫年要録卷一〇八正月庚辰條注文考證云：「熊克小曆稱『彦爲樞密院都統制』。又稱『是月，併罷彦、潛，以兩軍屬劉錡』。皆小誤。彦罷兵柄在三月庚辰。」

〔一四〕使僞帥趙彬招以厚禮　「彬」，伊洛淵源録卷一一及宋史卷四二八尹焞傳作「斌」。

〔一五〕焞始就職　繫年要録卷一一一載作「焞猶不至」，繫此事於「紹興七年五月庚寅」。并在注文考證云：「熊克小曆略載此事於今年正月末。又云：『浚顯言其拒僞之節，焞乃就職。』益誤矣。江州去建康不遠，而焞以九月上旬方及國門，至此已百餘日。况其間一再辭新命，至閏月上旬，方趣令供職。是時，浚得罪已久，非因此奏而遂就職也。今不取。」

〔一六〕彬等可降官罷之　「可」原作「何」，據繫年要録卷一〇八改。

〔一七〕庚申　繫年要録卷一〇九繫於「己未」。

〔一八〕案：此段記事，繫年要録卷一〇九繫於「丙子」。且考證云：「熊克小曆載吕頤浩見上，在駐蹕建康之前，又稱『行宫留守』，皆小誤。頤浩除留守，在是月辛巳。」

〔一九〕虜中謂豫必不能立國　「虜中」原作「金人」，據皇朝中興紀事本末卷四〇改。

〔二〇〕案：繫年要録卷一一〇繫於「四月壬子」。并認爲小曆繫於三月劉光世未罷之前，蓋誤。

〔二一〕除光世檢校少師萬壽觀使　「檢校少師」，繫年要録卷一〇九作「少保」。

〔二二〕當軸者以光世不足仗　「仗」原作「伏」，據廣雅本及皇朝中興紀事本末卷四〇改。

〔二三〕爲北向之舉　「向」，皇朝中興紀事本末卷四〇作「伐」。

〔二四〕金虜右副元帥兀术自黎陽北歸燕山　「虜」原無，據皇朝中興紀事本末卷四〇補。

〔二五〕丁酉　繫年要録卷一〇九繫於「二月庚子」，以丁酉「乃朝辭之日也」。

〔二六〕例支金一百兩　「一百兩」，繫年要録卷一一〇作「二百兩」，考證小曆誤。

〔二七〕靖康執政孫傅張叔夜從二聖北狩　「孫傅」原作「孫傳」，據繫年要録卷一一〇改。

〔二八〕樞密使秦檜因言二人家屬在虜中甚貧　「虜」原作「敵」，據皇朝中興紀事本末卷四〇改。

〔二九〕案：繫年要録卷一一〇四月丁酉條載：「賜虛中黄金五十兩，綾、絹各五十匹，龍鳳茶十斤。」注云：「熊克小曆但稱『詔傅、叔夜依虛中例與之』，而不言虛中所賜何物，蓋不詳考也。」

〔三〇〕質之汪藻　皇朝中興紀事本末卷四〇「質」上有「朕」字。
〔三一〕案：繫年要録卷一一〇認爲上述記載錯誤，并在丁未條注文考證云：「飛丁憂在去年四月，此行蓋自建康西上道，過江州，因入廬山耳。」
〔三二〕案：張宗元除權宣撫判官事，繫年要録卷一一二繫於「七月丁卯」，并認爲小曆繫於今年四月丁未以前爲誤。因爲當時張宗元未權宣撫判官。
〔三三〕案：岳飛奏事言儲貳事，繫年要録卷一〇九繫於「二月辛丑」，并考證小曆繫於四月丁未（案今存小曆、皇朝中興紀事本末均繫於四月癸卯）爲誤。
〔三四〕近諜報虜酋以儲貳大事入京闕　「虜酋」原作「金人」，據皇朝中興紀事本末卷四〇改。
〔三五〕則虜謀沮矣　「虜」原作「敵」，據皇朝中興紀事本末卷四〇改。
〔三六〕案：陳公輔奏疏，繫年要録卷一一〇繫於「壬子」，考證云：「熊克小曆繫之此月丁未，岳飛乞解帥之後。按：是時公輔未對，浚亦未往淮西。今宜附浚行之後，庶不牴牾。」
〔三七〕要當以十萬横截虜境　「虜」原作「金」，據皇朝中興紀事本末卷四〇改。下同。
〔三八〕而京西一面緩急賴卿　「一」原作「二」，據皇朝中興紀事本末卷四〇及繫年要録卷一一〇改。
〔三九〕建康府通判楊邦乂不肯降虜　「楊邦乂」原作「楊邦義」，「虜」原作「金」，據皇朝中興紀事本末卷四〇改。下同。
〔四〇〕都官郎中馮康國言　繫年要録卷一一〇繫於「丙辰」。
〔四一〕每石取民錢十千後以爲緩起夫十餘萬人陸運　此十九字原脱，據皇朝中興紀事本末卷四〇補。
〔四二〕虜未可圖　「虜」原作「敵」，據皇朝中興紀事本末卷四〇改。
〔四三〕案：劉子羽知泉州，繫年要録卷一〇四繫於「紹興六年八月癸卯」，并以小曆誤。

〔四四〕時金虜以粘罕悟室爲相　「虜」原作「人」，據皇朝中興紀事本末卷四〇改。

〔四五〕庶爲永利　「永」原作「水」，據皇朝中興紀事本末卷四〇改。

〔四六〕案：此事繫年要録卷一一一繫於「五月丙辰」。

〔四七〕列狀都督府　「都督府」繫年要録卷一一一作「御史臺」。

〔四八〕六月甲午　繫年要録卷一一一繫於「丙申」。

〔四九〕於是　繫年要録卷一一二繫於「七月戊寅」。

〔五〇〕正字兼史館校勘李彌正高閌　「高閌」，繫年要録卷一一二七月戊寅條作「胡珵」。下同。并在注文考證「高閌未嘗辭史職」。

〔五一〕上曰　「上」原脱，據廣雅本補。

〔五二〕卿自可見　「卿」原作「即」，據皇朝中興紀事本末卷四〇改。

〔五三〕案：「還爲都督府都統制」，繫年要録卷一一一載作「隸都督府」，并考證云：「按：今年九月二十四日，德中薛死事狀，猶繫左護軍都統制銜，與克所云不同。今且云『隸都督府』庶不差互。」

〔五四〕戊戌　繫年要録卷一一一繫於「戊申」。

〔五五〕案：繫年要録卷一一一壬子條舉出趙子琇對蜀中事務的不知，并考證云：「熊克小曆云『上殿官趙子琇頗知蜀中事云云』，蓋不詳其本末也。」

〔五六〕幾與三吴不殊　「三」原脱，據廣雅本及皇朝中興紀事本末卷四〇及繫年要録卷一一一補。

〔五七〕晚節必竟有患失之心　「必」，皇朝中興紀事本末卷四〇作「不」。

中興小紀卷二十二

紹興七年秋七月乙丑，宰執奏知虔州張觷所陳羣盜事。張浚曰：「觷有材，必能辨。」秦檜曰：「觷向知南劍州，平賊有功。而言者以爲多殺平人，毁譽是非，不公如此。」上曰：「大凡人爲血氣所使，而愛憎移之，所以毁譽是非不公，在人察之爾。」浚曰：「士大夫少學，故如此。」上曰：「士大夫少時爲血氣所使，而輕任喜怒，更事既多，若能知悔，則亦知改〔一〕。朕爲親王時，或因事輕用喜怒，至今不忘，常自悔責。」浚等曰：「陛下德過堯舜，而猶記往時一言一行之失以自悔，此聖德所以日躋也。」

丁卯，湖北宣撫使岳飛遣其屬官王敏求來奏事，委曲感恩。戊辰，上語宰執曰：「飛臨行時，朕明諭之云：『前日陳奏輕率，朕實不怒卿，若怒卿，則必有行譴。太祖所謂「若犯吾法，惟有劍爾」。所以復令卿典軍，而任以恢復之事，可以知朕無怒卿之意也。』飛得朕語，胷中無疑故耳。」張浚曰：「陛下御將之道，可謂有餘矣。」

初，上因論館閣人材，以祕書郎張戒好資質，而未更事，可令作一任後召用之。至是，戒請外補，遂除提舉福建市舶。參知政事陳與義曰：「陛下惜人材，除外任以養成之，聖意甚美。」上曰：「中書省可籍記，他日却召用。」又曰：「士大夫須令更外任，不必須在朝廷。若既練達而止令在外，則又不盡其材之用，却復召歸也。」

壬申，宰執奏都督府幹辦公事官邵溥〔二〕，進其父祕閣修撰伯温所著辨誣書。上曰：「事之紛紛，止緣一邢恕爾。數十年來，士大夫攻訐，幾分爲國，幾分爲民，皆緣私意，托公以遂其事。宣仁之謗今已明，紛紛之議可止矣。」上平日惡士大夫之用私意，思所以厚風俗如此。

癸未，以旱詔求直言。時臺臣有謂右司諫王縉曰：「上任我輩言路，而外求直言，何也？」縉曰：「此故事也，豈以臺諫而廢哉？」

先是，起居郎永康樓炤言：「唐重理財之職，故宰相兼鹽鐵轉運使。今若使宰相兼有司之職，則不可，若參唐制，使户部長貳兼領諸路漕權〔三〕，何不可之有？蓋内則總大計之出入，外則制諸路之盈虚，以時巡行，如劉晏自按租庸，則事皆親覩，何者可行，何者可罷，斷然無復疑矣。」上從之。戊子，乃詔户部長貳，時輪一員出按，以攷州縣財賦。

右僕射張浚之兄滉，迎其母自蜀至。上以浚有功，將慰其母心，乃命滉入對，賜進士出身。中書舍人張燾曰：「政、宣以來，姦臣挾私，子弟往往濫得儒科。陛下方與浚圖復大業，當以公道革前弊。而滉首蒙賜第，則何以塞公議？」改送著作郎何掄行下，掄奏曰：

「浞賢良之子，丞相之兄，賜以出身，不爲過也。」此據張戒彈何掄章修入〔四〕。於是，言者論燾，除集英殿修撰，奉祠而去。然浞之命亦寢。

右正言李誼言〔五〕：「古者，天子争臣七人。唐六典諫大夫以次六員。祖宗朝，諫員並置，當其盛際，以言相高。今臣獨員供職，綿力寡助，深恐不逮。望增置一二，庶有補於聖聰之萬一也。」

是月，校書郎高閌言：「春秋之法，莫大於正名。今樞密院雖號本兵之地，而諸路軍馬盡歸都督府，若曰都督專主用兵，亦宜屬於樞密，不當以宰相主之。是朝廷之上，兵柄自分爲二〔六〕。又周六卿，大事則從其長，小事官屬猶得專達。今一切拘以文法，雖利害灼然可見，官長且不敢自決，必請於朝，故廟堂之事益繁，而省曹官屬乃與胥吏無異。又政事之行，給、舍得以繳駁，臺諫得以論列，儻給、舍以爲然，臺諫以爲不然，則不容於不改。祖宗時〔七〕，有繳駁臺諫章疏，不以爲嫌者，恐其得於風聞，致朝廷之有過舉。然此風不見久矣。臣恐朝廷之權，反在于臺諫。且祖宗時，監察御史亦許言事，靖康中嘗舉行之。今則名爲臺官，而實無言責。凡此皆名之未正者也。」

兵部尚書吕祉至淮西軍，統制官酈瓊復訟王德於祉，祉密聞于朝，瓊等遂謀叛。八月戊戌，擁兵衆數百〔八〕，詣祉外階〔九〕，取中軍統制官張景，并行營左護軍喬仲福殺之。遂執祉及廬之新舊二帥趙康直、趙不羣，皆北去。祉謂瓊曰：「爾等如此負朝廷！」壬寅，到淮岸，祉曰：「豫逆臣爾，乃降之。」遂爲瓊所害，統領官尚世元持其首去。於是，瓊以全軍七萬人北走降豫〔一〇〕。趙鼎逸事曰：「張浚獨當國，引呂祉爲援，除兵部尚書。復用韓璡爲淮南漕。璡嘗倅建康，劉光世待之不以禮，又嘗爲其屬劉覿所辱，積此二忿，故力建議罷光世軍，遂以祉代爲宣撫判官。祉爲人剛愎自任，昧於應變。既代光世，謂執政可跬步而得。璡亦狠傲，志在復仇。故李著、王默，光世所厚也，悉以罪去。王德者，光世之腹心也；酈瓊者，光世舊招來之盜也。光世以瓊屢立奇功，待之與德等，祉慮其部曲難制，故專任德以悦軍情，瓊不自安。會祉密奏朝廷，乞罷瓊及靳賽軍權〔一一〕，書吏朱昭漏謀於瓊〔一二〕，瓊、賽懼，翼日，殺祉，舉軍奔僞齊。」

鄭克作呂祉行述曰：「祉乞吳錫一軍駐廬州，以備緩急。又遣轉運判官韓璡詣建康，言諸將反側已定。而錫猶未至，璡以疾作滯留。時有旨除張俊、楊沂中、劉錡三人爲淮西宣撫使、副、判官，軍中已傳聞，而八月七日，金字牌指揮，令易置分屯。次日，瓊等遂叛。」然是時説者皆謂祉簡倨自處，將士之情不達，遂致叛。今鄭克所言，恐非其實。

吳國長公主奏：「妾選尚潘正夫三十年矣。切見祖宗以來，駙馬都尉如石保吉、魏咸信、柴宗慶皆除使相。見今戚里，亦多得之。正夫歷事累朝，于靖康圍城中，首乞迎立陛下，早正大位。又於杭州召對，嘗言陛下倉卒渡江，禁衛未集，預宜防變。今望特除開府，仍於『檢校少保』落『檢校』字。」己亥，詔付本位都監，此後不得輒有陳請。

壬寅〔一三〕，淮西奏至，右僕射張浚等惶懼。上曰：「失三萬人，不繫國之安危。卿等不可以此介意，當益盡心職事，以爲後圖。」浚曰：「軍將時有叛亡，亦所不免。要是臣等非才誤國，上貽聖慮，今聖志先定，臣復何憂？」趙鼎事實曰：「劉光世既罷，其下已不安。當軸者俾呂祉以都督府參議官總其事。祉不嫻軍旅，措置不厭衆心。既又除劉錡制置副使，王德都統〔一四〕，張俊宣撫使。光世將酈瓊懼併其衆，遂擁全軍五萬之衆歸於豫。報到，中外皇駭，莫知所措。意瓊挾豫衆爲倒戈之計。當軸者謂參知政事陳與義、張守曰：『萬一侵犯，使上往何地避之？』與義始議移駐建康〔一五〕，氣勢不同矣。」

初，劉豫連遣使乞兵於虜〔一六〕，欲併力南寇〔一七〕。虜懲兩淮之敗〔一八〕，不肯輕動。豫又遣僞户部郎官韓元英再往，以我師進臨長淮爲辭。元英未回，而酈瓊降豫〔一九〕，又遣僞皇子府參謀李師雄將兵納之。

甲辰，起居郎樓炤請奉祠。上謂宰執曰：「朕固深知炤，但言者不已，須暫令去，除職與郡，三數月間，召用未晚。朕於人材，惟恐傷之〔二〇〕。」張浚等奉詔，退而歎曰：「上愛惜士類如此！」

中書舍人傅崧卿言：「今歲明堂，祖宗並配外，請增設徽宗，以配上帝。」詔侍從、臺諫、禮官議。於是，吏部尚書孫近等議以爲：「於經及兩漢故事，皆不合。兼梓宫未還，宜俟恢復，然後定郊明堂之議，庶不失禮經之正。」禮部侍郎陳公輔獨言：「今日祇當前期一日，奏告先帝，暫假吉服行事，事畢，喪服如初。期合禮意。」從之。

右僕射張浚求去，上不留之，因問可代者，浚辭不對。上曰：「秦檜如何？」浚曰：「與共事，始知其闇。」上曰：「然則用趙鼎。」時鼎以觀文殿大學士知紹興府。乃召鼎爲萬壽觀使兼侍讀。張浚行述曰：「時上令浚擬批詔鼎，既出，樞密使秦檜謂浚必薦己，就閤子與浚語良久。上遣人趣進所擬文字，檜錯愕而出。後反譖鼎曰：『上召公，而張丞相疑留。上使人趣，始進入。』檜之交諜類此。」

既而，鼎奏：「蒙恩召還經幄，方再辭，而遣使宣押，臣感深且泣。至西興，又奉宸翰趣行，且諭以圖治之意，臣無地措足。然先事言之，則不敢昧。蓋進退人材，乃其職分。今之清議所與，如劉大中、胡寅、吕本中、常同、林季仲之徒，陛下能用之乎？妬賢黨惡，如趙霈、胡世將、周祕、陳公輔，陛下能去之乎？陛下于此或難，則臣何所措其手也？昔姚崇以十事獻之明皇，終致開元之盛。臣敢望崇，而中心所懷，不敢自隱，惟陛下擇之。」九月十二日上。

丁未，宰執奏事，張浚因論淮西地險可守。陳與義曰：「見王德淮西圖，路幾不可方軌。」上曰：「地形雖險，亦在將兵者如何耳，李左車謂井陘之道，車不得方軌，騎不得成列，而韓信卒由井陘以破趙軍，要是險不足恃也。」

酈瓊之叛也，有將官張遇不從逆黨，率其麾下自拔而歸，辛亥，至建康〔二一〕。詔遇轉一官，又統領官劉永、史衡皆不從叛〔二二〕，爲瓊所殺。乃詔贈喬仲福承宣使，張景、永、衡並觀察使。

上遣樞密都承旨張宗元至廬州招叛卒，始聞吕祉守節而死，癸丑，詔贈資政殿大學士。

時上於宮中行三年之喪，禮部侍郎陳公輔以謂：「若臨講筵，恐妨退朝悲慕之情。乞只令講讀官供口義以進。」而講讀官孫近等援引古今，請依舊開講。詔侍從官詳議。於是，右正言李誼奏：「臣備位言責，不嫌出位言之，切見真宗嗣位，首命崔頤正講尚書於廣福殿，英宗嗣位，司馬光首請開講筵，以謂陛下初臨大寶，宜延訪羣臣，講求先王之道。是祖宗於三年之制，未嘗廢學也。曲禮曰：『居喪未葬，讀喪禮，既葬讀祭禮。』又曰：『喪復常讀樂章。』是未復常之時，樂章外，皆可讀也。又曰：『居喪不言樂。』是居喪時，自樂以外，皆可言也。況天子之孝，與衆人異，儻自同於曾閔之行，豈神人所望之意乎？望聖志依舊間日一開經筵，燕見羣臣，講求至道，以增聖德。天下幸甚。」

九月丁卯，【新輯】辛執奏張俊、韓世忠皆入覲，議移屯事。秦檜曰：「臣嘗謂世忠、俊兩大將，上依之譬如兩虎，能各守藩籬，使寇不可近。」上曰：「此諭未切，正如左右手，豈可一手不盡力也。」（輯自皇朝中興紀事本末卷四一）陳與義奏：「俊載老小船未足，欲捐萬緡與俊自僱。」上曰：「萬緡可惜，不若令楊沂中以所有借之。」上之愛民惜費如此。

辛未，觀文殿大學士、江西安撫大使李綱奏淮西兵叛，因勸上以五事，其一謂兼聽。上深以爲然：「朕讀鄒陽傳，常記其兩句曰：『偏聽生姦，獨任成亂。』此言最當。以一人之聰明知慮，豈能周天下之變？誠不當偏聽獨任也。」

召龍圖閣直學士章誼爲户部尚書兼提領榷貨務。異時國用稍匱，則更鹽法。誼以對帶之法信于民，故不復改。

給事中胡世將不爲趙鼎所知，時鼎猶未至，改世將爲兵部侍郎。

壬申，酈瓊至汴京，劉豫僞授静難軍節度、知拱州；以靳賽等爲統制官，次爲諸州副鈐轄，餘授淮備、使唤之類。正軍所請，皆不及在朝廷之日，人人悔恨，獨瓊以爲得策。

中丞周祕言〔二三〕：「右僕射張浚輕而寡謀，愚而自用，德不足以服人，而惟恃其權；誠不足以用衆，而專任其數。若喜而怒，若怒而喜，雖本無疑貳者，皆使有疑貳之心。予而復奪，奪而復予，雖本無怨望者，皆使有怨望之意。無事則主威恃勢〔二四〕，使上下有睽隔之情。有急則甘言美辭，使將士有輕侮之志，酈瓊以此懷疑而叛。然則浚平日視民如草菅，用財若糞土，竭民膏血，而用之軍中者，曾何補哉？陛下若不逐浚，綱紀何由而張？如尚欲觀其後效，臣爲浚之才止如是而已。願早正其誤國之罪。」殿中侍御史石公揆論浚〔二五〕：「輕脱寡謀，失機敗事，尚居宰府，何以率百寮？」右正言李誼亦論浚〔二六〕：「頃以樞臣宣撫，妄作威福，致全陝傾覆，健將奔亡，其罪合誅，姑從薄責。未幾召還爲相，而尚循故轍，措置乖方，致酈瓊以數萬衆叛去。望收還政柄，置之閒散。」而右司諫王縉獨言〔二七〕：「劉光世屯淮西，士卒數萬，惟王德一軍忠勇敢戰，餘皆驕怠自肆，不可用也。一旦以德踵光世之後，酈瓊等憚其威嚴，訴于朝，既爲之改命，而召瓊等赴行在，乃懷疑貳，相率北去，則潛爲此謀有日矣。今張浚引咎求罷，方防秋之際，二大將又入奏事，朝無宰相，無乃不可乎？」時已詔都督府與樞密院，於是，參知政事張守力開陳上前，末減浚罪。壬申，罷浚爲觀文殿大學士、提舉太平觀。都官郎中趙令衿獨上疏，乞留浚，而令衿亦罷。既而，祕等再論，乞投遠方，以爲誤國之戒。遂詔落職。

時江東宣撫使張俊見都統制王德在建康，每以厚幣結之，故德以兵八千歸于俊。

右正言李誼言〔二八〕：「張浚在陝，得專黜陟，自紹興三年至今，凡一千三百七十員，便宜推恩，有自選人爲員郎，自借官爲遥刺，自副甲頭而至横行，蓋僅逾三年而遷補如是之衆。朝廷加厚遠人，隨其所授與換給真，本可爲寬矣，然不可不審。今累勞當遷者，吏部必寸量尺度而後與，其他折馘執俘，上功幕府，一級或差，文吏必繩以法，何獨於此闊略之甚？臣請除軍士外，文武官吏考其濫冒者，量折減之。」

癸酉，詔三省權以參知政事當筆，俟除相仍舊。

湖北宣撫使岳飛以酈瓊軍叛，乞提全軍進屯淮甸。降詔獎之。

大理少卿薛仁輔奏：「天下獄有半年未決者，乞委提刑親問；一年未決者，具事因申省。」乙亥，執政張守等言：「累降聖旨，催諸路結獄，不得淹滯。如仁輔所奏，則許半年或一年矣。」上以爲然，且曰：「獄重事也，朝廷須當留意。舜之戒曰：『欽哉欽哉，惟刑之恤哉！』死者不可復生，朕未嘗送一人入獄。」秦檜等曰：「陛下好生，實與天地同德，此舜之用心也。」

先是，禮部侍郎陳公輔言：「淮西軍叛，或謂朝廷緣此諸事稍沮，見謀改圖，不知今日當如何耶？謂帥不應罷，將復任之耶？謂兵不可馭，將姑息之耶？謂大臣無謀，將别用之耶？謂進臨建康爲失，將回蹕耶？此皆徒爲紛紛，未見有益。臣謂正當鎮靜，使敵無所窺。」上以爲然。至是，公輔又言：「臣嚮者妄奏，偶合聖心。今則陛下赫然改圖，所罷帥果已復召，所移兵更令姑息，大臣又以無謀賜罷，惟未回蹕臨安爾。是臣所言上惑聖聰〔二九〕，無一可取，當退俟竄殛。然尚有餘説，若遂不言，死不瞑目。臣切謂光世之召，非出聖心，乃因大將之言，如是則朝廷威令可否皆在諸將。今後大將有過，何以處之耶？張俊一軍久在盱眙，今令過淮西，而老小不欲，遂養之于行在。議者謂俊兵祇欲住此，緩急恐難遣行。若任其自擇，何姑息之甚耶？張浚之罷，亦緣稍振紀綱，衆皆不喜，遂激怒陛下，言者乘此擊而去之，幾於助將帥而罷宰相，何倒置之甚耶？至於回蹕，則臣愚深以爲不可。臣向奏事，親聞玉音，謂建康若不可立，臨安又豈能保？聖斷如此，但恐羣臣主進者少，主退者多，則陛下不能無惑。更望陛下勿因小害而沮，則中興之功可望。臣蒙起置諫垣〔三〇〕，今又列在侍從，將乞骸以去〔三一〕，故卒獻此説，惟陛下貸其狂。」公輔未幾以集英殿修撰奉祠而去。

時江東宣撫使張俊軍中，營寨未辦，執政乞增支錢。上因言：「財皆出民力，若此之費，實不得已。苟可已者，須極惜之。張俊嘗奏軍中費陛下無限錢，朕即語之，朕何嘗有一錢與卿，皆百姓膏血也。卿須知百姓膏血不可竭，務與朝廷爲一體，則中興之功不難致矣。」

觀文殿大學士、萬壽觀使趙鼎至行在。喻樗語録曰：「時樗至北關〔三二〕，見趙鼎，首問：『相公何以處張相？』鼎曰：『方力辭。』樗曰：『上意如此，豈容辭也？以樗鄙見，莫若挽住爲上，第恐上意不許，朝論不然耳。其次莫若以宣撫使處之淮上，張相方以近事，不忘補過，緩急必有以報。況失賊之家，方知防賊。兼駐蹕建康，全是張相之謀，相公今日，豈應獨任其責也？自來宰相之出，門人鮮有不遭逐，相公決無此事，但恐言事官觀望，在相公包容之爾。』鼎以爲然。」

鼎即對于内殿，首論及淮西事，鼎曰：「方得報時，臣在遠，不得効所見，少補萬分，今固無及。然臣愚慮，不在淮西，恐諸將竊議，謂因罷劉光世不當，遂有斯變，自此肆驕，益難號令，朝廷不可自沮，爲人所窺。」上以爲然。丙子，以鼎爲左僕射兼樞密使。

吏部尚書孫近除龍圖閣直學士、知紹興府。

丁丑，上問趙鼎防秋大計，鼎曰：「淮西雖空缺，當以壯根本爲先務。」又問去留如何，鼎曰：「來已失之，遽去不可復爾。今國威少挫，須勉强自振。」上以爲然。且曰：「初聞淮西之報，未嘗輒動。執政奏事，皆惶懼失措，反以安慰之。」鼎曰：「正須如此。見諸將，尤須安静，使之罔測。不然，益增其驕蹇之心矣。仍以控制之事專責之二將曰：『光世之兵，本不爲用，我之所賴，惟汝二人。』彼必感陛下倚任之重，且不敢以朝廷爲弱也。前此大臣，曾以此啓否？」上曰：「彼皆倉皇，無地措足，何暇及此？」趙鼎事實曰：「自鼎被召，張浚每以回鑾一事爲念，洎罷政登舟，諸人往餞，猶以此言之。秦檜起身向浚曰：『此事檜當身任，果有此議，即以死争之。』其後，上議回臨安，諸公初無異議。鼎獨曰：『今日復回臨安，四方必謂朝廷但務退縮，無興舉之意。豈知陛下聖筭，初不如此。今固不可户曉，唯是他日淮上有警，却須前進，鼓作諸軍，庶幾進退合宜。』上嘉納。於是，降旨先發百司，使民間預知，乃以建康守臣兼行宫留守，示往復兩都，居無常之意。蓋自十二月降旨〔三三〕，至明年二月始離江左，期既不迫，上下貼然。」

乙酉，交趾郡王李陽煥卒，以印付其長子天祚，既而上遺表及貢方物。詔追封陽煥爲南平王。追封在明年三月，今聯書。

上親書晉羊祜傳，賜樞密使秦檜〔三四〕。檜力請刻之石，以頒宰執、大將、從官。從之。

戊子，以淮西制置副使劉錡知廬州，遂召提舉太平觀解潛爲主管步軍司公事〔三五〕。

自金虜主晟既卒〔三六〕，高慶裔伏誅，而粘罕繼亡，劉豫已失助矣。至是，因酈瓊投彼，豫復遣僞皇太子府參謀馮長寧，乞兵於金虜主亶〔三七〕，且言：「瓊欲過江自効，請用爲鄉導，乘勢併力南下。」時亶已議廢豫，慮其有兵之多，陽許豫行，因遣使馳至東京，以防瓊詐降爲名，立散其衆。

先是，徽猷閣待制王倫等奉使至睢陽，劉豫授館鴻慶宫〔三八〕，遲之不遣，移文取國書，及問所傳何命。倫報豫，國書非金主面受不授。若所銜命，即祈請梓宫。是已彌旬而虜讶使至〔三九〕。是月，倫渡河，見虜左、右副元帥撻辣、兀朮于涿州。撻辣問倫入境久，顧來遲何也？倫具言豫邀索國書，因曰：「齊豫營私，民皆嗟怨。且其心忍負本朝厚恩，使得志，能保其不背上國乎？」撻辣曰：「我委劉齊於宋，度能制其死命乎？」倫曰：「吾君神武，劉齊犯天下不義，以順討逆，掃除何難也。」

〔校勘記〕

〔一〕則亦知改　「知改」，皇朝中興紀事本末卷四一作「少懲」，繫年要録卷一一二作「少累」。

〔二〕案：邵溥職御都督府幹辦公事官，繫年要録卷一一二認爲誤，并考證云：「其實溥權川、陝宣副時，被旨繕寫，今始付出耳。」

〔三〕使户部長貳兼領諸路漕權　「權」原作「榷」，據皇朝中興紀事本末卷四一及繫年要録卷一一二改。

〔四〕此據張戒彈何掄章修入　「張戒」原作「張浚」，據皇朝中興紀事本末卷四一改。

〔五〕案：繫年要録卷一一五繫於「十月丙午」，且考證云：「誼所奏不得其日，熊克小曆附之今年六月末，實甚誤。此時王縉爲右司諫，不得云獨員也。」

〔六〕兵柄自分爲二　「二」原作「三」，據皇朝中興紀事本末卷四一及宋史卷四三三高閌傳改。

〔七〕祖宗時　「祖宗」原脱，據廣雅本、皇朝中興紀事本末卷四一及宋史卷四三三高閌傳補。

〔八〕擁兵衆數百　「衆數百」，皇朝中興紀事本末卷四一作「百十人」。

〔九〕詣祉外階　「外」，皇朝中興紀事本末卷四一作「升」。

〔一〇〕瓊以全軍七萬人北走降豫　「七萬人」，繫年要録卷一一三戊戌條作「四萬人」。并考證云：「熊克小曆云：『瓊以全軍七萬人北走，降劉豫。』趙鼎事實云：『瓊以全軍五萬之衆，歸於豫。』張戒奏上語云：『淮西失精甲四萬。』日曆云失三萬人。數皆不同。按：光世一軍，王德所部八千人已還建康，其餘必無此數。趙甡之遺史亦云四萬人，似得其實，今從之。」

〔一一〕乞罷瓊及靳賽軍權　「靳」原脱，據廣雅本、皇朝中興紀事本末卷四一及繫年要録卷一一三補。

〔一二〕書吏朱昭漏謀於瓊　「朱昭」原作「朱照」，據皇朝中興紀事本末卷四一及繫年要録卷一一三改。

〔一三〕壬寅　繫年要録卷一一三繫於「辛丑」。

〔一四〕王德都統　案：皇朝中興紀事本末卷四一及繫年要録卷一一三載作「楊沂中制置使」。此疑誤。

〔一五〕與義始議移駐建康　皇朝中興紀事本末卷四一及繫年要録卷一一三無「義」字。

〔一六〕劉豫連遣使乞兵於虜　「虜」原作「金」，據皇朝中興紀事本末卷四一改。下同。

〔一七〕欲併力南寇　「寇」原作「下」，據皇朝中興紀事本末卷四一改。

〔一八〕虜懲兩淮之敗　「懲兩」，皇朝中興紀事本末卷四一作「戒川」。

〔一九〕案：繫年要録卷一一三乙巳條注文云：「熊克小暦云：『元英乞師未回，而酈瓊降豫。』僞齊録云：『七月間人回，探報王師北征，遣韓元英乞師大金，金人不許。』今從之。」

〔二〇〕惟恐傷之　「之」原作「人」，據皇朝中興紀事本末卷四一改。

〔二一〕案：繫年要録卷一一三考證云：「按：日暦上是壽春府申，遇未嘗至建康也。」

〔二二〕又統領官劉永史衡皆不從叛　「史衡」，繫年要録卷一一三作「衡友」，并以小暦誤。

〔二三〕案：此條繫年要録卷一一三繫於「八月乙卯」。

〔二四〕無事則主威恃勢　「主」，皇朝中興紀事本末卷四一作「阻」；繫年要録卷一一三作「揚」。

〔二五〕案：石公揆論浚事，繫年要録卷一一三繫於「八月丙辰」。

〔二六〕右正言李誼亦論浚　「右」，繫年要録卷一一四作「左」；繫年要録卷一一三繫於「九月辛酉」。

〔二七〕案：右司諫王縉論奏，繫年要録卷一一三繫於「八月丁巳」。

〔二八〕案：李誼上言，繫年要録卷一一八繫於「紹興八年三月己酉」，并認爲小暦繫時誤。

〔二九〕是臣所言上惑聖聰　「惑」原作「感」，據皇朝中興紀事本末卷四一及繫年要録卷一一四改。

〔三〇〕臣蒙起置諫垣　「起」，皇朝中興紀事本末卷四一及繫年要録卷一一四作「超」。

〔三一〕將乞骸以去　「將」原脱，據皇朝中興紀事本末卷四一及繫年要録卷一一四補。

〔三二〕時檮至北關　「北關」，皇朝中興紀事本末卷四一及繫年要録卷一一四作「闕」，此疑衍、訛。

〔三三〕蓋自十二月降旨　「十二」原作「十一」，據皇朝中興紀事本末卷四一及繫年要録卷一一六改。

〔三四〕案：此條繫年要録卷一一四繫於「戊寅」。

〔三五〕繫年要録卷一一七繫於「十二月戊辰」，并以小暦誤。

〔三六〕自金虜主晟既卒　「虜」原無，據皇朝中興紀事本末卷四一補。

〔三七〕乞兵於金虜主亶　「虜」原無，據皇朝中興紀事本末卷四一補。

〔三八〕劉豫授館鴻慶宫　「鴻」原作「嗚」，據廣雅本、皇朝中興紀事本末卷四一及繫年要録卷一一四改。

〔三九〕是已彌旬而虜迓使至　「虜」原作「金」，據皇朝中興紀事本末卷四一改。下同。

中興小紀卷二十三

紹興七年冬十月，中丞周祕、殿中侍御史石公揆、右正言李誼論張浚不已，丙申夜，御批浚謫散官，安置嶺表。趙鼎雜記曰：「是月初，鼎奏欲降一詔，以安淮西軍民。上曰：『當以罪己之意，播告天下，俟行遣張浚了降詔。』鼎曰：『浚已落職。』上曰：『浚誤朕極多，理宜遠竄。』鼎曰：『浚母老，且有勤王大功。』上曰：『勤王固已賞之爲相也，功過自不相掩。』十月七日夜，內降周祕等彈章，後批浚授散官，安置嶺表。中書舊制，凡御批即時行出。至是，鼎封起，未即行。明日，鼎奏曰：『前日趙令衿之言，外頗傳播，謂以浚之出，皆諸將之意。今又如此行，外間益疑矣。』上曰：『若宰相出入由於諸將，即唐末、五代之風，今幸未至此。』鼎曰：『今謫浚，雖非諸將之言，亦少快諸將之意矣。』上曰：『此不恤也。』」

又趙鼎事實曰：「一日，御批張浚謫散官，安置嶺表。鼎時留未行。翼日，至漏舍，約諸人救解。至榻前，二參泛泛爲言。秦檜曰：『前日臣等不敢言，今日却合言。』然無他語也。上顧而不答。鼎開陳至數百言，上意殊未回。鼎又曰：『浚有母老，今過嶺必不能將母，浚有勤王功，陛下忍使其子母爲死別乎？』上猶未解。鼎又曰：『浚所犯，不過公罪，恐不應如此。』上乃曰：『來日再將上商量。』鼎又留身，再懇曰：『浚之罪，不過失策爾，凡人計慮，豈不欲萬全？儻因其一失，便寘之死地，後雖有奇謀妙算，誰敢獻之？此事利害，自關朝廷，非獨私浚也。』上意解，遂令分司，居永州。」

趙鼎逸事曰：「鼎一日朝退，召禮、刑、工部郎官勾龍如淵、馮康國及馮檝至都堂，三人皆蜀士，張浚之客也，見鼎踧踖退縮。鼎慰之曰：『鼎不負德遠，德遠負鼎。』三人愧謝。鼎曰『上憐德遠母老，有復辟功，決不遠謫，無過嶺之患。諸公速以書報上意。』三人退，鼎又目之曰：『鼎不負德遠，德遠負鼎。』既而，除如淵起居郎，康國右司郎官，檝太常少卿。如淵，永康人也。」

右司諫緡求外補〔一〕，除直祕閣、知温州。於是，石公揆言緡懷姦顧望，且有後圖，望褫職，還之銓曹。丁酉，詔落職與宮觀。」

上在禁宮，自有日課。早朝退，即閱章疏。食後學書，未後讀春秋、史記，晚食閱內外奏牘，夜讀尚書，率以二鼓罷。是日，因前給事中胡安國乞宮祠，左僕射趙鼎言：「安國昨進春秋解，必經聖覽。」上曰：「安國所解，朕置之座右。朕喜春秋之學，率二十四日讀一過。」鼎曰：「陛下聖學如此，今雖寒士，亦鮮能之，非異代帝王所及。」

戊戌，張浚責授祕書少監、分司南京，永州居住。

都官郎中馮康國求去。庚子，趙鼎言：「自張浚之罷，蜀士多不自安，今留者十餘人，皆一時選。臣恐臺諫或以浚里黨論之，望陛下垂察。」上曰：「朝廷用人，正當論才不才。頃臺諫好以朋黨罪之，如罷一相，則凡所薦，不問才否，一時俱黜。此乃朝廷使之爲朋黨，非所以惜人才，厚風俗也。」鼎曰：「陛下聖慮如此，羣臣敢不自竭。」

御史中丞周祕累乞外任，辛丑，除徽猷閣直學士、知秀州。

先是，淮東宣撫使韓世忠圖上淮東形勢，云：「賊於彼築堡，欲遣偏師平之。」使其屬官温濟詣於朝〔二〕。上戒濟曰：「歸語汝帥，當出萬全，不宜輕動，以貽後悔。」濟既禀命，復要他日將士之賞。上曰：「有功則賞，但須覆實，然後有功者勸。世忠既以狀來上，朝廷不欲違。如去年攻淮陽，賞一萬七千餘人，人不以爲當也。」濟悚懼，奉詔而退。癸卯，左僕射趙鼎奏濟已行，上曰：「昨呼來，略戒之矣。」

權主管殿前司楊沂中，乞以諸路所起弓弩手，揀刺上四軍。辛亥，趙鼎因論及南兵可教。參知政事張守曰：「止是格尺不及爾。」上曰：「人猶馬也，馬之能行不在大，故兵無南北，顧所以用之如何爾。自春秋時，申公巫臣通吴于上國，遂霸諸侯。項羽以江東子弟八千横行天下。以至周瑜之敗曹操，謝玄之破苻堅，皆南兵也。」趙鼎言〔三〕：「士人有不可爲郡守，而必欲得之者。往往不肯就宫祠。」上曰：「爾則不肯，其如一方赤子何？」鼎退而歎曰：「大哉！帝王之言也。」

時有進士劉瑜上書，乙卯，上謂宰執曰：「瑜論十事，皆民間疾苦，可擇而行之。」趙鼎曰：「所論皆善，然法已具，但當申嚴。」上曰：「申嚴未必濟事，須去其不便於民者爲善。如向來浙右困於水脚錢〔四〕，後造成綱船，遂免此患。」

右正言李誼奏：「昨扈從臣寮不多，止令輪對一次，今已輪徧數月矣。望準建隆、天聖故事，日輪二員〔五〕，俟百官俱集，則依舊例。」丁巳，詔遇六參日，日輪一員。

時趙鼎再相已逾月，未見所施，朝士或以此責之。鼎曰〔六〕：「今日事如久病虛弱之人，再有所傷，元氣必耗，惟當静以鎮之。若大作措置，焕然一新，此速死之術也。張德遠非不欲有爲，而其效如此，亦足以爲戒矣。」

召徽猷閣待制、提舉太平觀常同爲禮部侍郎。時趙鼎所薦者，皆以次用之。

閏十月庚申，資政殿學士王綯卒于平江府。

先是，詔知廣州連南夫條市舶之弊。辛酉，南夫言：「市舶司惟藉蕃商往來貿易，大商蒲亞里者，昨至廣州，有武臣曹訥利其財，以女適之，亞里遂留不歸。」上因令南夫勸其歸國，運蕃貨往來。上曰：「市舶之利最厚，若措置合宜，所得動以萬計，豈不勝取之于民？朕以留意於此，庶幾可以少寬民力爾。」

癸亥，上曰：「朕每論將帥，須責其挽弓騎馬，人未知朕意，必謂古有文能附衆，武能威敵，不在弓馬之間。抑不知不能弓馬，何以親臨行陣，而率三軍，使之赴難？況今時艱，將帥宜先士卒，此朕之深意也。」

上數令江東宣撫使張俊，盡以舟師分布控扼，然後引兵渡江。左僕射趙鼎曰：「淮西寂然無警，似不必爾。外間便謂朝廷棄淮西矣。當一向勿顧，不發一兵，彼未必敢動。」上以爲然。趙鼎事實曰：「初，劉豫軍既遁〔七〕，張俊復還建康，淮西一帶無軍馬，朝論紛紛，臺諫交章，以爲淮西無備可憂。鼎獨顯言於衆曰：『今行朝握精兵十餘萬，使胡騎直臨江岸〔八〕，吾無所懼。唯是安靜不動，使人罔測，渠未必輒敢窺伺，何至自擾擾如此？儻有他虞，吾當身任其責。』俊軍久在泗上，勞役良苦，還未閱月，居處種種未定，乃遽使之復出，不保其無潰亂也。鼎欲使俊出不意，徑趨壽春取其城，措置已定，會虜廢豫乃止〔九〕。淮上卒不遺兵，竟以無事。」

上御諸將，凡事皆留意，而聖意無彼此輕重。時殿前楊沂中乞三綱馬，丙寅，上謂宰執曰：「川、廣馬到，朕未嘗留，悉均給諸將，若小不均，即謂朕有偏矣。」沂中馬少，而張浚近以老馬數百匹納樞密院，遂以兩綱付沂中，一綱付俊。

己卯，召龍圖閣學士、知處州劉大中爲禮部尚書〔一〇〕。

庚辰，趙鼎奏淮東安撫使韓世忠保明統制官許世安功賞事，上曰：「世安勇雖不如呼延通，而曉事過之。平居議論，多有補于世忠。」時通亦隸世忠軍。上駕馭諸將，至于偏裨亦知其材之所長，蓋照臨無遺如此。

户部尚書章誼言：「自榷貨務復置提舉官，見係臣獨領，緣無同官商議，竊恐誤事。望仍隸户部。」壬午，詔從之。時榷貨務賣度牒，而遠方不能就買。宰執欲付之諸路。上曰：「如此，則州縣將科於民矣〔一一〕。」趙鼎等曰：「不限以數，則無此弊。」上曰：「宜嚴爲約束，毋使民受患。」

初，江西大旱，而觀文殿大學士、知洪州李綱乃課民修城，一方頗怨。至是，侍御史石公揆言：「綱妄自尊大，恣爲苛擾。初張浚謫居于福，綱與之交驩，意其復用，以爲己援。近乃移書痛詆，傳至行在，欲以取譽，復冀相位。繼知已用趙鼎，其意大沮。又稱感時，憂憤成疾，聞者笑之。」又殿中侍御史金安節，左、右正言辛次膺、李誼，亦論綱違法虐民，毒流一路。乙酉〔一二〕，詔綱提舉洞霄宫。既而，公揆等再論乞鐫職。上曰：「前宰執，朕所禮貌，已罷帥足矣。」趙鼎等曰：「陛下遇臣如此，誰敢不竭心圖報？」安節，歙縣人；次膺，掖縣人也。

是日，辛執奏復置川陝茶馬，舊有主管、有同提舉、有都大提舉，凡三等。上曰：「此轉運副使、判官之比，當擇人考其資歷而命之。茶本以博馬，而近乃换珠玉、紅髮之類〔一三〕，須禁止之。」

趙鼎奏：「來春去留之計，望更留聖慮，恐回蹕之後，中外謂朝廷無意恢復。」上曰：「張浚措置三年，竭民力，耗國用，何嘗得尺寸之地？而壞事多矣。此等議論，不足卹也。」

趙鼎因奏事〔一四〕，論及修神宗實録，上曰：「止修訛謬，非有所改也。」鼎曰：「所降御筆如此。」上曰：「乃宰相擬定者。」鼎曰：「起居注載著作郎張嵲所得聖語亦然。」上駭曰：「安得有此？」即詔㠓所記勿存留。鼎乃知是事本非上意。鼎言：「何掄本與祕閣修撰曾統所進本小異，掄乃蜀本，有朱字處，統本却無之，自合重修。其李彌正、胡珵不應引嫌避史職〔一五〕，令依舊兼之。」上曰：「朱勾去者太冗。」鼎曰：「此乃美事。蔡卞輩不學，故不知去取，如吴奎傳載有曰：『臣願陛下爲堯舜主，不願爲唐德宗。』卞乃删去。臣謂主聖則臣直，載之，乃見神宗之聖也。使魏徵、王珪傳不載其直言，則後世不知太宗納諫也。」上曰：「然。」鼎又曰：「臣自去國半載，今觀聖意，稍異前日。」上曰：「尋常造膝，每以孝悌之説相摇撼，其實紹述之謀也。」鼎曰：「莫有正論否？」上曰：「無之。自卿去，惟朱震不改其舊。」鼎曰：「臣觀持中論者，皆惑聖聽，乃是沮善之術，故以爲不可太分，當兼收而用，則得人之路廣。臣謂君子小人並進，何以爲治？與其多得小人，寧若少得君子之爲愈也？蓋分善惡，惟恐不嚴，稍寬則落其姦便，君子於小人常恕，小人於君子不恕也。」上復以爲然。

是月，工部尚書李彌大出爲廣西安撫使〔一六〕。

初，淮西軍中諸使臣爲酈瓊劫去。至是，復歸者甚衆。有司以文券不明，例降所給。趙鼎與執政議不合，乃密白于上曰：「此曹去僞歸正，當優假之。今乃降其所請，反使悽悽有不足之嘆〔一七〕。」上即批出，各還其本，於是人心忻然，來者相繼，劉豫不得而防之也。

江東宣撫使張俊引兵還建康府。十一月甲午，俊入對，因言：「劉光世解軍政，閑居自適，有登仙之歎。」上不樂，因諭之曰：「卿初見朕時何官？」曰：「修武郎。」「是時貲如何？」曰：「貧甚，嘗從陛下求戰袍以禦寒。」上曰：「今日貴極富溢，何所自耶？」曰：「皆陛下所賜。」上曰：「卿既知此，宜思自効，而有羨於光世，何耶？」俊惶懼頓首，至於流涕，誓死以報。乙未，宰執奏事，上以此語之，趙鼎等曰：「陛下御將之道，可謂盡矣。」

丁酉，宰執奏臨安府火禁，放火者行軍法，遺火延燒數多者亦如之。上曰：「放火、遺火，豈可同罪？大凡立法太重，往往不能行。」趙鼎曰：「遺火延燒者，取旨可也。」上曰：「止於徒足矣，庶可以必行。兼刑罰太重，非朝廷美事。」

先是，川陜宣撫副使吴玠遣使臣吕政來求軍中犒賞〔一八〕。上諭政曰：「歸語吴玠，自小官拔擢至此，皆出於朕，非緣張浚也。大丈夫當自結主知，何必附托人以進。朕已撥一百五十萬緡，非因浚進退，有所厚薄也。他所闕可具奏，朕一一應副。」又諭以川茶自來博馬，今聞盡易珠玉、紅髮無用之物。政曰：「吴玠則不敢，諸將恐或有之。」上令博馬外，不可別易一物。是日〔一九〕，上語宰執以此。趙鼎等曰：「玠聞聖訓，不惟感激眷遇，亦仰服聖德矣。」

壬寅，上謂宰執曰：「張俊臨事不易得，獨好營土木，朕數鐫諭，莫能改也。比因入對，面諭以建康行宫皆因張浚所修，寢殿之後，雖庖溷皆無。朕不免葺數間爲居，當與卿觀之，初不施丹雘。俊曰：『略加雅飾，不過三二千緡。』朕語以財方艱窘，不忍費三二千緡，以崇土木之飾。俊感嘆而去。」

有使臣李發者，賫到奉使朱弁書，報金國粘罕等相繼而死。〔二〇〕樞密使秦檜曰：「金國多事，勢須有變。」上曰：「金人暴虐，不亡何待？」檜曰：「陛下但積德，中興固自有時。」上曰：「此固有時，亦須有所施爲，然後可以得志。」

金虜主亶欲廢劉豫久矣〔二一〕，至是，僞尚書省劾豫治國無狀〔二二〕，亶詔左、右副元帥撻辣、兀朮提兵以寇江爲名〔二三〕，徑之東京廢豫。而豫方請兵入寇，虜示以難色〔二四〕，而豫請愈堅。虜若不得已而應者，乃令先調發山東兵會於淮上，約其子麟單騎議事〔二五〕，麟以二百騎至濬、滑間，即爲虜所擒〔二六〕。二酋徑引從騎入東華門〔二七〕，逼豫出見〔二八〕，撻辣以鞭麾命羸馬載之而去，囚于金明池，廢爲蜀王。時豫弟益守陝西，虜又別遣左監軍撒离曷提兵，聲言攻蜀，即長安擒益。其廢豫之詔略曰：「建爾一邦，逮今八稔，尚勤吾戍，何以爲國？」豫既廢，撻辣逼其北行，至上京，給舊夫子廟以居之。

張浚行述曰：「浚嘗遣人賫手榜入僞地，誘劉豫，略曰：『如能誘致金人，使之疲敝，精兵健馬，漸次銷磨，茲報國之良圖，亦爲臣之後效。』虜用事者見此榜〔二九〕，以疑豫。八月間，豫聞王師北向，遣韓元英告虜〔三〇〕，乞兵同舉。虜謂豫終欲困己，益疑之。會酈瓊叛去，浚復多遣間，持蠟書入僞地，故遺之，大抵謂豫已相結約，故遣瓊等降。而豫再乞兵於虜，十月，虜副元帥兀朮徑領兵來廢豫，惜其有此機會，而浚已去位矣。」

豫初僭位，作楮幣，自一貫至百貫，皆識其末曰：「過八年，不在行用。」蓋其數已兆矣。虜遂於汴京建行臺尚書省，以張孝純、蕭三寶奴爲左、右丞相〔三一〕，張通古爲左丞〔三二〕。又恐汴人不安，曰：「汝舊主人少帝在此。」於是民心稍定，而北軍亦不敢擾民。豫之廢也，汴京有錢九千八百餘萬緡，絹二百七十餘萬匹，金一百二十餘萬兩，銀一千六百餘萬兩，糧九十萬石，而方物不在此數。初，撻辣久居山東，回易屯田，徧於諸郡，每認山東以爲己有，其立豫也，深有悔割山東之意，故撻辣屢畫山東、河北圖，獻議于故主晟曰：「膏腴之地，鹽鐵、桑麻所出，盡在舊河以南，我初與議，以河爲界爾。今新河且非我決，彼自決之以與我，豈可棄之？當以新河爲界。」晟不從。及撻辣專權，遂議取山東。諸將曰：「若獨取山東，恐驚豫之心，不若廢豫以取之。」豫之廢也，不惟結怨于諸酋〔三三〕，亦以山東爲累爾。初，撒离曷在雲中，嘗因軍事召知府州折可求至，密諭以將廢豫而立可求之意。至是，撻辣之意，欲割河南以歸本朝。撒离曷恐可求失望生變，罪歸於己。一日，燕可求而寘毒，可求食之，既去，卒于路。〔三四〕

初，宣和間，進士王問進書萬卷，補承務郎。上即位，有越州布衣諸葛行仁亦因進書，得迪功郎。至是，吏部以爲不倫，追問兩官斥之。詔與改正。中書舍人李彌遜以爲不當改正〔三五〕。丙午〔三六〕，上謂宰執曰：「求遺書，自美事，朕方多難之時，故行仁之賞薄，宣和承平，留意墳典，授京秩不爲過。然既有論駮，可鐫一官。」

十二月己巳，詔淮東宣撫使韓世忠移司鎮江府，仍留兵守楚州。樞密使秦檜曰：「老小既得所，萬一有警，諸帥當盡力捍寇〔三七〕。」上曰：「朕竭民膏血以養之，緩急豈容不盡力？正使無内顧之憂也。」於是，世忠奏：「乞留全軍于楚，以蔽江、淮。」從之。

先是，紹興初，劉大中宣諭江南，薦臨川布衣鄧名世，召對，賜出身，除删定官。是月，以名世爲校書郎。

禮部侍郎常同請令大臣屏去細務，專意帷幄之謀，責任六曹，隨事裁決。凡禮文及法令，悉令裁定，以趣簡便。乙亥，上謂宰執曰：「聞三省文書極繁，卿等閲不暇給，皆由六部官不任責，事事申明故也。豈有爲尚書不能任一部之事，朕若擢爲執政，便可裁天下之務？昨常同亦奏此事。」陳與義曰：「今日事比承平時極多。」趙鼎曰：「承平時，朝廷尊嚴，上下有分。昨一小使臣馬前喧呼，臣恐其訴寃，乃求差遣爾。政由臣等不才〔三八〕，致朝廷之勢陵夷。」上曰：「此須與行遣，天下事賞罰而已，若有罪不罰，漸成姑息之風，誠爲不便。」

劉豫既廢，金國左副元帥撻辣送王倫等回，謂曰：「好報江南，既道途無梗，和議自此平達。」至是，倫還。丙子，泗州奏至，上顰蹙謂趙鼎等曰：「朕以皇太后未還，夙夜憂懼，未嘗去心。若虜人能從朕所求〔三九〕，其餘一切非較也。」鼎等曰：「仰見陛下孝心焦勞。」上曰：「國家但能自治，以承天心，豈無復振之日？」

癸未，倫等還，上錫予特異。

丁亥，以倫爲徽猷閣直學士、樞密都承旨，充迎奉梓宮使，借拱衛大夫高公繪副之。

知泗州劉綱乞調滁州千夫修城。有旨從之。言者以爲非是。甲申，上謂宰執曰：「百姓誠不可勞，但邊城利害至重，天下之事，亦權輕重而爲之。朕愛民力〔四〇〕，一毫不敢動，惟此役不得已也。」趙鼎曰：「昨得旨，已令優給錢米矣。」

是月，以禮部侍郎常同爲御史中丞。

劉豫之將有宋超者，帶兵千餘，詣知廬州劉錡降〔四一〕。詔錡帶兵入奏事，處超等既定，錡復還合肥。趙鼎事實曰：「豫既廢，鼎密遣諜者，散之沿淮一帶，誘其守將，由是壽、亳、陳、蔡諸郡率其部曲來歸者相繼不絕，兩月間，得精兵萬餘，西馬數千。朝士相謂曰：『前日大作措置，未進一步，潰亡者五六萬衆。今不動聲色，自致士馬如許盛，可謂過人矣。』」

時徽宗小祥近，且逾七月之期，而迎請梓宮使者未有來耗。禮官謂不可久停常祀，於是，綿蕝其儀，返虞祔廟。以左僕射趙鼎爲禮儀使。

金主亶以皇伯領三省事，宋國王宗磐乃先主晟之長子，豪猾難馭，而東京留守兗王宗雋，即亶親叔，且素有才望，乃除太保、領三省事，以制之。初，金虜有國〔四二〕，自旻、晟以來，雖名爲帝，而與其下無尊卑之别。虜主所獨享者〔四三〕，惟一殿曰乾元，四隅栽柳，作禁圍，遶壁皆設大坑，時與諸臣雜坐于坑，后妃躬持飲食。自亶初時，詞臣韓昉已教之學〔四四〕，稍能賦詩染翰。既即位，左右儒士日進諂諛，導以宫室之壯，侍衛之嚴，出則清道警蹕，入則端居九重，視舊功大臣以如草芥〔四五〕，非時且莫得見，盡失女真之故態。至是，宗雋入相，顧與宗磐等合謀，而亂作矣。

〔校勘記〕

〔一〕右司諫緡求外補　「右」原作「左」，據前文及皇朝中興紀事本末卷四二改。

〔二〕使其屬官温濟諗於朝　案：繫年要録卷一一五考證云：「濟乃世忠軍中事務官，非屬官也。」

〔三〕案趙鼎言事，繫年要録卷一一五繫於「甲寅」。

〔四〕如向來浙右困於水脚錢　「困」原作「因」，據廣雅本及皇朝中興紀事本末卷四二改。

〔五〕日輪二員　「二」，繫年要録卷一一五作「一」。

〔六〕案：趙鼎言事，繫年要録卷一一六繫於「閏十月癸亥」。

〔七〕初劉豫軍既遁　「豫」原作「預」，據廣雅本及皇朝中興紀事本末卷四二改。

〔八〕使胡騎直臨江岸　「胡」原作「敵」，據皇朝中興紀事本末卷四二改。

〔九〕會虜廢豫乃止　「虜」原作「金人」，「止」原作「以」，據皇朝中興紀事本末卷四二改。

〔一〇〕召龍圖閣學士知處州劉大中爲禮部尚書　「召」原脱，據皇朝中興紀事本末卷四二補。

〔一一〕則州縣將科於民矣　「科」原作「苛」，據皇朝中興紀事本末卷四二及繫年要録卷一一六改。

〔一二〕乙酉　原作「乞再」，據皇朝中興紀事本末卷四二改。案：繫年要録卷一一六繫於「辛巳」。

〔一三〕而近乃换珠玉紅髮之類　「换」原脱，據皇朝中興紀事本末卷四二補。

〔一四〕案：趙鼎奏事，繫年要録卷一一五繫於「十月壬寅」。

〔一五〕其李彌正胡珵不應引嫌避史職　「珵」原作「聖」，據繫年要録卷一一五改。

〔一六〕案：繫年要録卷一一六丙子條載「李彌大降兩官」，并以小曆誤。

〔一七〕反使悽悽有不足之嘆　「悽悽」，皇朝中興紀事本末卷四二、繫年要録卷一一六作「棲棲」。

〔一八〕川陝宣撫副使吴玠遣使臣吕政來求軍中犒賞　「副」原脱，據繫年要録卷一一七補。

〔一九〕是日　繫年要録卷一一七繫於「丙申」。

〔二〇〕案：李發帶到朱弁書事，繫年要録卷一一七繫於「庚戌」。

〔二一〕金虜主亶欲廢劉豫久矣　「虜」原無，據皇朝中興紀事本末卷四二補。

〔二二〕僞尚書省劾豫治國無狀　「僞」原作「金」，據皇朝中興紀事本末卷四二改。

〔二三〕亶詔左右副元帥撻辣兀朮提兵以寇江爲名　「寇」原作「侵」，據皇朝中興紀事本末卷四二改。

〔二四〕虜示以難色　「虜」原作「金」，據皇朝中興紀事本末卷四二改。下同。

〔二五〕約其子麟單騎議事　「麟單騎議事」原脱，據皇朝中興紀事本末卷四二補。

〔二六〕案：劉麟被擒，繫年要録卷一一七繫於「乙巳」。
〔二七〕二酋徑引從騎入東華門　「酋」原作「帥」，據皇朝中興紀事本末卷四二改。
〔二八〕逼豫出見　「出」原作「入」，據皇朝中興紀事本末卷四二改。案：劉豫被擒，繫年要録卷一一七繫於「丙午」。
〔二九〕虜用事者見此榜　「虜」原作「敵」，據皇朝中興紀事本末卷四二改。
〔三〇〕遣韓元英告虜　「虜」原作「金」，據皇朝中興紀事本末卷四二改。下同。
〔三一〕以張孝純蕭三寶奴爲左右丞相　「蕭三寶奴」原作「蕭三寶努」，據原注及皇朝中興紀事本末卷四二回改。
〔三二〕案：繫年要録卷一一七載作「金人温敦師中爲左丞，張通古爲右丞。」
〔三三〕不惟結怨于諸酋　「酋」原作「帥」，據皇朝中興紀事本末卷四二改。
〔三四〕案：折可求遭毒，繫年要録卷一二三繫於「紹興八年秋」，并以小曆繫時恐太早。
〔三五〕中書舍人李彌遜以爲不當改正　「中書舍人」，繫年要録卷一一七作「權中書舍人」，并以小曆誤，因李彌遜除中書舍人在十二月。
〔三六〕丙午　繫年要録卷一一七繫於「丁未」。
〔三七〕諸帥當盡力捍寇　「寇」原作「敵」，據皇朝中興紀事本末卷四二改。
〔三八〕政由臣等不才　「由」原作「曰」，據廣雅本及皇朝中興紀事本末卷四二及繫年要録卷一一七改。
〔三九〕若虜人能從朕所求　「虜」原作「金」，據皇朝中興紀事本末卷四二改。
〔四〇〕朕愛民力　「愛」原作「爲」，據皇朝中興紀事本末卷四二及繫年要録卷一一七改。
〔四一〕案：宋超降，繫年要録卷一一八繫於「紹興八年正月辛丑」，并以小曆誤。
〔四二〕金虜有國　「虜」原脱，據皇朝中興紀事本末卷四二補。

〔四三〕虜主所獨享者　「虜」原作「其」，據皇朝中興紀事本末卷四二改。

〔四四〕詞臣韓昉已教之學　「昉」原作「防」，據廣雅本、皇朝中興紀事本末卷四二及繫年要録卷一一七改。

〔四五〕視舊功大臣以如草芥　「如草芥」，皇朝中興紀事本末卷四二爲夷狄。

中興小紀卷二十四

紹興八年歲在戊午春正月，言者請：「今後從官作守，不許衝見任人。」壬辰〔一〕，宰執奏事，趙鼎曰：「祖宗以來，侍從官如此。」上曰：「若遇從官無異庶官，遇宰執無異從官，則非朝廷之體。」陳與義曰：「人臣何有重輕，但堂陛之勢，不得不存。」秦檜曰：「嚴堂陛，乃所以尊朝廷也。」

奉使王倫之還也，言金人廢劉豫之謀自己使人發之。癸巳，起居舍人勾龍如淵言：「倫迎梓宮，問諱日，使指也。梓宮未還，諱日猶祕，而一言之合，遂使廢豫，此其可信哉？」上曰：「不然。倫奉使時，朕嘗以此意諭之。渠果能游說，亦未可知。」如淵曰：「此固臣之所不知。」如淵，導江人也。

參知政事張守乃張浚所引，浚罷相，人知守必去。時已議還都臨安，守力請且留建康，以爲遠圖。議不合。戊戌，以資政殿學士知婺州。趙鼎事實曰：「張浚永州之命既下，張守、陳與義乞罷，上皆許其去。秦檜亦留身言之，退至殿廬，起身至鼎坐榻前，喜見顏間，謂鼎曰：『檜今日告上，求解機務。上曰，趙某與卿相知，可以少安。檜荷相公如此，更不敢言去。』二參在座聞之，極不懌。二人既銜怨而去，其後秦檜獨相，鼎亦不免。」

辛丑〔二〕，詔復幸浙西。

初，龍圖閣直學士汪藻罷知撫州，奉祠而去。翰林侍讀學士范沖言：「日曆，國之大典，比詔藻纂集，未成而中止，恐積久散逸，後人益難措手。今藻就閒，願詔令勿輟，俾三朝文物著在方策，非小補也。」詔許藻辟官屬二員，且賜史館修撰餐錢，力辭不受。至是，藻又進政和三年以後詔旨，未成者，乞從史館論譔。癸丑，詔藻仍舊纂集〔三〕。

先是，以歸朝官馬欽人馬隸張俊軍，既而，親筆差欽江南鈐轄，俊堅欲留之不遣。乙卯，樞密院奏趣欽赴任。上曰：「昨俊入見，朕嘗諭之，聞馬欽於卿素懷不足，卿必欲留之軍中，萬一欽病死，人必謂卿殺之，於卿亦便乎？俊悚然謝曰：『臣慮不及此，不敢復留欽矣。』」上平日訓諭將帥，皆切於理，使其利害曉然於胸中，可謂盡駕馭之道也。

是月，四川謀帥，上問刑部尚書胡交修，廷臣孰可將者？交修曰：「臣從子世將可用。」時世將爲兵部侍郎兼直學士院，遂除樞密直學士、四川安撫制置使兼知成都府。自重兵聚關外以守蜀〔四〕，而餉道險阻，漕舟出嘉陵江，春夏漲而多覆，秋冬涸而多膠。紹興初，創行陸運，調成都、潼川、利三路夫十萬，縣官部送，徼賞争先，倍道而馳，晝夜不息，十斃三四。至是，交修言：「養兵所以保蜀也，民不堪命，則腹心先潰，尚何保蜀之云？臣愚欲三月以後，九月以前，第存守關正兵，餘悉就糧他州。如此，則給守關者水運有餘，分戍者陸運可免。」上乃命學士院述交修意，詔宣撫使吴玠行之。既而，世將至蜀，玠以軍無見糧，奏請踵至。世將被旨，約玠於利州會議。異時，制置使以文臣多事邊幅，而玠起行伍，不十年爲宣撫，故莫肯相下，誠意不通。初，水運泝江千餘里，半年始達，率以七十五斛而致一斛。至是，世將與玠反覆共論，玠亦曉然知利害所在，乃復前大帥席益轉般摺運之法，軍儲稍充，公私爲便。

金虜主亶肆赦〔五〕，僞改元天眷〔六〕。時左、右副元帥撻辣、兀朮，左都監撻不也並在汴京，左監軍撒离曷居長安，右都監拔束居鳳翔〔七〕。既而，撻辣歸祁州，撒离曷歸雲中，而兀朮、撻不也、拔束皆留如舊。

先是，左僕射趙鼎以徽猷閣直學士王庶爲知兵，召歸，除兵部侍郎。二月丁巳朔，遷庶爲尚書。

癸亥，上發建康府，至東陽鎮行宫，宰執奏事，上曰：「昨日六宫既發，張俊來奏事，朕召至宫中，與論邊事，因戒之曰：『朕來日東去，卿在此，無與民争利，無興土木之功。』俊悚懼承命，見地無甎面，再三歎息。朕諭之曰：『艱難之際，一切從儉，庶幾少紓民力。朕爲人主，雖以金玉爲飾，亦無不可，若爾，非特一時士大夫之論不以爲然，後世以朕爲何如主也？』」

先是，上將回鑾，詔知建康府張澄陞職，改知臨安府。澄受命，星馳而至，不數日，前所缺者，率皆辦焉。

【新輯】乙丑，上次鎮江府。

辛未，上次平江府。

乙亥，上次秀州。

川陝宣撫使吳玠劾都轉運使李迨應付軍糧不足。左僕射趙鼎曰：「二人不咸如此，萬一吳玠更失體，則朝廷難處。迨若乞祠，且從之。」上曰：「迨在元帥府，熟知其爲人，性實不然，能任怨，奉公吏也。可且與宫祠。」時議應副玠軍錢糧，或謂宜付之四路漕臣，或謂宜總之於安撫使。於是，右正言李誼奏：「蜀部五十四郡，歲贍玠軍近四千萬緡，四路漕臣各自爲家，豈有通其有無？况又權輕，安能與之抗行，而抑其冗濫？帥臣雖重，而體貌不可削。乃令兼領錢穀，則必坐受羈縶。彼方且約其期會，斥其逋欠，帥臣之威亦少損矣。又帥臣與主兵之官，尤不可不和。兩者皆非所責，則都漕之職豈可闕乎？李迨雖究心所職，不避仇敵，然其人少恩，喜與物忤。去歲緣給軍逾期，利州營婦遮其馬首，紛然悖駡，迨不自安，遂求引去。今必得忠智之士，知開闔之權，識取予之方，然後爲得。望早求其人，而

用之無可疑者。(輯自皇朝中興紀事本末卷四三)

中丞常同奏〔八〕:「吴玠頃行屯田,常得褒詔。願問玠近來積穀幾何,減餉幾何,趙開、李迨相繼爲都漕,先後運至幾何,各令條上,然後按實講究,以紓民力。」從之。

戊寅,上至臨安府駐蹕。【新輯】下詔曰:「昔在光武之興,雖定都於洛,而車駕往反,見於前史者非一。用能奮揚英威,遞行天討,上繼隆漢。朕甚慕之。朕荷祖宗之休,克紹大統,夙夜危懼,不常厥居。比者巡幸建康,撫綏淮甸。既已申固邊圉,獎率六軍,是故復還臨安。内修政事,繕治甲兵,以定基業。非厭霜露之苦,而圖宫室之安也。故兹詔諭,想宜知悉。」(輯自輿地紀勝卷一行在所)

三月庚寅,【新輯】以禮部尚書劉大中爲參知政事,兵部尚書王庶爲樞密副使。

先是,(輯自皇朝中興紀事本末卷四三)台州有匿名書,稱常平主管官李椿年刻薄,欲率衆作過,言頗不遜。壬辰,上謂宰執曰:「兵興以來,官物多陷失,既差官檢察,若稍留心,便生誣毁,此必州縣吏所爲。萬一作過,當遣官勦殺。」於是,趙鼎以下退而服上之英明。

以樞密使秦檜爲右僕射、平章事兼樞密使。時朝士皆相慶,惟吏部侍郎晏敦復有憂色,或謂敦復曰:「檜之作相,天下之福,公獨不悦,何耶?」敦復曰:「姦人相矣。」時删定官鄱陽方疇聞是語,其後以告給事中張致遠、吏部侍郎魏矼,而二人亦以敦復之言爲過也。趙鼎事實曰：「一日，鼎留身奏事，上曰：『堂中必無異議者。』又曰：『秦檜久在樞府，莫懷怨望否？』鼎曰：『檜大臣，必不爾。然用之在陛下爾，況自有闕。』是夜，遂鎖院，檜再相。上既與議過，然後相檜，是以鼎未敢遽爲去就。」

參知政事陳與義乃張浚所引，以久病乞退，甲午，爲資政殿學士、知湖州。

起居舍人勾龍如淵言：「户部非擘劃財賦之地，宜置一使，以總諸路。蓋諸路漕臣權輕勢分，但見一路利害，若一使總之，則可通有無、審虛實，爲朝廷久長之計。」又言：「此事當以户部長貳判諸道水陸度支轉運等使爲名，如蘇、如洪可以置司，若以外官爲之，則事必掣肘，不能久矣。」上然之。

【新輯】侍從官胡交修等議，以故左僕射魏國文定公韓忠彥配饗徽宗廟廷。壬寅，詔從之。（輯自皇朝中興紀事本末卷四三）

壬寅，工部侍郎趙霈不爲趙鼎所知，是月，以徽猷閣直學士出知袁州。

以兩浙都轉運使、徽猷閣待制向子諲爲户部侍郎。子諲言：「安邊固圉，必資儲蓄，江西宜於洪州置糴，於江州置轉般倉，以給淮西；湖南於潭州置糴，於鄂州置轉般倉，以給襄漢〔九〕。湖北於鼎州，淮西於廬州，淮東於真州。仍多造船，則遣戍出兵，往無不利。」又言：「今天下急務，在考兵籍、究户版、汰老弱、升勇健、創簿正名〔一〇〕，使諸州上帳於兵部，諸將上帳於樞密府。著鄉貫，書事藝，季申歲考，所以除詐冒也。凡詭名挾户、典買推收，進丁退老、分烟析産，田畝升降、貨殖盈虚，必以時覈實，所以革欺弊也。此其大略耳。推而行之，則在乎人焉。」

金虜又於燕京建行臺尚書省〔一一〕，改燕山僞樞密院爲之〔一二〕，以僞三司使杜充僉書省事〔一三〕。先是，虜中主計之任〔一四〕，在燕山曰三司，在雲中曰轉運，在中京曰度支〔一五〕，在上京曰鹽鐵，在東京曰户部。時充在燕京，就用之也。

是春〔一六〕，虜左、右副元帥撻辣、兀朮皆在祁州〔一七〕，奉使王倫行至祁，見二酋〔一八〕。時韓世忠、岳飛、吴玠軍，各遣間招誘中原民，虜得其臘彈旗牓，出以詰倫曰：「議和之使來，而暗遣諜如此，君相紿，且不測進兵耳。」倫言：「所議靖民，乃主上誠意。邊臣見久而無成，或乘時希尺寸爲己勞，則不可保。主上決不之知。若上國孚其誠意，確許之平，則朝廷一言戒之，誰敢爾者。」二酋相視無語。

夏人乘金虜有折可求之喪〔一九〕，攻府州奪之，可求子彦文攜其家走河東。其後，虜令彦文知代州〔二〇〕。

夏四月，【新輯】言者請選文武官子弟爲衛郎。庚申，上謂宰執曰：「掄材正當如此。朕親加教督，彼必樂爲之也。」

初，（輯自皇朝中興紀事本末卷四四）上旋蹕臨安，中丞常同言：「今去淮益遠，邊民多不自安，宜遣重臣出按兩淮。有荒田縱民耕，勿收租，數年之後，粒米狼戾，百姓足而國用足矣。」又言：「江、浙民困於月樁，幾不聊生。」上憮然，遂減月樁數千緡。至是，詔遣樞密副使王庶視師淮上，調諸路兵預爲防秋計，且以同奏付庶行之。自酈瓊叛，諸將稍肆。庶條上，請臨發犒軍于都教場，庶便服坐壇上，自三衙大將而下，雖身任使相〔一一〕，悉以戎服，步由轅門，庭趨受命，拜賜而出。蓋自多事以來，未嘗行也。時主管殿前司楊沂中怒其統制官吴錫，收繫之獄，户部侍郎向子諲力言于庶，謂錫可用。庶奏釋之，使統兵屯淮西。丙寅，庶辭，上因論：「王霸之道，不可兼行，當以三王爲法。今之諸將，不能恢復疆宇，他日朕須親行，不殺一人，庶幾天下定矣。」

祕書少監尹焞於經筵留身，乞致仕甚力。上許除内祠。癸酉，上語宰執曰：「焞云士大夫不知進退，安用所學？」劉大中曰：「焞學有淵源，且老成，若得之，亦是朝廷氣象。」趙鼎退至閤子，誦杜甫詩「文物多師古，朝廷半老儒」之句，秦檜曰：「老成人重於典刑。」劉大中曰：「蔡京惟用少年，所以誤國，可爲戒也。」

户部侍郎李彌遜言：「祖宗之法，有可行于今者，發運一司是也。大槩權六路豐凶，以行平糴之政〔一二〕。然今比昔少異，當師其意，損益行之。臣謂宜復此司，別給糴本數百萬緡，俾廣儲以待恢復之用，數年必見其效。」丁丑，詔從之。

王庶奏辟屬官，戊寅，上謂宰執曰：「昨王庶辭，朕諭之云：『張浚待諸將以狎昵取侮，吕祉以傲肆取敗，皆可爲戒。』」劉大中曰：「庶到堂，亦誦陛下之言，深佩聖訓。」

初，胡寅自中書舍人出知嚴州，其父徽猷閣待制安國以書諭之曰：「汝在桐江一年矣，大凡從官當郡，經年未遷，即有怠意。汝今宜作三年計，日勤一日，思遠大之業。若有遷擢，自是朝廷，非我所覬也。」既而，移守永州，未上。至是，詔寅除禮部侍郎，尋丁憂去。朱勝非閒居録曰：「胡寅者，凶慝躁進之士也。趙鼎薦之詞掖，朝士皆畏之。以行詞乖繆，衆論不容，乃稱父安國老疾，遠在湖、湘，乞歸省。于是，差知永州。寅攜妾居婺，久之不去。有朝士范伯奮亦寓婺，貽書責之，寅以妾就蓐爲辭。伯奮復曰：『妾産與父病孰重？』寅訴於鼎，改知嚴州。鼎旋罷，累月復相，欲召寅，議者以不省父，止之。復除永守，星夜南奔，未及到家，召命已下。比見其父，疾困不能言。寅留數日，將行告之，安國攬衣垂涕而已。寅至行朝，除禮部侍郎，又兼經筵，又直學士院，尚未逾月，安國果凶問至。寅匿之，佯爲父書，與交黨翰林學士朱震言：『久疾垂死。寅欲免召命，以時事尚艱，遣之使行。』欲蓋而彰，聞者歎駭。度其死時，寅尚猶在路耳。」〔二三〕

五月戊子，監察御史張戒因對言諸將權太重。上曰：「若言跋扈則無迹，兵雖多，然聚則强，分則弱。雖欲分，未可也。」戒曰：「去歲罷劉光世，以致淮西之變，今雖有善爲計者，陛下必不信。然要須有術。」上曰：「朕今有術，惟撫循偏裨爾。」戒曰：「陛下得之矣，得偏裨心，則大將之勢分。」上曰：「一二年間，自可了。」戒曰：「陛下既留意，臣言贅矣。」張戒默記曰：「初，淮西之變，時秘書省在臨安，一日校書郎范如圭謂戒曰：『諸大將不可制耶？』戒曰：『此自張丞相之失，且劉光世一軍，偏裨無慮十數，不知此曹，果欲大將壓已否？若使各得自達，豈復思光世？」如圭曰：「善。」是秋，戒新除福建提舉官，待次嚴陵，待制常同因過戒問曰：「諸將權太重，張丞相既失，今當何以處之？」戒曰：「兹甚不難，但當擢偏裨爾。吴玠既失，而曲端受死；楊沂中建節，而張俊勢分，自然之理也。」同大喜曰：「此論可行。」既而，同被召，首薦戒焉。」

【新輯】戒又曰：「國家機事，小臣不敢知，然備員御史，義當憂國，王倫使事如何？」上曰：「去歲上皇訃至，朕若不遣使，天下謂朕何？因令倫與虜酋四太子言：『河南之地，大國既不有，與其付劉豫，曷若見歸。』既而，虜人廢豫，遣人齎四太子者書來，言當歸河南及梓宫、淵聖、太后。四太子者，乃朕使虜時素所識也。」戒曰：「中原萬里之地，虜竭兵力十年取之，一日無故復還，此非堯舜不能，載籍亦無此事。陛下謂虜棄中原何意？」上曰：「不能守。」戒曰：「虜據中原久矣，山東、陝西皆傳檄聽命，以臣觀之，虜蓋能守。」上曰：「和議成否，姑置勿論，當嚴設備爾。」戒曰：「去歲淮西之變，失精甲四萬，張浚用吕祉，誤國至此。但祉欲得簽樞耳，然亦緣將相不和。頃者國威稍振，外却金虜，内平湖寇，乃趙鼎、張浚協和之時。」上曰：「時鼎與浚協和如兄弟。」戒曰：「去歲若非浚逐鼎，則鼎未去，必不令浚遽罷劉光世而用祉也。光世雖號爲怯，然累世將家，豈祉書生可比？」上曰：「浚但惡光世湛於酒色。」戒曰：「此亦將之常也。」（輯自皇朝中興紀事本末卷四四）

初，徽猷閣直學士王倫奉使金國，見左副元帥撻辣，撻辣乃命迓使偕倫至北地〔二四〕，見虜主亶〔二五〕，倫首謝廢劉豫，方致上指。虜主始密與羣臣定議許和〔二六〕。至是，遣倫與副使高公繪等還。又遣福州觀察太原少尹烏陵思謀、太常少卿石慶元與倫等偕來〔二七〕。思謀者，乃金人始與吾通於海上所遣之人，今再來，示有復和之意。丁未，詔吏部郎官范同、帶御器械劉光遠接伴之。同，江寧人；光遠，光世弟也。

樞密副使王庶措置江淮，遂移張俊下張宗顏將七千人軍淮西，巨師古將三千人屯太平州〔二八〕。張戒默記曰：「戊午夏，王庶視師淮上，移偏帥張宗顏守廬州，乃分兵之漸，宜撫使張俊特不悅。大理寺丞劉時者〔二九〕，秦人，庶辟以行。俊飲之醉，曰：『鄉人能爲我言于子尚否？易置偏裨，似未宜遽，先處己可也。不知身在朝廷之上得幾日，其已安乎？』庶聞之，復曰：『爲我言於張七〔三〇〕，不論安與未安，但一日行一日事耳。』庶雖不折，竟如俊之言。」

分韓世忠二軍屯天長、泗州，使緩急互爲聲援。以劉錡軍鎮江，爲江左根本。至是，庶條上江淮事。上曰：「淮南利源甚博，平時一路上供内藏紬絹九十餘萬，其他可知。」參知政事劉大中曰：「淮南桑麻之富，不減京東，而魚鹽之利，他處莫比。」上曰：「以此淮甸不可不葺也。」

時虜使入界〔三一〕，上謂宰執曰：「館待之禮宜稍厚，若早遂休兵，免令赤子肝腦塗地，此朕之本意也。」趙鼎曰：「用兵所費，比之館待，殊不侔矣。」上曰：「若無軍旅之事，使朕專意保民，十餘年間，豈不見效？」鼎同秦檜對曰：「陛下此言，神明感格，必有平定之期矣。」

詔徽猷閣直學士王倫就爲館伴使，倫辭，乃以命太常少卿吴表臣〔三二〕，而令倫往來就館議事。倫奏虜使烏凌思謀元在海上結約〔三三〕，與馬擴相熟，乞召擴赴行在。擴時知鼎州，乃趣召之。

中丞常同論新知蘄州錢觀復除郎不當〔三四〕。上曰：「郎官輕以予人，雖蔡京、王黼不至是也。」趙鼎因造膝，具言觀復無過，且求去。上曰：「卿不須爾，言官易得，宰相難求。」時同之眷已衰矣。

六月乙卯，試博學宏詞科，選人玉山詹叔義、金華陳巖肖、麗水王大方中選。詔叔義、大方並與堂除，巖肖賜出身。

先是，故知閤門事潘永思家以財興訟，御史臺牒送大理寺。既而，有旨放出。於是，中丞常同言〔三五〕：「事干内侍梁珂，乞仍付寺結案。」上即依同奏。趙鼎曰：「臨安府自不相妨。」參知政事劉大中曰：「陛下初不欲繫無辜，今因臺臣所論，而從其請，仰見陛下未嘗容心。」上曰：「朕亦何心。」丁巳，臨安府勘到永思幹人郭壽之用過錢三千緡，餘七人各認一二千緡。上曰：「既無文約，必是壽之妄攤，可除壽之外，餘並免。」於是，鼎以下退而讚上之明，曰：「此一事勝疎決多矣〔三六〕。」蓋時盛暑，方涓日疎決，故鼎有是言也。

重修哲宗實録書成，癸亥，監修國史趙鼎上之。既而，鼎因辭免轉官，奏曰：「昨日伏讀詔語，載修書本末甚明。」上曰：「乃朕批與開，令具述宣仁保祐之功，蓋欲士大夫知朕修書之意也。」

先是，故相曾布之孫惇上布所著三朝正論，有旨，惇增秩賜金。言者謂：「布爲王安石腹心，而朝廷頒其書，號曰正論，臣竊惑焉。願明諭史官，筆削之際，無惑其説。」乙丑，詔付史館。

知舉、翰林學士朱震上合格進士黄公度等。上以亮陰，依祖宗故事，更不臨軒策試。壬申，乃御射殿引見，參以四川類試人，遂賜公度以下二百九十五人及第、出身。震出院而病，同知舉給事中張致遠、起居舍人勾龍如淵入對，上問考試事，如淵曰：「大抵所取皆當，惟第二人陳俊卿賦，自落卷中得之。」上曰：「何故如此相遠？」如淵曰〔三七〕：「以其詞工而晦，細閲方見工處。」上然之。公度、俊卿，皆莆田人也。

癸酉，樞密院編諸班直諸軍及親從、親事官轉員格成。

接伴官范同申虜使已到常州〔三八〕，上謂宰執曰〔三九〕：「昨日王倫對云：『虜使烏陵思謀説，國書中須是再三言武元帝與上皇通好事，庶得國中感動。』朕因記當時如粘罕輩不肯交燕雲，皆欲用兵，惟武元帝以謂，我與大宋海上信誓已定，不可失約，待我死後由汝輩，卒如約。以此知創業之人，設心積慮，必有過人者。」丁丑，思謀等見，執禮甚恭。且欲以客禮到都堂見宰執，趙鼎抑之，如見從官之禮。時上因事撫循，莫不中節，遠人歸心焉。於是，留月餘乃去。

戊寅〔四〇〕，上愀然謂宰執曰：「先帝梓宮果有還期，雖待三二年，尚庶幾。惟是太后春秋已高，朕曉夜思念，欲早相見，所以不憚屈己，冀和議之成者爲此也。」秦檜曰：「陛下不憚屈己講和夷狄〔四一〕，此人君之孝也。羣臣見人主卑屈，懷不憤之心〔四二〕，此人臣之忠也。君臣用心，兩得之矣。」上曰：「雖然，有備無患，縱使和議已成，亦不可弛兵備。」趙鼎曰：「假使虜人與我河南地〔四三〕，亦須嚴備江南。」劉大中曰：「和與戰守，自不相妨，若專事和而忘戰守，則墮虜計中矣〔四四〕。」趙鼎事實曰：「初，行朝聞烏陵思謀之來，物議大訩，羣臣登對，率以不可深信爲言。上意堅甚，往往峻拒之，或至震怒。鼎因請間密啓上曰：『陛下與金人有不共戴天之讎，今乃屈體請和，誠非美事。然陛下不憚爲之者，凡以爲梓宮及母兄爾，羣臣憤懣之詞，出於愛君，非有他意，不必以爲深罪。陛下但好謂之曰，講和誠非美事，以梓宮及母兄之故，不得已爲之。議者不過以狼子野心〔四五〕，不可深信。但得梓宮及母兄，今日還闕，明日渝盟，吾所得多矣。此意不在講和也。羣臣以陛下孝誠如此，必能相諒。』上以爲然，羣議遂息。」

翰林學士朱震卒。戊寅，上曰：「楊時既物故，胡安國與震又亡，同學之人，今無存者，朕痛惜之。」趙鼎曰：「尹焞可繼震。」上曰：「震亦嘗薦焞代資善之職，但焞微聵，恐教兒童費力。俟國公稍長，則用之。」朱勝非閒居録曰：「先是，户部尚書章誼、禮部尚書劉大中、翰林學士朱震皆可遷執政，宰相趙鼎知新除建康留守吕頤浩必不赴，乃請以誼權守建康。洎頤浩改命，誼遂即真，悒悒得疾，兩月卒。會當省試，鼎引故事，以震知貢舉。既鎖院，大中遂作參政，震聞之即病。謁告出院〔四六〕，不復供内職。累章求去，詞語躁妄，詆誚鼎與大中。初章求外祠，次章復求行在宫祠，顛錯可駭。先是，鼎初相，以其姻家范冲與震同兼資善堂，爲鼎交結近閹。鼎罷，冲亦去，震如故。及其復相，震自以爲於鼎有功，意圖執政。至是，大失望，怨鼎刻骨，月餘疾危，猶作詩詆鼎，遣人傳示，遂不起。一執政死二從臣，可歎也。」〔四七〕

癸未，户部侍郎向子諲奏事稍久，而吏部侍郎晏敦復待對未得，中書舍人潘良貴權侍立殿上，因奏子諲無益之言，久勤聖聽，揖退之。甲申，子諲乞致仕，良貴且得罪。中丞常同奏：「良貴嫉子諲曼辭，衆以爲直，不可罪之。願許子諲補外。」上詰同曰：「子諲之貳版曹，乃卿所薦，良貴犯分沽激，復上章稱述，何也？」乃除子諲徽猷閣直學士、知平江府；良貴以集英殿修撰，奉祠而去。朱勝非閒居録曰：「向子諲進不以道，交結北司，頗事貢獻。是日對甚久，論説珍玩之物，云云不已，軒陛侍衛皆聞之。潘良貴不能平，徑至榻前奏言：『子諲無益之言，不宜久勤聖聽。』因厲聲叱子諲退，子諲駭愕而下。於是，良貴罷與外祠，子諲出知平江。中丞常同論奏以謂：『良貴忠直，不應出。』前此同嘗於上前薦子諲，蓋覬望北司也。至是，上責其反覆。噫！從官方奏對，柱史遽造前叱下，古未聞也。叱者固非，而被叱者，其人可知矣。」

初，四川制置使席益奏，以湖南等處諸軍屯于成都。至是，校書郎孫道夫白于宰執，謂：「漢、唐以來，亂蜀如公孫述與孟知祥輩，皆非蜀人。成都無警，益乃移軍屯之，昨幾有竊發之變。願還之舊處，以減糧餉。又比年使蜀，冠蓋相望，如劉子羽方出，而范直方又行，往來之費，公私騷然，未聞有能宣德意者。願止之以息浮費。又四川元無都漕，自宣撫司以隨軍漕兼總領四川財賦，俾措置茶鹽酒息，通融贍軍。今之都轉運司，但四分歲數，以付四路趣辦而已。願罷之以寬民力。」或以其言爲中時病。

是夏，金元帥府下令，諸欠公私債無可還者，没身及家屬爲奴婢以償之。

〔校勘記〕

〔一〕壬辰　繫年要録卷一一八繫於「癸巳」。

〔二〕辛丑　繫年要録卷一一八繫於「戊戌」。

〔三〕詔藻仍舊纂集　「詔」原脱，據皇朝中興紀事本末卷四三補。

〔四〕自重兵聚關外以守蜀　「自」原脱，據廣雅本及皇朝中興紀事本末卷四三及繫年要録卷一一八補。

〔五〕金虜主亶肆赦　「虜」原無，據皇朝中興紀事本末卷四三補。

〔六〕僞改元天眷　「僞」原無，據皇朝中興紀事本末卷四三補。

〔七〕右都監拔束居鳳翔　「右」原作「左」，據廣雅本及皇朝中興紀事本末卷四三及繫年要録卷一一八改。「拔束」原作

「巴克實」，據原注及皇朝中興紀事本末卷四三回改。下文徑改，不出校。
〔八〕案：常同奏事，繫年要録卷一一八繫於「三月甲辰」。
〔九〕以給襄漢　「漢」原作「陽」，據皇朝中興紀事本末卷四三及繫年要録卷一一八改。
〔一〇〕創簿正名　「名」原作「言」，據皇朝中興紀事本末卷四三及繫年要録卷一一八改。
〔一一〕金虜又於燕京建行臺尚書省　「虜」原作「人」，據皇朝中興紀事本末卷四三改。
〔一二〕改燕山僞樞密院爲之　「僞」原脱，據皇朝中興紀事本末卷四三補。
〔一三〕以僞三司使杜充僉書省事　「僞」原脱，據皇朝中興紀事本末卷四三補。
〔一四〕虜中主計之任　「虜中」原作「金人」，據皇朝中興紀事本末卷四三改。
〔一五〕在中京曰度支　「中京」原互倒，據皇朝中興紀事本末卷四三乙正。
〔一六〕是春　案：繫年要録卷一一九附於四月末。
〔一七〕虜左右副元帥撻辣兀朮皆在祁州　「虜」原作「金」，據皇朝中興紀事本末卷四三改。下同。案：繫年要録卷一一九據金虜節要考證，兀朮守東京，不在祁州。
〔一八〕見二酋　「酋」原作「帥」，據皇朝中興紀事本末卷四三改。下同。
〔一九〕夏人乘金虜有折可求之喪　「虜」原作「人」，據皇朝中興紀事本末卷四三改。
〔二〇〕虜令彦文知代州　「虜」原作「金」，據皇朝中興紀事本末卷四三改。案：此段記事，繫年要録卷一二七附於紹興九年春末，并考證云：「熊克小曆附此事於八年春末，蓋差一年。」
〔二一〕案：繫年要録卷一一九考證云：「此時行在統兵官無爲使相者，克小誤。」
〔二二〕以行平糴之政　「政」原作「故」，據皇朝中興紀事本末卷四四改。

〔二三〕案：此段記事，繫年要録卷一一九考證云：「按：安國以去年秋除京祠兼侍讀，欲行，會遭論而止。則寅除嚴州時，安國未病也。寅赴嚴州一年後，安國尚有書誨之，今作三年計，此豈病中所言耶？蓋勝非將再相時，安國嘗駁其同都督之命，指其不能死節等事，故勝非以此憾之。恐其言失實，今不取。」

〔二四〕撻辣乃命迓使偕倫至北地　「撻辣」原脱，據皇朝中興紀事本末卷四四補。

〔二五〕見虜主亶　「虜」原作「其」，據皇朝中興紀事本末卷四四改。

〔二六〕虜主始密與羣臣定議許和　「虜」原作「金」，據皇朝中興紀事本末卷四四改。

〔二七〕太常少卿石慶元與倫等偕來　「石慶元」，繫年要録卷一一九及三朝北盟會編卷一八三作「石慶克」；宋史卷二九高宗本紀六、皇宋中興兩朝聖政卷二三及宋會要輯稿禮四五作「石慶充」。

〔二八〕案：張宗顔、劉錡軍隊調動事，繫年要録卷一二〇繫於「六月乙亥」，并以小曆誤。

〔二九〕案：繫年要録卷一二〇紹興八年六月乙亥條考證：「則小誤，時今年七月方除大理也。」

〔三〇〕爲我言於張七　「張七」，繫年要録卷一二〇紹興八年六月乙亥作「張十」。

〔三一〕時虜使入界　「虜」原作「金」，據皇朝中興紀事本末卷四四改。

〔三二〕乃以命太常少卿吴表臣　「太常少卿」，繫年要録卷一一九辛亥條作「給事中」，并以小曆誤。

〔三三〕倫奏虜使烏凌思謀元在海上結約　「虜」原作「金」，據皇朝中興紀事本末卷四四改。

〔三四〕案：繫年要録卷一二〇繫於「六月己卯」。「新知蘄州」，繫年要録卷一二〇六月己卯條作「户部郎官」，并以小曆誤。

〔三五〕案：繫年要録卷一一九繫於「五月癸丑」。

〔三六〕曰此一事勝疎决多矣　「曰」上原有「上」字，「勝」原作「朕」，據皇朝中興紀事本末卷四四删改。

〔三七〕淵曰　「曰」原脱，據皇朝中興紀事本末卷四四補。
〔三八〕接伴官范同申虜使已到常州　「虜」原作「金」，據皇朝中興紀事本末卷四四改。下同。
〔三九〕案：此條繫年要録卷一二〇繫於「丙子」。
〔四〇〕戊寅　繫年要録卷一二〇繫於「戊辰」。
〔四一〕陛下不憚屈己講和夷狄　「夷狄」原脱，據皇朝中興紀事本末卷四四補。
〔四二〕懷不憤之心　「憤」，皇朝中興紀事本末卷四四作「平」。
〔四三〕假使虜人與我河南地　「虜」原作「金」，據皇朝中興紀事本末卷四四改。
〔四四〕則墮虜計中矣　「虜」原作「敵」，據皇朝中興紀事本末卷四四改。
〔四五〕議者不過以狼子野心　「狼子野心」原作「金人難測」，據皇朝中興紀事本末卷四四改。
〔四六〕謁告出院　「謁」原作「詔」，據廣雅本、皇朝中興紀事本末卷四四及繫年要録卷一二〇改。
〔四七〕案：對朱勝非的此段記事，繫年要録卷一二〇戊寅條注文考證云：「以事考之，此説雖不爲無據，然大中以三月庚寅除參政，而鼎四月壬午方知貢舉，勝非實誤。又所云『交結閹黨』等事，疑出于忿辭，今不取。」

中興小紀卷二十五

紹興八年秋七月己丑〔二〕，以御史中丞常同爲顯謨閣直學士、知湖州。

先是，左僕射趙鼎嘗奏：「向子諲無罪當留，同與潘良貴誠有罪，不宜因子諲之故顯出之。俟少定，令外補，不惟爲同、良貴，亦所以爲子諲。」蓋外議猶以子諲久對爲非，而良貴實出於愛君也。三人既出，給事中張致遠駁詔，謂：「不應以一向子諲出二佳士。」上怒作色，顧鼎曰：「固知致遠必繳駁。」凡再言之。鼎曰：「陛下何由知之？」上曰：「致遠與諸人善。」趙鼎事實曰：「時蓋有先入之言，上聞鼎奏，由是不樂。後數日，右丞相秦檜留身，奏事甚久，既退，鼎扣之曰：『上無以前日言有語否？』檜曰：『上無他，但患相公不樂爾。』鼎乃信而不疑。」

辛亥，宰執奏淮西張宗顏乞遣統制官吴錫軍馬回，別請濟師。上曰：「吴錫有膽勇心計，然不可獨用，可趣歸。令楊沂中別發一軍。」趙鼎曰：「沂中已嘗有此請。」蓋上知人能駕馭，皆出於談笑之間，所謂善將將也。於是，樞密院令殿前司追回錫，仍依其數別撥一軍往廬州，權隸於宗顏，俟防秋過取旨。

舊制，三衙管軍未嘗內宿，上駐蹕揚州，始日輪一員，內宿彈壓。至是，殿帥楊沂中已免宿直，又缺馬帥，惟權步帥解潛一員〔二〕，與兩司使臣互輪，潛奏：「今來無事〔三〕，乞依東京舊例。」乃詔潛權免，只分輪使臣。於是，右諫議大夫李誼言：「按魏置中衛將軍，晉武分爲左右衛，宋、齊謂之二衛，各領營兵，每暮一人宿直。又唐右衛大將李大亮自兼三職，宿衛兩宮。每番直，嘗假寐，太宗勞曰：『公在，我得酣寢。』則三衙宿直尚矣。太平無事，不以三衙宿直可也。今萬騎時巡，宮闕則非曩之壯大，禁衛則非曩之衆多，内外之患，可備非一，而管軍夜居於外，是潛等之寢則安，爲宗社慮則未也。望令沂中與潛依舊輪宿。仍權差馬帥，通作三衙，以次寓直，上嚴宸極。」從之。既遂以龍神衛四廂都指揮使韓世良權馬帥〔四〕。

時有御批，宗子防禦使璩建節，封國公，入資善聽讀。

方疇稽山語録曰：「時左相趙鼎語右相秦檜云：『公嘗説鼎丙辰罷相之後，議論鼎者，專以資善堂藉口。鼎今日當避嫌，公可面納此御筆如何〔五〕？』檜曰：『公爲首相，檜豈敢專？公欲納之，檜當同敷奏也。』鼎約檜與劉大中各作一劄子，明日，鼎與大中各將劄子至，惟檜無之，鼎遂參酌，只作一劄子。明日，鼎又語檜，同進呈尤好。檜復曰：『公爲首相，檜不敢專。』明日進呈，鼎奏曰：『祖宗受天明命，當傳萬世，陛下仁孝，子孫千億，未可量也。但宗子某已封建國，只是小國，今某封吴國公，却是全吴。臣欲且與建節，或封一等小國。』上曰：『都是小孩兒，且與放行。』鼎執奏再三，且曰：『兄弟之序不可亂。』上意難之。遂留御筆曰：『待三五箇月，別商量。』既下殿，樞密王庶，西人氣直，語鼎曰：『公錯了也。』檜曰：『檜明日留身敷奏。』明日，檜留身。又明日，鼎留身，奏曰：『昨所納御筆，不知檜與大中有何奏？』上曰：『大中之説與卿一爾。』」

八月戊午，詔疆埸之臣，無弛邊備。

庚申，以利州觀察使馬擴爲沿海制置副使，鎮江府置司。

先是，朝請大夫吴説嘗與苗傅款密，言者屢劾之，十年不調。辛酉，上因語宰執曰：「説累赦不得自新，非朕用人之意。可諭言官，負釁之人已行遣者〔六〕，勿再論。」於是，趙鼎等仰服主上洪度兼容，所謂國君含垢，此其至也。

甲子，宰執奏馬擴將到奉使録，記海上之盟約，金人夾攻事。上以爲夷狄之與中國〔七〕，如陰陽消長，豈能偏廢？若可勦除，漢、唐之君行之久矣。趙鼎等三復上語，謂此豈特中國之幸，亦夷狄之幸也。

辛巳〔八〕，著作佐郎李彌正、高閌皆除郎官，而著作郎何掄、張嵲尚未遷，樞密副使王庶疑之，以問趙鼎。鼎曰：「少需，處之要職。」至是，以掄爲秘書少監。殿中侍御史張戒言：「掄昔張浚入蜀，掄爲之鷹犬。去歲浚獨相，自以黄潛善乃王黼之黨，每持邪説，以司馬光爲非，王安石爲是。至再修神宗實録，掄攘臂其間，略無忌憚。浚敗，乃焚毁簽貼。國家大典，豈宜屢易，以徇權臣之私意？」詔以掄知邛州〔九〕。嵲不自安，亦求去，遂除福建轉運判官。

徽宗既祔廟禮畢，是月，始詔修徽宗實録，以左僕射趙鼎兼提舉。鼎奏曰：「先帝以仁厚之德，涵養天下，幾三十年，其間法令有未盡善者，皆出於羣臣貪功冒賞之私，而有司壅於上聞，非先帝本意也。劉大中宣和初知如皋縣，有旨即隱者徐神翁所居建爲觀〔一〇〕，觀基包士民墳墓甚衆，大中顧有司不能決，乃具圖申省，且束裝待罪。洎取旨，先帝愕然曰：『豈可發民墳墓？』即詔移之别地。則知當時有不便於民者，使先帝悉知，未有不改之者。此羣臣之罪，而蔡京爲之首也。」上深然之，以至泣下。鼎又曰：「崇、觀之失，不歸之蔡京，使何人任責？今士大夫力主京者，皆厚私恩，而薄祖宗之人也。願陛下深察之。」

時臨安府任同京邑，而守臣集英殿修撰張澄有治劇之才，甚得時譽。是月，除徽猷閣待制。

【新輯】詔復置江淮荆浙閩廣經制發運使，以徽猷閣待制程邁爲之。邁陛辭，言：「唐劉晏爲九使，財賦悉歸于一。國朝始分爲二，而三司使居中，發運使居外，相爲表裏。今租庸分於轉運司，常平分於提舉司，鹽鐵分於茶鹽司，鼓鑄則有坑冶司，平準則有市易司，總之以户部，而發運使徒有其名，臣恐未及施爲，而議論蜂起，上溷聖聽。」上乃督邁使亟行，且喻以置場和糴，毋甚賤傷農。邁曰：「臣敢不遵聖意。」（輯自皇朝中興紀事本末卷四五）

九月丁亥，侍御史蕭振言：「近除發運使，令糴米以待闕用。其價雖隨時低昂，常使官價高於民間，仍不加耗，及即時支錢，則有以助國寬民。」詔從之。既而，右諫議大夫李誼言〔一一〕：「祖宗時，發運所領，乃轉輸東南之粟，以實中都，又制茶鹽香礬百貨之利〔一二〕。今皆所不及，惟是給以本錢，使之糴買。然復興一司，豈專爲此哉？如營田經理之制、市易懋遷之法，又州縣錢物之限無所拘〔一三〕，賦斂之横無所考，監司廢格詔條，漫無有稽察。臣願俾總六路，而調其盈虛，内與户部相爲表裏，則劉晏之策可展，而不爲虚文。不然，則糴買一事，自可責之諸路漕臣，何必創此司哉？望下臣之説於三省，講而行之。」

【新輯】蕭振又言：「古之賢將，皆協力以成功。今陛下舉付之諸將，使分屯近甸〔一四〕，此係社稷之安危，攻之與守，全在諸將協力。昔何充所謂得賢則中原可定，勢弱則社稷同憂。蓋事同者忌功，功同者忌賞，自古有之。望明詔諸將，俾首尾相應，唇齒相依，庶幾人人協謀，大功克舉也。」（輯自皇朝中興紀事本末卷四五）蕭振一日奏事，上因語臣下之姦者，且曰：「朕初不欲以語卿，恐人謂朕令卿言也。」振曰：「臣與陛下所共者，理爾，理之所在，臣安敢自默？」

時新除沿邊守臣王默等，辛丑，上謂宰執曰：「今日邊壘，内則綏撫，外則斥堠，一事至大，未易得人，宜精擇之。」

乙巳〔一五〕，金虜遣左監軍撒离曷自雲中馳之陝右〔一六〕，見左都監拔束議割地事，路由同州。先是，青澗李世輔陷僞境，時爲同州守，世輔怒撒离曷無禮，因殺其從者百人，將擒以歸本朝。會虜騎追逼〔一七〕，世輔折箭爲誓，縱之去。於是，世輔不克南歸，亡入夏國。

初，召秦檜之來，道由婺州，時左朝散郎王次翁致仕，居于婺，與檜遇。既而，中書舍人樓炤爲檜言，次翁貧甚，因曰：「吕頤浩、次翁郡人也。頤浩再相，次翁困一至此。」檜笑曰：「非其類也。」遂落次翁致仕，以兵部郎官召之〔一八〕。是月，移爲吏部郎官。

是秋，金虜括京畿及陝西錢穀〔一九〕，皆轉移北去，蓋有割地以歸本朝之意也。

冬十月，重修禄秩敕令書成，丙辰，右僕射秦檜上之。

侍御史蕭振論參知政事劉大中與父不睦，何以事君？望正典刑，以厚風俗。大中亦累章乞罷，丁巳，以爲資政殿學士、知處州。振復論，遂改提舉洞霄宫。

【新輯】朱勝非閑居録曰：「劉大中素不養父，未嘗同居，與父久别。或責其不省，勉强一詣，見於門首，再拜立談，頃刻而退。大中爲趙鼎黨魁，驟遷禮部尚書，鼎許以參政。父居處州，家信至，報其父病不知人，已具棺殮。大中匿其書，趣鼎立薦，果參大政。已而，父稍間〔二〇〕，亦不問也。其子不平，操刀逐大中，欲弑之，衆救獲免。事頗喧，以此罷政〔二一〕，天下聞而惡之。」（輯自皇朝中興紀事本末卷四六）

趙鼎事實曰：「初，監察御史蕭振力求外補，且托其鄉人吴表臣、薛徽言爲請甚切。鼎信之，遂除郡而去。及秦檜拜相，一召即來。始振以親年七十求去，至是，不復以親爲詞。尋除南臺，是必有薦爲鷹犬者也。未逾月，論劉大中至三章不已，鼎謂意不在大中，行且及臣矣。」

方疇稽山語録曰：「時召蕭振入臺，振，秦檜死黨也。首攻劉大中，大中既去，趙鼎亦丐去。正人端士，掃地盡矣。論者云：『秦檜竊柄十有八年，毒流天下，皆自振發之。』故目振曰老蕭云。」

蕭振言：「經制司糴米，而發運使程邁一例抛與諸州，則諸州不免抛下諸縣，科之百姓，即非創司寬民之本意。宜令官自置糴場。」丁卯，詔從之。

【新輯】左僕射趙鼎引疾乞罷。先是，侍御史蕭振已擊劉大中出之，振言：「某只論劉參政，如趙丞相不必論。」蓋欲其自爲去就也。方疇稽山語録曰：「時傳語紛紛，今日曰：『趙丞相乞去矣。』明日曰：『趙丞相般上船矣。』蓋秦黨百計摇撼，而鼎初未之覺。疇以劄子問鼎曰：『見幾而作，大易格言。當斷不斷，古人深戒。願公早圖之。』鼎遂乞去。」

甲戌，除少傅、奉國軍節度使、知紹興府。趙鼎事實曰：「先是，八月御批防禦使璩建節，除國公。執政聚議之，王庶大叫曰：『匹嫡並后，古以爲戒。此豈可行？』鼎謂秦檜曰：『某前負曖昧之謗，今不敢奏〔一二〕，須公開陳。』檜曰：『陳去非在政府時，已有此意，但未及行，不知公之意如何。』鼎再叩其可否，而竟無一言，却問鼎意如何。鼎謂已有其一名，雖未正，意亦可知，不當更使一人參之。翌日，進呈，檜不復措詞。鼎曰：『今建國在上，兄弟之間，恩數宜小異。』又曰：『建國名雖未正，天下之人皆知陛下有子矣。以前後恩數並同皇子。又昨幸平江及謁太廟，兩令建國扈蹕，國人見者，咨嗟歎息，此社稷大計，蒼生之福也。至於外間稱呼之語，陛下豈不聞之？臣身爲上相，義當竭忠，以報陛下，在今日禮數，却不得不異。蓋所以繫人心，不使之二三而惑也。』後數日，劉大中參式假，亦以此開陳。秦檜亦嘗留身，不知所説何事。後十餘日，鼎請間再言之，退謂檜曰：『朝廷惟患所見不同，所以不能成事。議論既一，雖天意可回。

同寅協恭，其效如此，吾輩不可不勉。』初不疑中有異論者，又鼎上章解機務，上曰：『前日所議，璩建節事如何？』鼎又如前所陳。是時，若能雷同相徇，即留而不去矣。鼎既去，明年正月，遂建榮國公，乃知檜所稟者不然也。」

勾龍如淵退朝録曰：「如淵以直學士院面得旨，草趙鼎制，因奏：『陛下既罷鼎相〔二三〕，則用人材、振紀綱，必令有以聳動四方。如君子當速召，小人當黜。』上曰：『君子謂誰？』曰：『孫近、李光。』上曰：『近必召，如光，則趙鼎、劉大中之去皆薦之，朕若召，則是用此兩人之薦，須朕他日自用之。』如淵曰：『此鼎、大中姦計也，兩人在位時，何不薦光？及罷去而後薦之，意謂陛下采公言必用光，故以市恩耳。』上又曰：『小人謂誰？』曰：『吕本中。』上頷之。如淵因奏：『臣向聞陛下言本中與張致遠，蓋專爲附離計者，今觀本中，真小人也。致遠似不然，如近日喻樗除著作佐郎，臣親見其與宰相辨久之。樗，鼎腹心士也〔二四〕。臣恐陛下過聽，以致遠與本中同科，則實不然，願陛下察之。』」

張戒默記曰：「趙鼎再相，除喻樗爲著作，給事中張致遠獨袖堂劄還之；除著佐，又還之；除正字，復還之；遂已。趙忿曰：『差除簿當送後省耳。』然致遠猶以朋附趙鼎罪去。」（輯自皇朝中興紀事本末卷四六，參考宋宰輔編年録卷一五）

辛未〔二五〕，趙鼎入辭，從容奏曰：「臣昨罷相半年，蒙恩召還，已見宸衷所嚮，與向來稍異。臣今再辭，而後人必有以孝弟之説脅制陛下矣。臣謂凡人中無所主，而聽易惑，故進言者得乘其隙而惑之。陛下聖質英邁，洞見天下是非善惡，謂宜議論一定，不復二三。然臣甫去國，已稍更改，如修史本出聖意，非羣臣敢建言。而未幾復修，此爲可惜。臣竊觀陛下未嘗容心，特既命爲相，不欲重違其意，故議論取舍之間，有不得已而從者。如此，乃宰相政事非陛下政事也。」上曰：「朕深會此矣。」

【新輯】金人有許和之議，上與宰相議之。趙鼎堅執不可講和之説，秦檜意欲講和。一日朝殿，宰執奏事退，檜獨留身奏講和之説，且曰：「臣以爲講和便。」上曰：「然。」檜曰：「臣僚之説，各持兩端，畏首畏尾，此不足與斷大事。若陛下決欲講和，乞陛下英斷，獨與臣議其事，不許羣臣干與，事乃可成。不然，無益也。」上曰：「朕獨委卿。」檜曰：「臣亦恐未便。欲望陛下更精加思慮三日，然後別具奏禀。」上曰：「然。」又三日，檜復留身奏事，知上意欲和甚堅，猶以爲未也。乃曰：「臣恐別有未便，欲望陛下更思慮三日，容臣別奏。」上曰：「然。」又三日，檜復留身奏事如初。知上意堅確不移，方出文字，乞決和議，不許羣臣干與。上欲納，鼎之議不協，遂罷相，出知紹興府。首途之日，檜奏乞備禮餞鼎之行，乃就津亭排列別筵，率執政俟于津亭。鼎相揖罷，即登舟。檜曰：「已得旨餞送相公，何不少留？」鼎曰：「議已不協，何留之有？」遂登舟，叱篙師離岸。檜亦叱從人收筵會而歸。且顧鼎言曰：「檜是好意。」舟已開矣。自是，檜有憾鼎意。（輯自宋宰輔編年録卷一五）

趙鼎之去也，樞密副使王庶送鼎登舟，曰：「公欲去，盍早爲庶言。」鼎曰：「去就在樞密，鼎豈敢預？」庶西人，氣直，即曰：「庶會此矣。」

召龍圖閣直學士孫近及端明殿學士李光，乙亥，以近爲翰林學士承旨，光爲吏部尚書。

既而，給事中張致遠以徽猷閣待制出知廣州，中書舍人呂本中奉祠而去，二人皆趙鼎所厚者。二人之去，皆在十一月，今聯書之。

辛巳，辛執奏北使約仲冬至泗州。上曰：「所議殊未可解，但可和則和，不可和則否。可督諸將爲之備也。」

十一月甲申，以學士承旨孫近爲參知政事。

龍圖閣直學士汪藻復進宣和以後詔旨，己丑〔二六〕，除藻顯謨閣學士。

有旨，少師劉光世賜第。中書舍人勾龍如淵繳奏。上曰：「今財力困匱，營繕實難。但以光世罷兵柄，奉朝請，恩禮稍加于舊，則諸將知後福之有，終皆効力矣。」於是，宰執秦檜等退而稱上馭將帥深得漢光武遇功臣之意。

前宰臣趙鼎之求去也，殿中侍御史張戒以謂：「大臣進退，國家安危所係，陛下他日必悔。乞留鼎于經筵。」詔戒爲耳目之官，附下罔上，可與外任。朱勝非閒居録曰：「趙鼎復相，植黨益急，凡兇險刻薄之士無不收用，使造虛譽而排善類，張戒其一也。鼎薦常同爲中司，同即以鼎所喜，奏爲臺屬。戒自郎官除察院，未幾，遷殿院。鼎失眷丐罷，戒知其決去〔二七〕，即露章請留，以徼後福。其言狂躁愚弄。鼎既罷，猶知泉州，蓋其黨與維持之力也。」

接伴使范同奏金使遣人議過界。上曰：「若使百姓免於兵革之苦，得安其生，朕亦何愛一己之屈？」勾龍如淵退朝録曰：「時金國遣二使携書來，書中蓋以河南之地盡歸于我者。惟是使人入界，索禮過當，號其書曰『詔書』，指吾國曰『江南』，見吾館伴使，必欲坐堂中，而坐使人於一隅。所歷州縣，必欲使官吏具禮迎其書，如吾國中迎天子詔書之禮。且言虜書到行在〔二八〕，必欲上再拜親受之。上下洶洶，不知所爲。上親劄付館伴范同，途中稍生事，當議編置。而朝廷議禮益不決，如淵因奏：『今日和議，實陛下以徽宗、顯肅皇后梓宮與母、兄之重在人國中，宸心朝夕，不遑寧處，遂遣王倫奉使請和。今日金人既遣報賫書而來，倘若不受，必致歸曲於我，一日興師，彼則有辭，此和議固不可壞。而禮文之間，動輒過當，儻不度利害，勉而從之，則堂堂中國一旦遂爲虜人屈已〔二九〕。如臣管見，必遣王倫與使人反覆商議，取得虜書，納入禁中，則禮不行而事自定矣。』上曰：『果如此，即無以加，俟試以此而付之。』」

樞密院編修官廬陵胡銓上書言：「王倫無故誘致虜使〔三〇〕，以詔諭江南爲名，是欲臣妾我也。倫論我一屈膝，則梓宮可還，太后可復。嗚呼！自來主和議者，誰不以此説啗陛下？然卒無一驗，則虜情亦可知矣〔三一〕。向者陛下間關海道，危如累卵，尚不忍北面臣虜；今無故而反臣之，百官軍民皆欲食倫之肉。倫不足道，而秦檜亦爲之，近者曾開引古誼以折檜，檜厲聲曰：『侍郎知故事，檜獨不知耶？』檜畏天下議己，又令侍從、臺諫僉議以分謗。孫近傅會檜議，遂得執政。臣謂倫可斬，近亦可斬也。願斬三人頭，竿之藁街，然後羈留使者，而興師問罪，則三軍之氣不戰而自倍。不然，則臣有蹈東海而死爾。」辛亥，詔銓狂妄上書，意在鼓衆，除名勒停，昭州編管。時銓有孕妾臨月，遂寓湖上僧舍，欲少遲行，而臨安府已差使臣挾錮身來矣。館職范如圭與删定官方疇，同見吏部侍郎晏敦復，爲銓求援。敦復曰：「某嘗言秦檜之姦，諸公不以爲然。今方專國，便敢如此。趙元鎮雖無狀，不至是也。此人得君，何所不爲？」敦復即往見知府張澄，語之曰：「銓論宰相，天下共知，祖宗朝言事官被謫，開封府必不如是。」澄愧謝曰：「即追回矣。」方疇稽山語録曰：「其後，疇見趙鼎於稽山，誦晏敦復有『趙元鎮無狀』之語。鼎曰：『景初亦出此語乎？』疇曰：『某親聞之。』疇又曰：『敦復久在銓部，有人望，當遷尚書。』而鼎謂敦復嘗抗呂頤浩，被送吏部。鼎執政，召爲都司，除吏部侍郎。但其性介僻不通，故遲之也。」於是，秦檜、孫近上章待罪。詔無罪可待。檜等又奏：「若銓重竄，則臣等有所不安。」遂寢前命，送吏部與廣南監當。

右諫議大夫李誼言：「陛下臨御，於今一紀，所用相凡十人，執政三十三人，然皆不久而去。規模數易，士夫知其不久，則肆爲同異，而無忌憚；吏知其不久，則專爲苟簡，以幸蔽欺。陛下夙夜憂勤，而治不加進，殆必由此。今左相虛位，參政闕員，乃擇賢之時。望考以聖心，參以公論，儻選而得天下之材，則責之專，任之久，可革數易之弊。臣備位言責，不敢復避形迹，惟陛下察焉。」

是月，資政殿學士陳與義卒于湖州。

禮部侍郎張九成求去，面奏曰：「外議以臣爲趙鼎之黨，雖臣亦自疑之。」上問其故。九成曰：「臣每造鼎，見其議論無滯，不覺坐久，則人言臣爲鼎黨，無足怪也。」於是，九成除秘閣修撰、提舉太平觀而去。

十二月，右僕射秦檜乞差官前路，與金使計議，使名未正，當以江南爲宋，以詔諭爲國信。至如不受封册，不泛遣使，皆先事預約。戊午，上謂宰執曰：「朕承祖宗二百年基業，爲臣民推戴，已逾十年，豈肯受其封册〔三二〕？兼畫疆之後，惟正旦、生辰遣使，非時不許往來。」於是，檜等皆仰嘆上沉幾遠慮，非羣臣所及。

己未，【新輯】以吏部尚書李光爲參知政事。秦檜與光本不相知，止以和議初成，將揭牓，欲藉光之名以鎮壓爾。上意初亦不欲用光，以檜謂：「光有人望，若同押牓，浮議自定。」上乃從之。（輯自皇朝中興紀事本末卷四六）

秦檜言〔三三〕：「趙鼎修哲宗史成，加特進，直學士院呂本中行詞云：『合晉、楚之成，不若尊王而賤霸。』鼎爲首相，於議和未嘗不僉同，今命詞如此，皆鼎風旨，欲伺和議不成，爲脱身之計。」上因諭：「己酉年，虜人南騖〔三四〕，鼎時爲臺臣，尚欲與金人畫江爲界，豈以和議爲非？此事張守備見。」檜曰：「更可録此聖語，付史館。」於是，檜等退而竊歎，上明智照臨，洞見臣下反覆之態，豈可欺哉！

中丞勾龍如淵言：「資政殿學士王庶嘗營救趙鼎，乞罷潭州之命。」丙寅，詔庶落職，與宫祠。

金國左副元帥撻辣遣其使張通古來朝，己巳〔三五〕，入見，通古言先盡還河南地，徐議餘事。

殿中侍御史金華鄭剛中言：「今日之勢，尤急於邊郡，如楚、泗、通、泰、滁、濠、江、鄂，以至荆、襄、關、陝之地，不過二十餘郡。願詔大臣，精選二十輩，分而布之，使其招徠收養。朝廷又時遣使按行，無狀者易之，處處得人，則須以持久，增秩賜金之事可行矣。」庚午，詔從之。

參知政事李光請罷常平主管官。辛未，上謂宰執曰：「常平法本漢耿壽昌，今豈可以王安石而廢之？其提舉官自可復置，庶幾不陷失一司錢穀。」秦檜因奏：「光言諸路月樁錢，漕司不以上供，及移用等錢樁辦。又一路諸郡輕重不均，致不免敷之百姓。」上曰：「朕屢諭趙鼎，更不肯行。若悉將上供等錢樁辦，自不必科敷。兼江東既闕劉光世一軍，其錢糧亦通用。」蓋上哀憫元元之意其切如此。

甲戌，以端明殿學士韓肖胄爲僉書樞密院事。

乙亥，詔肖胄充金國報謝使，以樞密都承旨錢愐副之。

【新輯】丁丑，詔金國使來，盡割河南、陝西故地，與我講和，許還梓宮、母兄、家族，餘無需索。慮民間不知，令尚書省牓諭。勾龍如淵退朝録曰：「先是，如淵請對，條取虜書之策曰：昨日三衙楊沂中、韓世良、解潛來見臣云：某等昨訪都堂〔三六〕，覆宰執說，聞官家受虜書〔三七〕，必欲行屈己之禮，萬一軍民洶洶，即某等彈壓不得。有一劄子，今將副本來呈中丞〔三八〕，此亦非某等生事，蓋緣又有大底三箇在外，它日問某等云〔三九〕，爾等爲宿衛之臣，如何却使官家行此禮數？不知使某等如何辭對？其所說大底三箇，蓋謂韓世忠、張俊、岳飛也。此言雖似挾持，然亦此事涉大利害，誠不可輕議。臣告以諸公不須如此，他日只事令王倫取虜書，納入禁中，必不行其他禮數。三人者以手加額，曰：『若得如此，天下萬幸。』臣所見惟是令倫早開諭使人，取得虜書納入，最良策。自後數日，不知消息，但聞上決欲行屈己之禮，軍民時出不平之語聞之，有可駭者。上自大臣，下至百執事，朝夕惴惴，恐此禮一行，或生意外之變，合城百姓有終夕不能寐者。而近甸常、潤、會稽之間，民並不安。於是，入文字同諫議大夫李誼請對。又呼臺吏，問朝廷有大議論，在法許臺諫見宰執商議否？曰：『有。』取法來，果有之。乃入文字，乞赴都堂與宰執商量取書事。即日有旨，並許之。二十五日丁丑，同誼及鄭剛中赴都堂商量，自宰執皆以取書之策爲然。秦檜曰：「若王倫商量不得，則當如之何？」如淵曰：「正恐王倫未必了得此事，亦當率易入文字，請相公、參政親見使人與議，庶幾國事早濟。」李光曰：『此固不敢憚，但一到館中，便有許多禮數。』曰：『事固如此，視人主之屈，則有間矣。』光默然，因併呼王倫及計議官馮檝來。如淵語倫曰：『公爲使人，通兩國之好，凡事當於虜中反覆論定，安有同虜使到此而後議者？』倫泣且曰：『某涉萬死一生，往來虜中者數回，今日中丞乃責某如此。』宰執因共解之曰：『中丞之意無他，亦激公使了取書事耳。』倫曰：『此則某不敢不勉。』然宰執終以虜使不肯爲疑。明日，如淵同誼入對，上曰：『士大夫只是爲身謀，向使朕在明州時，朕雖百拜，亦不復問矣。』上辭色皆厲。如淵曰：『今日事與陛下在明州時不同。』誼曰：『此事莫更須招二三大將來，與之商量，取其穩當乃可。』上不答，久之，曰：『王倫本是奉使，到此亦持兩可。秦檜本主此議，今亦來求去，去則不妨，他日金人只來求朕，豈來求秦檜。』二十七日己卯，上詔倫入對，責以取書事。是晚，倫見使人商量，以一二策動之，使人皇恐，遂請明日。上詔宰執就館見使人，受虜書納入。人情始安。或曰：『時欲行此禮，宰臣秦檜未有以處，因問給事中樓炤，炤舉書『諒陰三年不言』之句以對。檜悟，於是，上不出，而檜攝冢宰〔四〇〕，即館中受書以歸。虜使始知朝廷有人。此事聞之王齊愈。』」（輯自皇朝中興紀事本末卷四六，參考繫年要録卷一二四）

是月，以起居郎劉一止爲中書舍人兼侍講，太府寺丞莫將賜出身，爲起居郎。一止亟言：「將丞九列，驟綴從班，人以爲將上書助和議而得之。臣之誤恩，與將同制，臣若不言，人必謂臣自爲地而不忠〔四一〕，乞併臣罷之。」不報。將，歸安人也。

先是，左僕射秦檜嘗因語國事云：「此事大係安危。」禮部侍郎曾開於坐中抗聲曰：「丞相今日不當説安危，止合論存亡爾。」檜矍然驚其言而罷。是月，開以寶文閣待制，出知婺州。此據吕大麟見聞志。

初，吏部郎官黃祖舜以父憂去位，至是免喪。自度與時論不合，即丐奉祠，浮湛里中，以著書自娱，家貧屢空，而處之常晏如也。

時淮東宣撫使韓世忠伏兵於洪澤，詐令爲寇，俟金國使回，則刼之以壞和議。而世忠將郝卞密以告漕臣胡紡〔四二〕，紡白之奉使、僉書樞密院韓肖胄，故金國使由淮西以去，世忠不得而刼焉。

金人既割河南之地以歸本朝，遂移行臺尚書省於大名府，仍遣行臺左丞相張孝純還。

上詔孝純赴闕，孝純自慙，乃白右副元帥兀朮，願歸徐州，致仕而卒〔四三〕。時金人以舊嘗臣劉豫者李鄴爲翰林承旨，馮行寧爲户部使，户部在平陽府，二人受命，皆更服以赴焉〔四四〕。

初，北使之來也，校書郎范如圭上書於右僕射秦檜〔四五〕，責以曲學倍師，忘讎辱國之罪。且曰：「公不喪心病狂，奈何一旦爲此？若不早改圖〔四六〕，必且遺臭萬世矣！」檜怒。至是，如圭輪對言：「兩京版圖既入，則九廟八陵瞻望咫尺，而朝修之使未遣，何以仰慰神靈，下遂民志？」上悽然曰：「非卿不聞此言。」遂命遣使。檜以其不先白己，益怒，久之，如圭奉祠而去。

〔校勘記〕

〔一〕紹興八年秋七月己丑　「己丑」，繫年要録卷一二一繫於「庚寅」。

〔二〕惟權步帥解潛一員　「帥」原作「師」，據皇朝中興紀事本末卷四五改。

〔三〕今來無事　四字原脱，據皇朝中興紀事本末卷四五及繫年要録卷一二一補。

〔四〕以龍神衛四廂都指揮使韓世良權馬帥　「馬帥」，繫年要録卷一二一作「主管侍衛步軍司公事」，即「步帥」。

〔五〕公可面納此御筆如何　「可」，皇朝中興紀事本末卷四五及繫年要録卷一二一作「專」。

〔六〕負釁之人已行遣者　「遣」原脱，據皇朝中興紀事本末卷四五補。

〔七〕上以爲夷狄之與中國　「夷狄」原作「敵國」，據皇朝中興紀事本末卷四五改。下同。

〔八〕辛巳　繫年要録卷一二一繫於「戊寅」。

〔九〕詔以掄知邛州　「邛州」，繫年要録卷一二一作「邳州」。案：何掄罷知邳州，繫年要録卷一二一繫於「壬午」。

〔一〇〕有旨即隱者徐神翁所居建爲觀　「翁」原作「公」，據皇朝中興紀事本末卷四五及繫年要録卷一二一改。

〔一一〕案：繫年要録卷一二二繫於「十月丁卯」。

〔一二〕又制茶鹽香礬百貨之利　「百」原作「石」，據皇朝中興紀事本末卷四五及繫年要録卷一二三改。

〔一三〕又州縣錢物之限無所拘　「限」，繫年要録卷一二三同，皇朝中興紀事本末卷四五作「陷」。

〔一四〕使分屯近甸　「甸」原作「旬」，據繫年要録卷一二三改。

〔一五〕乙巳　繫年要録卷一二四繫於「十二月末」。

〔一六〕金虜遣左監軍撒离曷自雲中馳之陝右　「虜」原脱，據皇朝中興紀事本末卷四五補。

〔一七〕會虜騎追逼　「虜」原作「敵」，據皇朝中興紀事本末卷四五改。

〔一八〕案：此事繫年要録卷一一一繫於紹興七年六月乙卯，且考證云：「按：紹興三年秋，頤浩在相位，次翁自廣西漕召還。會頤浩免相，次翁亦乞祠而去。比頤浩再起，又以上幕辟之。與克所云全不同，當考。又次翁此時雖落致仕，旋又得祠，明年三月，方除兵部郎官。克不詳考耳。」

〔一九〕金虜括京畿及陝西錢穀　「虜」原作「人」，據皇朝中興紀事本末卷四五改。

〔二〇〕父稍間　「間」原作「問」，據繫年要録卷一二三改。

〔二一〕以此罷政　「政」原作「致」，據繫年要録卷一二三改。

〔二二〕今不敢奏　「今」原作「令」，據繫年要録卷一二一改。

〔二三〕陛下既罷鼎相　「陛」原作「既」，據繫年要録卷一二二改。

〔二四〕鼎腹心士也　「士」原作「十」，據繫年要録卷一二二改。

〔二五〕案：按干支順序，辛未在甲戌前，繫年要録卷一一三繫於「甲戌」，當是。

〔二六〕己丑　繫年要録卷一一三繫於「丁未」。

〔二七〕戒知其决去　「戒」原脱，據皇朝中興紀事本末卷四六補。

〔二八〕且言虜書到行在　「虜」原作「其」，據皇朝中興紀事本末卷四六改。

〔二九〕一旦遂爲虜人屈已　「虜」原作「金」，據皇朝中興紀事本末卷四六改。下同。

〔三〇〕王倫無故誘致虜使　「致」原作「置」，據繫年要録卷一一三改。「虜」原作「金」，據皇朝中興紀事本末卷四六改。

〔三一〕則虜情亦可知矣　「虜」原作「敵」，據皇朝中興紀事本末卷四六改。下同。

〔三二〕豈肯受其封册　「肯」原作「有」，據皇朝中興紀事本末卷四六改。

〔三三〕案：秦檜奏言，繫年要録卷一二四繫於「癸亥」。

〔三四〕虜人南鶩　「虜」原作「金」，據皇朝中興紀事本末卷四六改。

〔三五〕己巳　繫年要録卷一二四繫於「丙子」。

〔三六〕某等昨訪都堂　「訪」，繫年要録卷一二四作「詣」。

〔三七〕聞官家受虜書　「聞」原作「問」，據繫年要録卷一二四改。

〔三八〕今將副本來呈中丞　「丞」原作「承」，據繫年要録卷一二四改。

〔三九〕它日問某等云　「問」原作「間」，「等」原作「事」，據繫年要録卷一二四改。

〔四〇〕而檜攝冢宰　「冢」原作「家」，據繫年要録卷一二四改。

〔四一〕人必謂臣自爲地而不忠　「忠」原作「患」，據廣雅本、皇朝中興紀事本末卷四六及繫年要録卷一二四改。

〔四二〕而世忠將郝卞密以告漕臣胡紡　「卞」，繫年要録卷一二五作「抃」。案：韓世忠打算伏擊金使事，繫年要録卷一二五繫於紹興九年正月己丑。

〔四三〕案：繫年要録卷一二五紹興九年正月戊戌條注文考證，直到紹興十一年，張孝純尚存。小曆誤。

〔四四〕皆更服以赴焉　「更服」，皇朝中興紀事本末卷四六作髠髮而左其衽。案：繫年要録卷一二九繫此事於紹興九年夏。

〔四五〕案：繫年要録卷一二五繫於「紹興九年正月戊子」。「校書郎范如圭」，繫年要録卷一二五作「秘書省正字范如圭」，因范氏明年二月方遷校書，小曆誤。

〔四六〕若不早改圖　「圖」原脱，據皇朝中興紀事本末卷四六補。

中興小紀卷二十六

紹興九年歲在己未春正月甲申，上諭宰執曰：「朕每有意候邊事平，與民休息。如月樁錢之類，宜悉蠲之。」

秘書少監、永州居住張浚上言〔一〕：「今虜中有故〔二〕，上下分離，故天屬盡歸，河南遂復，我必德其厚賜。將來内變既平，指瑕造隙，肆無厭之欲，發難從之請，其將何辭以對？臣罪戾之餘，深不欲論事，顧利害至重，不敢自默，惟陛下留意。」

乙酉，宰執奏赦條事，上曰：「凡臣僚抵罪，大則竄黜，小則停降。雖其才可用，而資實小人，亦不可輕赦而復進。蓋世無用小人之理，或偶因微罪，既沾沛澤，豈可不湔洗收録？若以前事論列不已，乃使人材終廢，亦可惜也。」上甄別賢否，愛惜人材如此。

丙戌，【新輯】大赦天下。

以龍圖閣學士王倫爲端明殿學士、簽書樞密院事，仍賜出身，充奉迎梓宫及交地界使，宣州觀察使監公佐副之。（輯自皇朝中興紀事本末卷四七）

詔監察御史莆田方庭實宣諭三京〔三〕。

【新輯】上謂宰執曰：「祖宗陵寢，久淪異域，今興地既歸，當遣使前去修奉。」丁亥〔四〕，乃詔開府儀同三司判大宗正士㒟、兵部侍郎張燾往河南祗謁陵寢。（輯自皇朝中興紀事本末卷四七，參考繫年要録卷一二五）

癸巳，上謂宰執曰：「今當創宫殿，以俟太后之還。」秦檜等曰：「漢有長樂宫，所以奉母后也。臣聞聖人之德，莫大於孝。自興地將歸，陛下出令，皆以祖宗母兄爲先，有以見聖孝通于神明，宜乎上天悔禍，而彊敵之革心也。」

時經制發運司纔糴米四十萬斛，言者以謂：「舊發運使總六路財賦，而餉中都。兵興以來，既無轉輸，但以糴事委之。自朝廷給本錢，無慮五六百萬緡，又諸路常平，既使香鹽司兼領，又别差主管官，有司莫知適從。今欲將發運使并常平主管官罷之。」丁酉，詔去「發運」二字，命户部長貳一員兼領，仍别置副使或判官一員，不時巡按諸路。其常平官並改充經制某路幹辦官。尋以户部侍郎梁汝嘉兼江淮荆浙閩廣經制使〔五〕，司農卿霍蠡爲判官〔六〕。先是，鹽法屢變，其課浸虧，自汝嘉貳版曹，課乃復登。

戊戌，名徽宗陵曰永固〔七〕。

以同僉書樞密院王倫爲東京留守，昭化軍節度使郭仲荀副之〔八〕。以少師、萬壽觀使劉光世爲陝西宣撫使，移四川制置使胡世將副之〔九〕，仍加世將寶文閣學士。會光世弟光遠疏光世之短於言路，於是，中丞勾龍如淵言光世不可遺，乃罷其行。勾龍如淵退朝録曰：「時朝廷擇帥，以人材難得，遂捜至于仇悆、陳規輩〔一〇〕。如淵因奏曰：『如數故相，論其相業，固有短長。若以一路付之，豈不賢于悆、規輩。』其意蓋欲取練達如呂頤浩者處之關中，靜重如朱勝非者處之汴京。而張浚素有威望，宜處之建康。方言及頤浩，上曰：『頤浩若不去，趙鼎河東人，亦可去。』上獨不及張浚。如淵曰：『浚動在社稷，陛下亦豈能終忘之？』上曰：『亦須付之一路，特不可去陝西耳。』明日，宰執對，遂以此意宣諭，而朝廷大不悦。後旬日，有旨，除劉光世陝西宣撫使，朝廷似欲以此遏呂頤浩之行，而如淵再論光世不可遺，乃罷之。」

川陝宣撫使吴玠改爲四川宣撫使。初，玠軍中所用激賞錢，每歲下四川都轉運司應副一百八十萬緡。至是玠言，今不發兵〔一一〕，乞省其半。詔奬之。詔，李誼作。

上謂宰執曰：「河南新復，宜命守臣專拊遺民，勸農桑，各因其地以食，因其人以守，不可移東南之財力，虛内以事外也。」於是，秦檜等竊歎上規摹素定，皆萬世之計，非臣下所能及。既而，東京副留守郭仲荀請兵及糧，上曰：「朕今日和議，蓋使消兵，使百姓安業，留守司豈用多兵？但二三千人彈壓内寇足矣。錢糧亦只據所入贍之，豈可虛内以事外耶？朕見前朝開邊，如陝西、燕山，曾不得尺帛斗粟，而府庫已竭，此可爲戒矣。」仲荀乞兵糧在二月一日，今聯書之。

初，起居舍人薛徽言爲前宰臣趙鼎所厚，一日，因右僕射秦檜于上前論和議事，徽言自殿坳直前，引義固爭，反覆數刻，遂中寒疾，是月卒。

初，宗正少卿范冲、寺丞孫緯等奉詔在紹興五年修祖宗仙源圖、宗藩慶系録、宗枝屬籍凡三書，以太祖、太宗及秦王各爲一總，號曰「總要」。又以母氏、始生〔一二〕、宗婦、宗女、宫院〔一三〕、官爵、壽考、賜謚，各爲一條，分類成書。復被旨，俟二三年續修。去冬本寺已得請，至是，宗正少卿鄭剛中言：「見與寺丞陳確同修，緣三京宗司所報，與舊書有牴牾處〔一四〕，乞許新舊俱存，庶他日可考，仰稱陛下厚本之意。」剛中，金華人也。

二月壬子朔，史館進祖宗實録，上曰：「朕要見景德中與契丹講和後故事，今日可遵行者。朕每于静中留意機務，頗覺有得。」於是，宰執秦檜等退而贊上心虚静，萬機之暇，留意典籍，每行一事，必以祖宗爲法，規摹宏遠矣。

以給事、權直學士院樓炤爲翰林學士。

上欲用太常少卿邵武謝祖信爲臺官，癸丑〔一五〕，諭宰執曰：「朕恐祖信不知今日事幾，可召赴都堂，與之議論。」秦檜等奏：「臺臣乃天子耳目，恐召至朝堂然後授，外間不知陛下之意，不能無嫌。」上曰：「大臣，朕股肱；臺諫，朕耳目。若使臺諫譏察大臣，豈朕之意？」時檜等雖荷上眷，迄不敢召祖信。退而相勉曰：「上開懷待遇如此，其忍負之哉？」

監察御史方庭實奉使回，奏邊事不合。己未，改秘書少監。〔一六〕

秦檜曰：「凡進擬差除，未嘗敢分朋黨。因陳辛亥歲席益行赦文不工，爲諫官所論，緣此怏怏。後守平江，適呂頤浩爲都督過郡，遂離間同列，卒成黨與之禍。」上曰：「士大夫豈有不由宰相進擬？卿等能平心用人，甚善。」

御史中丞勾龍如淵與起居郎施庭臣，因私忿交争奏其惡。如淵謂庭臣指斥。壬戌，上謂宰執曰：「如淵身任臺綱，自合早論，至一月後，因忿方奏，此告訐也。告訐之風，出于末世，三代所未聞也。以朕觀之，庭臣之罪小，如淵之罪大。」乃命秦檜先召庭臣詰問。癸亥，檜奏：「陛下若欲存國體，先黜庭臣，仍改除如淵，俟其乞出，然後補外。」上欲正其事，乃詔庭臣語言狂率，責嶺南監當，如淵失風憲之體，罷與外任。命下，人皆服上之英斷如此。其後，檜擬除如淵知遂寧府，上曰：「此人用心不正。」遂已。擬除如淵在明年正月，今聯書之。

初，諸路月椿各有窠名，其後多爲漕司占留，遂不免斂民。甲子，宰執請均於諸路，不得偏重。上曰：「若所撥窠名錢不足，自合從朝廷給降，不得一毫及民。朕欲養兵，全藉民力，若百姓失業，則流爲盜矣。」上知月椿之害，每每宣諭，憂形于色，此臣下所當奉承也。

丁卯，上諭宰執曰〔一七〕：「太后歸，略備從物，務從質樸，如器皿，塗金可也。朕自即位，服食器用，未嘗妄費，卿等所知。」秦檜等退相謂曰：「上天資儉德，雖奉太后，猶不欲過。漢文履革舄、衣弋綈，不能過也。」

時内侍黄冕辭免製太后禕衣事，上曰：「太后聖性恭儉，服用簡素。今回鑾有期，朕得盡東朝之養。」時上喜見辭色，檜等退而贊上之聖孝出于天性，其屈意求和，實緣太母。宜乎上天悔過，彊虜革心〔一八〕，誠非常之慶也。

癸酉，詔史館見修徽宗實録，今以實録院爲名。右僕射秦檜兼提舉〔一九〕，其修撰、檢討官，令檜辟差。於是，以吏部侍郎范同爲修撰〔二〇〕，禮部員外郎劉昉爲檢討。昉，潮陽人也。上嘗謂宰執曰：「徽宗内禪之事，誠意素定，非因人言。初築北宫夾城甬道，嘗諭梁師成曰：『吾他日釋天下重負〔二一〕，欲與嗣聖往來其間，抱孫自娱。』宣和末，遂踐此言。而小人乘時多事，貪天之功，以爲身謀，秉筆之士不可不知也。」檜等曰：「當時玉音如此，臣等疏遠，若非聖諭，實所未知。」

戊寅〔二二〕，殿中侍御史謝祖信言：「今天意助順，輿地自歸，而朝廷乃在江、吴，道里遼邈。所以宣至意，收人心，惟在號令。宜推誠引咎，使叛者革心。」詔劄付詞臣。

時已遣内侍陳成之往陝西撫諭，仍先至吴玠軍，次之逐路。于是，右諫議大夫李誼言：「成之素不與諸將相識，情未易通。訪聞知金州郭浩父成〔二三〕，舊爲邊將，張中孚、中彦皆出其門，慕容洧之父亦成部曲〔二四〕，而趙彬貧時，又嘗依浩，實於諸將有契。望詔成之與浩同去，所冀衆心早得以定。」

上欲得元臣調護陝西諸將，是月，召少傅、醴泉觀使吕頤浩赴行在，頤浩以年垂七十，力辭不至。具附奏：「金人無故歸地，其必有意。臣記五路元是張中孚、中彦、慕容洧之徒爲帥，今必仍舊。然皆久據一方，慮亦難令。當論以德意，許之久任，庶不致疑。」既而，再趣頤浩至闕，竟聽其辭。及將東歸，復言：「秦爲天下脊〔二五〕，今宜于長安、興元、襄陽各置宣撫司，而重兵屯襄陽，且建行臺。仍即五路選精騎三萬赴行在。請上親提萬騎，不時勞軍，使虜人罔知六飛所在〔二六〕，以伐其謀。自爾不敢復窺江淮，而中興之業由茲起矣。」

詔提舉洞霄宫張浚復資政殿大學士、知福州。

召徽猷閣直學士、知漳州廖剛，既至，三月丙戌，除御史中丞。

戊子，殿中侍御史謝祖信言：「和預買爲民之病，有司變爲折錢帛，又甚患者也。祖宗時，官俵錢於春，而民輸縑於夏，故公私兩利。其後，官無本可俵，則名爲預買，其實白著。是歲於常賦之外，又輸倍。軍興久，而財益詘，遂行一切之政。數歲前，縑價高而折錢或至十千、八千，今價減，而有司猶執前直，一例折錢，使民鬻縑而求鏹，此又甚病也。二病固未能去，求以少紓民力，惟在均而已。欲下諸路，各具所敷之宜，或以税錢，或以畝頭，使户無高下，依夏税法。則姦民猾吏，詭名析産，無所容其倖，而所出均矣。」詔户部措置。

甲午，上謂宰執曰：「士卒暴露累年，菴廬下寒暑燥濕之苦，豈人情所堪？俟疆事稍定，當爲蓋營屋，使各安居。」於是，秦檜等退而竊歎，上恤士卒如此，人豈得不樂爲之死也！

中書門下言：「京城已差留守外，其南京、西京兩處留守，乞權以本府守臣充。」從之。丁未，上謂宰執曰：「河南新復，州縣官當擇愷弟慈惠之人，庶爲朕撫養凋瘵，使不失職。」秦檜等曰：「陛下仁意惻怛如此，臣等敢不承也。」

夏四月庚戌朔，【新輯】少傅、鎮南軍節度使、醴泉觀使、成國公呂頤浩卒，後謚曰忠穆。（輯自皇朝中興紀事本末卷四八）

上以陜西新復，不宜置宣撫使，當遣大臣諭以德意。辛亥，乃詔僉書樞密院樓炤往焉，以秘書少監鄭剛中爲參謀官。

初，環慶將官慕容洧叛，至是，安撫使趙彬奏已殺洧，餘衆多降。癸丑，秦檜奏曰：「陜西已無事，皆陛下聖德所致。」上曰：「朕何以致此？乃祖宗在天之靈默佑。然朕自來惟持不殺之説。」於是，檜等贊曰：「此乃陛下爲天人所歸也。孟子曰：『惟不嗜殺人者，能一之。』陛下堅守和議，不煩干戈，坐得中原，豈非不殺之功乎？」

右諫議大夫曾統、殿中侍御史謝祖信皆論：「趙鼎久位宰司，專權植黨。在靖康末，嘗受張邦昌僞命，近上章納節，敢以富弼自列，臣子共憤，望加流竄。」時鼎以少傅、奉國軍節度使知泉州。乃詔落節。

吏部尚書晏敦復力請奉祠，詔除寶文閣直學士、知衢州。

戊午，步帥解潛爲趙鼎所厚，至是請奉祠，出爲福建路副總管。〔二七〕

初，二聖北狩，上每遇朔望，率羣臣遥拜。自徽宗升遐之後，遥拜淵聖如故。至是，中丞廖剛言：「兄弟同列，方兄爲君，則君事之，及已爲君，則兄之而已。今淵聖之歸有期，望罷遥拜。唯淵聖節，百官仍舊祝壽。」下禮部、太常寺，既而討論欲遇朔望，上用家人禮遥拜于禁中，羣臣於宫門外遥拜。從之。

東京留守王倫奏：「金國元帥謂所降赦文，載割河南地，不歸德于金國。倫一面改定，謂元降赦文非真，却要國書意與符同。」甲子，上曰：「待夷狄當以誠〔二八〕。」因舉寶訓故事：「契丹使耶律元在館，嘗詢左右，館中日聞鼓聲，豈非習戰耶？或對以優人戲場。真宗聞之，謂宰臣曰：『不若以實諭之，諸軍比無征戰，教習武藝耳。』」宰執秦檜等退，相謂曰：「上每推誠待物，動法祖宗，庶永保和好，使敵人無隙之可乘也。」

【新輯】庚辰，上謂宰執曰：「韓世忠欲獻一駿馬，朕辭無用，卿可自留，以備出入。世忠曰：『今已和，豈復有戰？』朕曰：『不然，虜雖講和，備何可弛？朕方復置茶馬司，若更得西馬數萬疋，分撥諸將，廣武備以戒不虞，足以待彊敵矣，和議豈足深恃乎？』」

時遣刑部侍郎高密周聿宣諭陝西。庚午，上謂宰執曰：「陝西諸將既叛復來，緩急金人敗盟，難以責任。朕謂中原尚可徐圖，如五路，勁兵良馬所出，他時當用腹心之臣。」於是，秦檜等退相謂曰：「宸慮所及，豈不深且遠哉？」（輯自皇朝中興紀事本末卷四八，參考群書會元截江綱卷二四戰守和）

庚午，殿前司募鈞容樂工，上慮其擾〔二九〕，令但留舊人，不得增募。上曰：「朕未嘗好世俗之樂，少頗善彈琴，自居亮陰，久亦忘之。」蓋上清心寡欲，無聲色之娛，免喪後，不許募樂工，蓋防微杜漸，規摹閎遠如此。

知綏德軍劉議自言嘗污僞命，乞放歸田里。壬申，宰執擬依赦仍舊任。上曰：「新復州軍，他時悉用文臣，卿等爲朕擇循良之吏。武臣不曉法，直不可與郡。」上久勞于外，深達治體，更用文武之意，同符藝祖矣。

是日，宰執又奏，京城親從官王琪以三朝御容來。上曰：「近有司自京城來獻真宗御容，有司辨其非真，復獻筆百管，雖微物，朕不欲受，恐來者不已也。」

是月，資政殿學士席益卒。原本缺。

【五月】庚辰，右諫議大夫曾統言：「自去冬以來，凡七遣使。初命韓肖胄報聘，又命王倫交地，又遣方庭實宣諭三京，郭仲荀留守東京，周聿宣諭陝西，士㒟、張燾恭謁陵寢，樓炤又至永興布宣德意。所携官吏、軍兵甚多，借請不知其數。竊聞熙寧初，宰臣韓絳宣撫陝西，纔費十八萬緡，時論沸騰，以爲大咎。今一使之費，已數倍于昔，蓋自崇寧權臣用事，務爲華侈，以悦人情，至今未革。將來兩宫南還，其費不少，謂宜擇忠實通練之臣，以舊制裁定，庶無妄費。」從之。

時新復州皆免賦役三年，而亳州民自願輸以助國用。上曰：「中原遺民，久因暴斂，今喜於來歸，誠意樂輸。然乍出塗炭，尤當加恤，兼信豈可渝？」乃令依赦蠲免，仍降詔獎諭。

新復諸州進天申節銀絹。癸巳，上謂宰執曰：「新復州無餘財，此寧免于擾民？可悉退回。」秦檜曰：「陛下誕節，人臣皆致享上之誠，而聖意加恤新民，却而不受，可謂盛德之事也。」

丙申，上謂宰執曰：「鋪翠、銷金之飾，屢詔禁止。今宫中雖無敢犯，而有司奉行不虔，市肆公然爲之。可重立賞，務在必行。」秦檜等曰：「陛下以儉德理天下，而風俗尚習故態，官吏格詔，宜痛加繩治。」

戊戌，資政殿學士宇文粹中卒于成都府。

癸卯，上謂宰執曰：「太祖時，强藩悍鎮，與方面之臣既歸朝，皆貸之。今中原官吏復還，朕方以天下爲度，凡舊染之污，一切兼容。」秦檜曰：「陛下天覆之德如此，四海孰不歸心？」上曰：「今羣臣正當叶心，共成治道。然在外者輒辭難避事，在内者論議多狥私立異，風俗如此，何以求治？卿等當分別之，明示賞罰。」檜曰：「陛下聖明，灼知治道，臣等敢不奉詔。」

【新輯】簽書樞密院事樓炤至東京，六月己酉朔，炤與權留守王倫同檢視修内司。趨入大慶殿，過齋明殿，轉而東，入左銀臺門。屏去從者，入内東門。過會通門，由垂拱殿後稍南至玉虛殿，乃徽宗奉三清之所。殿後有景命殿，復出至福寧殿，即至尊寢所，簡質不華，上有白華石，廣一席地。祖宗時，每旦北面拜，殿下遇雨〔三〇〕，則南面拜。石上稍北至坤寧殿，屏畫墨竹蘆鴈之屬，然無全本矣，他殿畫皆類此。自福寧至欽先、孝思二殿，欽先奉諸帝，孝思奉諸后，帳座供具猶在。出肅雍門，至玉春堂〔三一〕，規模宏壯，非他位比。劉豫嘗對僞臣於此。左竹徑之上，有迎曦軒，對軒有月嶰。始至修内司，謂元是寶繪堂。復由延春閣下稍東，即今太母之舊閣。過小門曰錦莊，無雅飾，入睿思殿門，登殿，左曰玉鑾，右曰清微，後曰宣和殿。庭下皆修竹。自此列石爲山，分左右斜廊，爲復道平臺，臺上過玉華殿，殿後有軒曰稽古，西廡下曰尚書内省。西出後苑，至太清樓下，壁間有御書千文。登瑶津亭，亭在水間，四面樓閣相對，遂趨出拱辰門。時京城外不復有民舍，自保康門至太學道，才數家。太學廊廡皆敗，屋中存敦化堂，牓尚在，軍人雜處其上，而牧彘於堂下。惟國子監以養士，略如學舍。都亭驛棟牌猶是僞齊年號，瓊林苑虜嘗以爲營，至今作小城圍之。

金明池斷棟頹壁，望之蕭然也。

庚戌，皇后邢氏崩于五國城。後大母回鑾，知爲此日。

甲寅〔三二〕，宰執奏徽宗山陵，令禮部、太常寺討論故事。上戒以務從儉約，且曰：「金玉之物，不可一毫置其中，前世厚葬之害，可以鑒矣。」秦檜曰：「此非陛下博覽古今，灼見利害，孰敢輕議？聖論所及，爲後世法矣。」（輯自皇朝中興紀事本末卷四八）

乙卯，上諭宰執曰：「近除邢孝揚團練使，朕思顯肅皇后家尚未推恩，乃先及孝揚，恐失先後之序。」秦檜等退檢會顯肅聞訃日其家已推恩。上曰：「今與鄭藻落階官足矣。」上每行一事，反復精思，務協公議，雖戚里間，未嘗以私意行之也。

時以觀文殿學士汪伯彦知宣州，仍趣朝行在。伯彦將至國門，丁巳，上謂宰執曰：「伯彦相見，便令之官，庶免紛紜。」且曰：「伯彦潛藩舊僚，去國十年。漢高、光不忘豐沛、南陽故舊，皆人情之常。」秦檜退而竊歎曰：「伯彦遭遇聖主，乘風雲之會，致位宰輔。雖勳烈無聞，然上終始眷之，可謂至矣。」初，伯彦未第，有祁門縣令王本者，築館曰「英材」，延之授經，檜與其兄弟皆從伯彦游。至是，伯彦蒙異寵，亦檜之力。詔伯彦元帥府舊臣，特依見執政給俸。於是，給事中劉一止曰：「節度使俸借減尚不薄，況郡有供給圭田之厚，以郡守而依執政，殆與異時非待制而視待制，非兩府而視兩府者類矣。」乃詔罷之。

詔徽猷閣直學士仇悆爲陜西都轉運使〔三三〕，悆以病固辭。言者論其避事，詔褫職，尋責居全州。

殿中侍御史周葵論國用、軍政、士風三事。己未，上謂宰執曰：「國用當藏之于民，但百姓足，國用非所患也。」上於百姓涵養休息，雖兵興未嘗橫斂，宜中原之民〔三四〕，戴之愈久而不忘也。

時有被召人鮮于參到闕，丙寅，秦檜奏：「參乃王庶所薦，人材似可取，乞令上殿。臣備位宰司，人材苟有可用，不敢輒分黨與。」上曰：「朕豈能盡知天下人材？但付之宰相，宰相賢，則賢人皆聚于朝矣。」檜退而竊歎曰：「上任相之意，可謂得其要矣。」

開府儀同三司士㒟、兵部侍郎張燾歸自西京，己巳入朝，士㒟等曰：「諸陵下石澗水，自兵興以來久涸，二使到日，水即大至。父老驚歎，以爲中興之祥。」於是，上以語宰執秦檜等，謂燾必不妄言。檜等退朝，相謂曰：「石澗水至之祥，可謂異矣。燾之言能使人主信重，雖甚異事，不以爲妄。其立身行己，無愧矣。」

張燾奏徽宗山陵，乞不用金玉。辛未，上曰：「前此厚葬之患〔三五〕，如循一軌，金玉之物，朕決意不用〔三六〕。或謂朕以天下之富，而薄于親，如後世譏議何？朕既灼知薄葬之益，使先帝神靈有萬世之安，雖以朕爲不孝，不敢辭。」蓋上通經博古，見利害之實，非流俗之言所能奪也。

初，僉書樞密院事韓肖胄充報謝使，既入北境，其接伴者謂當稱謝恩使。肖胄以使名敕授，不敢輒易，論難三四，卒不能奪。辛未，肖胄還至東京。

壬申，僉書樞密院事樓炤至永興軍，留十餘日。初，僞齊將李世輔亡入夏國，其家悉爲鄜延帥宗雋所害，世輔欲從夏國借兵復讎〔三七〕。夏國主曰：「爾能爲吾立功，則不靳借兵。」時有酋豪號「青面夜叉」者，恃衆擾邊，乃屬世輔圖之。世輔請精騎三千，晝夜疾馳，奄至其穴，擒之以歸。國主大悦，即出兵授之。世輔至延安府，殺宗雋等二人，因剖心以祭。會金國已還三京，世輔説夏人南歸，而夏人多懷疑懼，獨與願從者二千人來〔三八〕。而夏國招撫使王樞反説世輔還夏，世輔遂擒樞同來。樞纔入境，即望闕遥拜，言：「本國主喜甚，再三感聖恩，將遣使入貢。」奏至，上謂宰執曰：「夏人既有此意，其待遇之禮，令有司舉故例行之。」上諭在三月丙申，今聯書之。至是，樓炤與宣諭使周聿皆招納世輔歸朝。

甲戌，上諭：「新除京畿都轉運使李迨，令速行，不然須重貶，蓋迫於公議，雖與朕有潛藩之舊，不得而私也。」迨惶懼上道，蓋上之威斷足以警偷惰，懲傲慢也。

時，同僉書樞密院王倫尚留守東京。先是，金國右副元帥兀朮歸其國，徑之祁州元帥府，密奏於國主亶云：「河南地，本撻辣、宗盤主謀，割於南宋，二人必陰結彼國。今宋使已至汴京，未可令過界。」倫有雲中舊吏隸兀朮帳下，嘗來謁倫，言兀朮謀誅撻辣。倫即馳奏，乞早爲之備，上以示宰執，而秦檜但趣倫過界。乙亥，倫始解留鑰，將使指北行。

是月，川陝宣撫使吳玠卒于仙人關，後謚曰武安。玠馭下嚴而有恩，故士樂爲之死。川陝宣撫副使胡世將，嘗問玠所以勝者於其弟龍神衛四廂都指揮使璘，璘曰：「虜令酷而下必死〔三九〕，先兄每與之戰，非累日不決。大抵舉中國所長而用之耳。蓋中國弓矢勁利，虜士卒堅耐，吾常以長技，洞重甲於數百步外。又選據便利，出鋭卒，以更撓之，使不得休。彼雖堅耐，亦不能無弛，此待之之要也。」

吏部侍郎謝祖信除徽猷閣待制、知潭州。趙鼎事實曰：「先是，謝祖信作言官，力論鼎落節。於是，章氏諸孫咸集闕下，再謀理訴，併及史事。上偶知之，謂執政曰：『聞章惇又有人欲陳訴，以趙鼎去，便謂事有改變，此事乃出朕意，趙鼎何預？聞有從官爲之主議者。』執政奏，謝祖信，章氏子壻也。上曰：『亦知之。』遂出祖信知潭州。祖信聞之大駭，歸家詬其妻，凡數日，曰：『由爾家累我。』以至鬱鬱而死。識者評之曰：『使鼎在朝日，收拾祖信而用之，未必不出其妻，小人唯利所在，初不以親爲意。雖父子之間，有所不顧，況妻黨乎？』」

是夏，金國左副元帥撻辣之蔚州避暑，撻辣下令：「諸藏避我而逃者，家長罪死，籍其產及人口，半以充賞。四鄰之家共追，賞錢三百緡。」仍發番軍分諸路搜捕，民間大擾，羣起爲盜，以拒番軍，遂復止之。撻辣在諸酋中最號寬恕〔四〇〕，今顧爲此，蓋陰與皇伯宗盤通謀，將以致亂，使民嘯聚，則藉之起兵。又令中山府拘奉使王倫于館，且會諸路僉軍，以復取河南爲名，皆所以應宗盤也。

初，安南李乾德有庶子智之奔大理國〔四一〕，改姓趙，號爲平王〔四二〕，至是，知李陽焕卒，其子天祚襲封，大理國遣兵三千送智之歸，要代天祚，天祚不肯，領兵與戰，又敗之。智之欲進奉朝廷，仍乞借兵，廣西經略司以聞。詔令諭以婉辭，勿引之生事。

〔校勘記〕

〔一〕案：張浚上言，繫年要録卷一二五繫於「庚寅」。

〔二〕今虜中有故　「虜」原作「敵」，據皇朝中興紀事本末卷四七改。

〔三〕案：方庭實宣諭三京，繫年要録卷一二六據日曆繫於「二月乙卯」，并認爲小曆繫於正月誤。

〔四〕丁亥　繫年要録卷一二五戊子條注文考證在「庚寅」，小曆誤。

〔五〕尋以户部侍郎梁汝嘉兼江淮荆浙閩廣經制使　「淮」，繫年要録卷一二五作「湖」。

〔六〕司農卿霍蠡爲判官　「司農卿」，繫年要録卷一二五作「司農少卿」。

〔七〕戊戌名徽宗陵曰永固　「戊戌」，繫年要録卷一二六繫於「二月己未」。并考證云：「按日曆戊戌，止是命秦檜撰陵名，克小差也。」

〔八〕昭化軍節度使郭仲荀副之　「昭化軍」，繫年要録卷一二五作「慶遠軍」。

〔九〕案：繫年要録卷一二五考證：「胡世將除川陝宣撫在今年九月六日癸未。」

〔一〇〕遂搜至于仇悆陳規輩　「仇悆」原作「仇愈」，據皇朝中興紀事本末卷四七及繫年要録卷一二六改。下同。

〔一一〕今不發兵　「發」原作「廢」，據皇朝中興紀事本末卷四七改。

〔一二〕始生　「始」原作「姓」，據皇朝中興紀事本末卷四七改。

〔一三〕宫院　「宫」原作「官」，據廣雅本及皇朝中興紀事本末卷四七改。

〔一四〕與舊書有牴牾處　「與」原作「異」，據廣雅本及皇朝中興紀事本末卷四七改。

〔一五〕癸丑　繫年要録卷一二六繫於「丁巳」。

〔一六〕案：繫年要録卷一二六庚申條注文考證云：「按：庭實此時未行，今月十一日壬戌有旨，方庭實不候受告，日下赴都堂稟議，起發在改除後三日。克實誤也。」

〔一七〕案：繫年要録卷一二七紹興九年三月壬申條注文稱：「上語在二月丙寅。」

〔一八〕彊虜革心　「虜」原作「敵」，據皇朝中興紀事本末卷四七改。

〔一九〕右僕射秦檜兼提舉　「秦檜」原作「秦榛」，據皇朝中興紀事本末卷四七改。

〔二〇〕以吏部侍郎范同爲修撰　「吏部」，皇朝中興紀事本末卷四七作「禮部」。

〔二一〕吾他日釋天下重負　「天」原脱，據皇朝中興紀事本末卷四七補。

〔二二〕戊寅　宋會要輯稿職官六繫於「九年三月二十七日」，而戊寅則爲二月二十七日，相差一個月。

〔二三〕訪聞知金州郭浩父成　「金州」原作「金川」，據廣雅本及皇朝中興紀事本末卷四七改。

〔二四〕慕容洧之父亦成部曲　「慕容洧」原作「慕洧」，據繫年要録卷一二七補。下同。

〔二五〕秦爲天下脊　「脊」原作「眷」，據廣雅本、皇朝中興紀事本末卷四七及繫年要録卷一二七改。

〔二六〕使虜人罔知六飛所在　「虜」原作「金」，據皇朝中興紀事本末卷四七改。

〔二七〕案：解潛事繫年要録卷一二一繫於「正月癸巳」，并考證小曆繫於四月誤。

〔二八〕待夷狄當以誠　「夷狄」原作「外國」，據皇朝中興紀事本末卷四八改。

〔二九〕上慮其擾　「擾」原作「優」，據皇朝中興紀事本末卷四八改。

〔三〇〕殿下遇雨　「雨」原作「兩」，據繫年要録卷一二九改。

〔三一〕至玉春堂　「玉」原作「王」，據繫年要録卷一二九改。

〔三二〕甲寅　繫年要録卷一二九繫於「乙卯」。

〔三三〕詔徽猷閣直學士仇悆爲陜西都轉運使　「悆」原作「愈」，據皇朝中興紀事本末卷四八及繫年要録卷一二九改。下同。

〔三四〕宜中原之民　「原」原作「興」，蓋涉上句而誤，據皇朝中興紀事本末卷四八改。

〔三五〕前此厚葬之患　「患」原作「意」，據皇朝中興紀事本末卷四八改。

〔三六〕朕決意不用　「決」原脱，據皇朝中興紀事本末卷四八補。

〔三七〕案：此記事，繫年要録卷一二四據張匯節要附於本年冬。

〔三八〕獨與願從者二千人來　「獨」原脱，據皇朝中興紀事本末卷四八及繫年要録卷一二九補。

〔三九〕虜令酷而下必死　「虜」原作「金」，據皇朝中興紀事本末卷四八改。下同。

〔四〇〕撻辣在諸酋中最號寬恕　「酋」原作「帥」，據皇朝中興紀事本末卷四八改。

〔四一〕安南李乾德有庶子智之奔大理國　「安南」原互倒，據皇朝中興紀事本末卷四八乙正。

〔四二〕號爲平王　「王」原脱，據廣雅本及繫年要録卷一二九補。

中興小紀卷二十七

紹興九年秋七月己卯朔，金國有郎君吴矢者反〔一〕，擒獲之，下大理獄，事連宋國王宗盤、兗國王宗雋、滕國王宗英、虞國王宗偉、殿前左副點檢渾覩〔二〕。時虜主亶與右丞相〔三〕、陳王悟室謀誅諸父，因朔旦伏兵於内，宗盤等入見，擒送大理獄。辛巳，悉夷其族。僞詔略曰〔四〕：「周行管叔之誅，漢致燕王之辟，惟兹無赦，古不爲非。」翰林韓昉作也。時左副元帥魯國王撻辣方握兵在外，難遽誅之，乃除撻辣爲燕京行臺左丞相，又以僉書杜充爲右丞相，仍擢右副元帥兀朮爲都元帥。命下，撻辣語使者：「我開國功臣，何罪而與降奴杜充爲伍耶？」不受命而叛。初欲歸本朝，不克，既而北走沙漠，兀朮遣右都監撻不也追獲之，下祁州元帥府，獄具，殺之。撻辣臨刑，謂兀朮曰：「我死之後，禍必及爾，宜速圖之。」兀朮俛首無言，遂囚撻辣子太拽〔五〕。久之，因赦得出。

東京父老百餘人詣闕稱賀，乙酉〔六〕，上臨軒以見，皆補官遣之。

甲午，上謂宰執曰：「朝廷惟要辨君子小人，君子小人既辨，則治道無不成。」秦檜等退而竊歎聖謨，切見立政、用人，爲帝王之先務，蓋堯、舜、禹、湯、文、武之治，何以出此。

吏部侍郎張燾遷尚書。

時久旱，上齋居蔬食，以祈雨澤，己亥〔七〕，秦檜奏曰：「考之典禮，陛下惟當損太官常膳。」上曰：「雖損膳，豈免日殺一羊。」檜曰：「陛下推不忍之心如此，何患天意不格？」既而，甘雨應禱霑足。

先是，奉使王倫至中山府，留十四日。倫以九日丁亥至中山，傳云魯王撻辣見在草地，後月半方來。庚子，始聞其國内變，倫以下皆憂。俄傳四太子兀朮作都元帥，昨夜抵城外，已回祁州矣。少頃，引接者至，令倫等悉赴元帥府。即趣之行，是晚，達祁州。

初，右護軍凡七萬三千人，馬九千匹，時宣撫副使胡世將置司於鳳州之河池縣〔八〕，熙河帥吴璘總二萬人，秦鳳帥楊政總三萬人〔九〕，【八月】戊申〔一〇〕，世將奏〔一一〕，二人皆故吴玠大將，威名素著，乞命璘於鳳翔及寶雞以來，命政於鞏州及白石以來駐軍，則應接川陝，其勢兩便。仍乞璘充右護軍都統制，政充宣撫司都統制。既又請命永興帥郭浩以所統九千人於邠、耀二州捍禦，皆奏以俟朝命。

僉書樞密院事樓炤會諸帥議移軍事，秦鳳經略使吴璘言：「移軍陝右，則蜀口空虚，虜或逾盟〔一二〕，自南山擣蜀，邀我陝右，則我不戰自屈矣。當且依山爲屯，以控要害，俟虜情見力疲〔一三〕，則漸可進。」璘遂止以牙校三隊赴秦州，且飭階、文等寨以備之。至是，世將使事畢，己酉，離秦、鳳翔府以歸。陝西雖號新復，然自虜、僞變易之後，軍民尚懷本朝。時諸路禁軍得三萬四千有奇，而涇原八千人尤勁，雖分隸諸帥，然各有將分，仍存正副，蓋祖宗之軍政猶在。又弓箭手亦得七萬。時御營右護軍自蜀出者，皆駐熙、秦兩路，而諸郡見管之粟與和糴相當，足以支一歲之食。先是，轉運使張深上言：「乞裁減軍士廩賜。」於是，諸軍出關，歸怨於建議者，洶洶幾變。而閬州戍卒欲殺其守臣孫渥，會謀泄不果。宣撫副使胡世將亟下令，悉如舊數不減，即條利害上之。議者謂當待報。世將曰：「朝廷置大將，事有待報不及者，固許行之〔一四〕，不然，某上章乞罪，以罪去無憾也。」

先是，樓炤奏陝西諸軍冬衣，已下成都等路撥十六萬。庚戌，上謂宰執曰：「蜀士頻年調發，凋弊已甚。今吴玠一軍既分屯關陝，饋運十省八九，若更減冗官，四川民力庶幾其少紓乎。」炤又奏差環州保安將軍守臣〔一五〕。乙卯，上諭宰執曰：「陝西沿邊，控制夏國，最爲要害。當擇久在軍中，諳練邊事，或本土武人，方能保固障寨，民得安業。可劄付炤，令諭諸帥。」秦檜等退而竊歎，上留意疆埸，愛惜生靈，可謂明見萬里之外矣。

【新輯】丙辰，秦檜奏乞已行下陝西，諭諸帥令遴選堡寨官。上曰：「堡寨最是沿邊急事。」因言：「神宗戒陝西諸帥，悉出手批。然於器械，則稍變古法，新法弓稍短，不能及遠。

又放箭拘以法，不能中的。朕自幼年即習騎射，如拽硬、射親，各是一法，斗力至二石以上，箭落不過三五十步，如此何以禦敵？」上之英武出於天姿，其論射法，雖唐太宗不能過也。

己未，上謂宰執曰：「吴玠軍既移屯，則熙、秦等路便當以五百人爲一指揮，令諸將招填舊額，與弓箭手參用，緩急可以倚仗。金人雖和，安能保其終始無變？况夏人乍叛，尤爲難保。則今日邊防豈可忽也？」（輯自皇朝中興紀事本末卷四九，參考繫年要録一三一）

【新輯】庚申，殿中侍御史周葵試起居郎。先是，權户部尚書梁汝嘉爲秦檜所厚，葵將按之。汝嘉聞之，謂中書舍人林待聘曰：「副端論君矣。」葵入對，待聘乘未趣朝，亟告之。檜即奏徙葵爲起居郎。葵方待引，檜下殿諭閤門曰：「周葵已得旨除起居郎，隔下。」葵入後省，出其疏以示待聘曰：「梁仲謨何其幸也！」（熊克小曆參。輯自繫年要録卷一三一）

【新輯】給事中蘇符奏吴玠軍已移駐熙、秦，乞免四川對糴米及脚錢。辛酉，上謂宰執曰：「四川自兵興以來，横斂既多，民不堪命。」乃詔宣撫副使胡世將、都轉運使張深蠲減，以紓民力。符，軾孫也。

吏部郎官徐度奏，新復州縣如僚佐管官，最爲近民，其應格人，長吏更加銓擇。上曰：「度所論甚當。新疆百姓久被虐政，若州縣官非其人，朕之德音何自而達？」秦檜曰：「守令皆親民官，今後縣令亦依守臣到堂。」上曰：「卿等若親加銓量，觀其議論，亦可見人材之

大略。」度，處仁子也。（輯自皇朝中興紀事本末卷四九，參考繫年要録一三二）

先是，夏國將李世輔與僞招撫使王樞同至長安，時環慶路又獲夏國一百九十餘人。於是，僉書樞密院樓炤奏：「陝西新復，正與夏國爲鄰，此等留之無益，還之可使知恩。」遂遣樞等歸夏國。既而，世輔至闕，上獎其忠義，授護國軍承宣使、龍神衛四廂都指揮使、兼樞密院都統制，賜名顯忠。

言者謂：「宣撫司便宜補官，歲約一千員，乃倍於三歲科舉補蔭之數。今既罷便宜，而又陳換給，其來不已，乞限以年，庶息姦弊。」詔限一年。

言者謂：「蜀宿重兵，一歲供億，無慮四千萬緡，民力殫矣。賴陛下念之，徙兵隴右，謂此可以寬民力，而官吏多擇善地，至新疆則固辭。今後避事之人，當重黜之。」

淮東宣撫使韓世忠奏，金人近誅宗族大臣，國内紛擾，淮陽所屯兵皆抽回，世忠意欲乘虚襲之。丙寅，上謂宰執曰：「世忠武人，不識大體，金人方通好，若因其無備襲之，是乘亂而幸災也。異時何以使夷狄守信義乎〔一六〕？」

户部郎官孫邦奏：「私酤條已免拆屋〔一七〕，茶鹽尚有籍没法〔一八〕，亦乞除之。」癸酉，上謂宰執曰：「法果弊宜亟改，若行已久而無甚害，且循祖宗之舊也。」

先是，金國欲得趙榮、王威二人，已詔遣還之。於是，韓世忠以書與秦檜曰：「榮、威不忘本朝，以身歸順，父母妻子悉遭屠滅。相公尚忍遺之，無復中原望耶？」乙亥，檜奏：「外間頗有異論。」上曰：「榮、威在僞朝，力捍官軍。金人已割還舊疆，宿、壽乃腹心之地，榮、威輩避罪奔逃，貪功生事，無故驅掠兩州之民，罪不容誅，宜牓諭此意。」

初，提舉明道宮鄭億年爲虜執北去〔一九〕，遂臣劉豫，爲吏部侍郎、户部尚書，遷右丞，除資政殿學士。河南初復，右僕射秦檜與億年爲親，乃召之還，除雜學士、提舉醴泉觀〔二〇〕，奉朝請。至是，檜又欲復其僞授職名，參知政事李光以爲不可，乃已。朱勝非閒居録曰：「時宰臣秦檜，王仲山之婿也。鄭億年母，仲山親姊。檜子熺復娶億年之女。至是頗佑之。億年始至，除雜學士，繼欲復僞齊所授職名。參政李光榻前面折之，乃止。後數月，光罷，億年竟復資政殿學士，仍奉朝請。雖士論洶洶，而一時給舍、臺諫，皆檜私黨，不復顧逆順之節矣。嗚呼！億年事逆豫爲執政，掌其機事，與謀者欲滅吾宋也，欲危吾君也，欲傾覆趙氏而爲劉氏也，欲吞東南而臣屬之也。在律，叛逆不原赦，不分首從，則億年與豫其罪等，舊官其可復乎？唐禄山之亂，既復兩京，陷僞之官，以六等定罪，最重棄市，次自盡，餘流竄，故相張説二子均、垍皆當死，肅宗以在東宮時，説有保祐之功，欲貸之。明皇曰：『均、垍事賊，皆任權要，均仍爲賊毁吾家事，不可赦。』肅宗復請，於是流垍嶺表，而均被極刑。徽宗之待居中，厚於明皇之遇張説；億年之事劉豫，親於垍、均之從禄山〔二一〕。而況居中素無援助之力，今失刑如此，何以慰徽宗在天之靈乎？」

初，右諫議大夫曾統言：「經制，本户部之職，更置一司無益，乞罷之。」上曰：「經制一司，須久方見利害，今纔半歲，難遽責以近效。若實無益，雖亟罷可也。」至是，言者又以經制司所創官吏種種横費，較其所入，未必能補。如創酒庫，亦是陰奪省司之利。況所總之事，皆户部本職。有經制，則户部亦可廢矣。詔付户部具經制司察州縣所陷錢物，并催未到綱運，緣路分闊遠，未見速效。今若依舊分隸諸司，則經制可罷，其庫欲歸併贍軍庫。丙子，乃罷經制司，其諸路幹辦官依舊爲主管常平官。

徽猷閣待制、提舉萬壽觀兼侍講尹焞，前爲禮部侍郎〔二二〕，已病，至是疾甚，不能朝，遂奉祠而去。〔二三〕後四年，卒於會稽。

時，金虜法苛賦暴〔二四〕，加之饑饉，民不聊生〔二五〕。又下令欠債者，以人口折還，及藏逃亡而被告者皆死。至是，將相大臣如宗盤、撻辣之徒皆誅死。二酋久握重兵〔二六〕，嚮者植黨滋衆，今則悉爲亡命，故所在蜂起，平定、威勝、遼州道不通行。一旦〔二七〕，太行山義士入懷州萬善鎮，州人大恐。中原盛傳大駕親征，民皆陰備軍器，晝而罷市，晚視霞起，則曰御營烈火光矣。

初，龍神衛四廂都指揮使李顯忠歸朝日，常復其父母之讎，至是待罪。九月戊寅朔，詔顯忠有功鄜延，特與放罪。

初，召太尉、東京副留守郭仲荀赴行在，仲荀因領劉豫下兵八千以還〔二八〕。至是，駐於鎮江。己亥，上謂宰執曰：「仲荀善人，但馭衆非所長，姑令駐彼，別選人代之。」秦檜曰：

「孰可當者?」上曰:「極難其人,當於統制官中選之。」檜等言:「董先、牛皐輩才具。」上曰:「此皆可用。」上又曰:「辛永宗與仲荀同來,且令歸前任,蓋所爲誕謾,向在軍中,每遇大閱,則借人馬器械以充數。」檜曰:「外人不知陛下察其姦狀,乃謂眷之。蓋小人在外,托聲以惑衆爾。」上曰:「如辛道宗不循理,亦不可用也。」

【新輯】刑部侍郎周聿宣諭陝西回,言:「陝西既歸,我得地數千里,兵十三萬,馬二萬〔二九〕,雖天下上游〔三〇〕,其實甚虚。異時夏人不敢犯者,以金人精兵在内故也。望以閑地,依本朝之制招弓箭手,則邊人樂耕,不出數年,兵政自成矣〔三一〕。」聿復面陳,所過州縣,民見之,皆懽忻鼓舞〔三二〕,屬户有感泣者。乙巳,辛執奏事,上以語之。秦檜曰:「此祖宗仁恩涵養,而陛下純用德化,故爲夷夏所歸。」上曰:「皇天無親,惟德是輔。朕嘗笑趙鼎舉劉麟之語曰:『我能嚴刑,故州縣無不畏。聞江南只是尚寬。』鼎因勸朕立威以馭下〔三三〕。是不知爲天下者,豈可不尚德而用刑也?」檜等退而竊歎,曰:「唐太宗不聽匪讒之議刑律〔三四〕,而用魏證之仁義,故能成正觀之盛。上援千古,聖德不小矣!」(輯自皇朝中興紀事本末卷四九,參考繫年要録一三二)

丁未〔三五〕,起居郎周葵請:「今後犯茶鹽人,免根問來歷。」上曰:「犯榷貨者,不根問經由,此嘉祐著令,仁祖盛德也。舉而行之,則吏不至夤緣,獄不至滋蔓,可速付之省部。」

先是，雷州有海商爲賊所刼，本州兩獄禁勘〔三六〕，皆平民，所死於獄者五人。大理寺丞朱斐奏之。上惻然謂宰執曰：「二廣地遠，有司如此，寃何所伸？」令斐再具奏，其提點刑獄以下官皆重黜責。上曰：「古者刑人，則君爲之徹樂減膳。唐太宗三覆之刑，誠以死者不可復生。今後遠地監司，須爲朕遴選。」秦檜等仰承欽恤之意。至是，上又詢雷州獄事，檜曰：「已到，乃令刑部詳之。」蓋上哀矜庶獄，常記淵衷如此。

金國主亶既誅撻辣，遂以右丞相、陳王悟室爲左丞相〔三七〕，右丞蕭慶爲左丞。悟室嘗副粘罕行事，雖爲羣酋所忌〔三八〕，而常以智得免，故粘罕以下皆不能及，國人號曰「薩滿」〔三九〕，「薩滿」者，女真語巫嫗也。以其通變如神也。是豈亶之所能馭？故深忌之。初時客星守魯，事在五月。悟室占之，太史曰：「不在我分野，無傷。」未幾，宋、兖、虞、滕諸王同日誅死。既又守陳，事在七月。太史以告奉使宇文虛中，虛中語之，悟室不以爲怪，是月，果同蕭慶被誅。虜應天道如此〔四〇〕。其僞詔略曰〔四一〕：「希尹心在無君，言宜不道，逮燕居而竊議，謂神器以何歸。」希尹即悟室也。又曰：「慶迷國罔悛，欺天相濟。既致於理，咸伏厥辜。賴天之靈，誅於兩觀。」時悟室之黨皆爲都元帥兀术所誅，奉使洪皓嘗與悟室持論幾死，兀术知之，故得免。

時兀术謀舉兵以復河南，已決意入侵。蓋金法：罷兵則權在國主，用兵則權在元帥。

自割地講和之後，不半載間，元臣宿將，誅夷殆盡。兀朮所以力沮和議者，亦撻辣臨死之言有以動其心也。

僉書樞密院事、奉使王倫至金國御子林，留館五日，辛亥〔四二〕，見國主亶致命，亶悉無所答，令其臣翰林待制耶律紹文爲宣勘官，問倫還知元帥撻辣等罪否？倫對：「不知。」又問：「無一言及歲幣，却要割地，但知有元帥，豈知有上國耶？」倫曰：「日者，僉宣蕭哲以國書來，許割河南，歸梓宮、太母，天下皆知上國尋海上舊盟，與民休息，使人奉命〔四三〕，通知兩國爾。」

冬十月辛亥，詔侍從官各薦二人。上曰：「朕久在東南，中原隔絕，遺才必多。可令訪求推薦，以見朕兼收並用，求賢無方之意。」

成都闕帥，癸丑，以吏部尚書張燾爲之，仍除寶文閣學士。時罷四川制置使，上謂宰執曰：「燾雖安撫成都一路，如四川前日無名横斂，不急冗費可令蠲省，以寬民力。」上語在己酉，今聯書之。及燾陛辭，言：「蜀自軍興，民力久弊，官吏不恤。臣願宣陛下德意，俾一路被澤。」上曰：「豈惟一路，應四川事，悉以委卿。」以成都帥而得行四川民事，自燾始也。

戊午，宰執奏統制官雷仲管鎮江府軍馬，上曰：「岳飛軍中偏裨如董先、牛皋頗驍勇可用，但先好貨，皋嗜酒，皆有所短，未可統衆。」秦檜等退而竊歎，上知人，善任使，雖軍中偏禪，性行才否，無不洞察。

丁卯〔四四〕，宰執表上皇太后宮殿名，上曰：「行宮地隘，只依山修築，至於器用、供帳、衣衾之類，朕皆親臨視。」仍許宰執入觀。秦檜曰：「陛下純孝，篤於奉親之禮，無不周也。」

壬申，上諭宰執曰：「吴玠久在蜀，備著勞績，已優加恤典。然聞其家頗貧，可賜錢三萬緡，仍進其弟軍職，令撫玠家屬。」秦檜曰：「陛下追念將帥，不忘其勞，凡被堅執銳者，孰不感而自效也。」

金虜近歲入寇多不利〔四五〕，始知憚中國。時有遼軍萬户韓常爲濬州守，一日與其判官宮茵論南北兵戰之事，茵曰：「北非南之所能敵。」茵，益都人，蓋諛之也。常曰：「不然，今昔事異，昔我强彼弱，今我怯彼勇，所幸者南人未知北間事爾。」

十一月己卯，【新輯】上諭宰執曰：「新疆百姓凋弊，無往年十之一，而官吏悉如舊，何以贍之？可令逐路監司併省，庶寬民力。」又曰：「聞沿汴居民苦於官役，不安其業，逃去者多，當嚴約束。」秦檜曰：「陛下愛民，真二帝三王之用心也。」上又曰：「前日議移岳飛屯于襄陽，深慮饋運費力，不若先移萬人於江西，既省饋運，亦可以彈壓盜賊。」（輯自皇朝中興紀事本末卷五〇，參考繫年要録卷一三三）

奉使藍公佐回程，庚辰，纔至燕京，而彼國元帥兀朮亦至。公佐深懼不免，留四日，始聽行。

殿中侍御史何鑄言：「初改官及初補官人，並合赴部注授。」乙酉，秦檜奏：「舊法，初改官，須歷親民一任〔四六〕。」上曰：「有祖宗成法，自當遵守。」

嗣濮王仲偊卒。

【新輯】京畿都轉運使李迨昨被命稽留〔四七〕，及到任，又與西京留守孟庾不和〔四八〕。先是，降聖節日，庾失於行香，爲迨所持，庾方自劾，迨因此規求罷去。上曰：「迨昔守官于濟，亦有風力，然爲人刻薄。自頃被命，已偃蹇，今若止罷之，適中其計。」丙戌，乃詔迨落龍圖閣直學士，與宮祠。（輯自皇朝中興紀事本末卷五〇）

戊子，司農卿莫將除徽猷閣待制、京畿都轉運，兼主管奉迎梓宫一行事務。上曰：「迨乃朕舊寮〔四九〕，亦見朕於臣下無所偏也。」秦檜曰：「唐龐壽相任濮守，以污敗，自陳嘗在秦王府。太宗謂曰：『我昔爲秦王，乃一府之主，今居大位，乃四海之主，焉得獨私故人？』壽相流涕而去。陛下英果，過太宗遠矣。」

【新輯】先是，敕令所已修成在京通用敕令。己丑，宰執奏，乞頒降。上曰：「朕未詳覽，若欲頒降，當須差官詳覆，恐有司行之，或有誤也。」

户部侍郎周聿言：「陝西士人學業久荒，拙於爲文，若與四川類試，必不能中程。乞別立字號。」上曰：「陝西久淪僞境，朕欲加惠遠方，可令禮部措置，庶其無不平之歎也。」（輯自皇朝中興紀事本末卷五〇，參考繫年要録卷一三三）

右正言陳淵乞：「凡賜賚而於例有疑者，三省共議。」【新輯】己丑，上謂宰相曰：「朕未嘗有一毫之妄費。」秦檜曰：「淵初除諫垣，職在規正故耳。」上曰：「淵老成有學，乃楊時之壻。聞嘗講論語、中庸，可令其子適進來。」上因論：「極高明而道中庸，此不可分作二事。」檜等曰：「陛下之學，深造聖域，非臣下所及也。」〔五〇〕淵（輯自皇朝中興紀事本末卷五〇，參考繫年要録卷一三三）又言：「莫將未應遽除次對，須其績著，然後命之。雖往者尹焞亦自卿聯命以此職，由焞先除從班，以疾力辭，老不可留，故以寵之。今將宜除近下職名，庶合公論。」淵，沙縣人也。

壬申〔五一〕，秦檜奏神宗、哲宗實録已進，今乞專修徽宗實録。上曰：「謂實録〔五二〕，當實録其事〔五三〕，以信後世，豈容置私意於其間耶？」〔五四〕

開封少尹李景謨奏陽武河埽事，癸酉〔五五〕，上曰：「河事利害非輕，可速擇都水官。朕頃兩至河上，每見一埽所費不貲，如十八盤，各有斗門，以殺水勢，一失枝梧，民被其害矣。」

金部郎官游損奏：「州縣贓吏，監司、郡守不即按治者，許民越訴。」詔申嚴舊法。損，建陽人，酢子也。

辛酉〔五六〕，詔樞機之地，安可曠官？僉書院事樓炤趣令還任供職。

時侍從官論薦左朝奉大夫張侚等，皆令除郡。壬戌〔五七〕，上曰：「士大夫固以任中都官爲榮，朕謂百姓國家根本，當以親民官爲重，無内外之限。」侚，嘉興人也。

先是，少保、開府儀同三司孟忠厚乞河南一郡，給事中劉一止言：「后族業文如忠厚，不可多得，但此例一開，有出忠厚下者，何以御之？」又有嘗事僞楚人徐偉達者，差知池州，一止言：「邦昌僭位，凡仕僞之人，皆諱其官稱，惟偉達至今自謂郎中，豈稍有廉耻者？一郡既可惜，且無以示好惡於天下。」上皆爲罷之。中丞廖剛曰：「是臺臣所當言者，皆爲劉君先矣。」

金虜主亶諭其政省〔五八〕，今後四時游獵，春水秋山，冬夏剌鉢〔五九〕，皆循契丹故事。「剌鉢」者，契丹語，「所在」之意。然契丹先世雖或游獵，未常立四時定制。自中興講好之後，復併諸番，境内無事，始於每歲春水獵鵞，秋山射鹿，夏則避暑於長嶺，冬則就暖於陽城，既畢，然後歸廣平靴甸受禮。卒至亡其國，亦緣四時無定，遠近騷動。時亶方親戚内叛，寇盜外擾，不知自警，乃循契丹覆敗之轍，其後果不令終，蓋已基於此矣。

十二月甲寅〔六〇〕，【新輯】資政殿學士、提舉洞霄宫盧益卒於嚴州。（輯自皇朝中興紀事本末卷五〇，參考繫年要録卷一三三）

言者謂：「翼祖積累深厚，興我宋萬世之基。而保州睦宗院既陷於虜〔六一〕，其南奔者十數人，而有官者僅四人。望權依西京宗室例〔六二〕，先次注官。」丁巳，詔從之。

【新輯】參知政事李光與右僕射秦檜議不合，於上前紛争，且言檜之短，乃引疾求去。辛酉，罷爲資政殿學士，詔與郡。言者交攻，遂提舉洞霄宫。時右正言陳淵獨不論光〔六三〕，檜疑之。（輯自皇朝中興紀事本末卷五〇，參考繫年要録卷一三三）

宗正丞鄭鬲奏：「乞以常平錢於民輸賦未畢之時，悉數和糴。」壬戌〔六四〕，詔從之。上謂宰執曰：「常平法不許他用，惟待賑荒恤饑，取於民者，還以與民也。」秦檜曰：「陛下語簡而理盡，無不本於愛民。」鬲，侯官人也。

【新輯】祕書丞廬陵劉才邵言：「累朝會要已至熙寧，而元豐以後者未次，若置局則有官吏廩給之費，望令館職續編。」甲子〔六五〕，詔從之。（輯自皇朝中興紀事本末卷五〇，參考繫年要録卷一三三）

初，詔侍從各舉所知，而給事中劉一止、起居郎周葵，皆以宣教郎吕廣問應詔。廣問，夷簡孫也。李光欲除廣問館職。至是，殿中侍御史餘杭何鑄言：「二人非知廣問者，因光之囑，迫於勢而舉之，相與以欺陛下也。今光已出，二人之罪，豈容不正？」己巳，詔一止、葵並以奉祠而去。

金虜僉軍之法〔六六〕，自元帥府下諸路帥，帥下節鎮，鎮下支郡，郡下諸縣，縣籍民户丁多寡之數，令備軍械、軍裝，以聽點集。用兵以來，皆粘罕之徒專之。至是，國主亶始令諸路不得從元帥府，須見裹面使臣所持御畫牌劄，方許僉發，蓋疑其下也。然元帥府距其國都甚遠，苟有緩急，豈能應機而用哉？

〔校勘記〕

〔一〕金國有郎君吴失者反　「吴失」原作「烏克紳」，據原注及皇朝中興紀事本末卷四九回改。下文徑改，不出校。

〔二〕事連宋國王宗盤兖國王宗雋滕國王宗英虞國王宗偉殿前左副點檢渾覩　「滕國王宗英」原作「虞國王宗英」；「虞國王宗偉」原作「滕國王宗偉」，據繫年要録卷一三〇、皇宋中興兩朝聖政卷二五及大金國志卷一〇改。「渾覩」原作「罕都」，據原注及皇朝中興紀事本末卷四九回改。下文徑改，不出校。

〔三〕時虜主亶與右丞相　「虜」原作「金」，據皇朝中興紀事本末卷四九改。

〔四〕僞詔略曰　「僞」原無，據皇朝中興紀事本末卷四九補。

〔五〕遂囚撻辣子太拽　「太拽」原作「泰伊」，據原注回改。下文徑改，不出校。案：「太拽」，皇朝中興紀事本末卷四九作「大拽」，繫年要録卷一三〇作「大拽馬」。

〔六〕乙酉　繫年要録卷一三〇繫於「丙戌」。并以小曆誤。

〔七〕己亥　原作「己未」，據皇朝中興紀事本末卷四九及繫年要録卷一三〇改。

〔八〕案：繫年要録卷一三一庚午條注文考證：「克又稱世將爲宣撫副使，亦誤。世將除宣副在九月六日癸未。」

〔九〕案：繫年要録卷一三一載作「楊政帥熙河，吴璘帥秦鳳」。

〔一〇〕戊申　繫年要録卷一三一繫於「庚午」。
〔一一〕世將奏　「奏」原作「秦」，據皇朝中興紀事本末卷四九改。
〔一二〕虜或逾盟　「虜」原作「金」，據皇朝中興紀事本末卷四九改。下同。
〔一三〕俟虜情見力疲　「虜」原作「敵」，據皇朝中興紀事本末卷四九改。
〔一四〕固許行之　「行」原脱，據皇朝中興紀事本末卷四九補。
〔一五〕「陝西諸軍冬衣」至「炤又奏」六十七字原脱，據皇朝中興紀事本末卷四九補。
〔一六〕異時何以使夷狄守信義乎　「夷狄」原作「鄰國」，據皇朝中興紀事本末卷四九改。
〔一七〕私酤條已免拆屋　「拆」原作「折」，據廣雅本、皇朝中興紀事本末卷四九及繫年要録卷一三一改。
〔一八〕茶鹽尚有籍没法　「籍」原脱，據皇朝中興紀事本末卷四九及繫年要録卷一三一補。
〔一九〕提舉明道宫鄭億年爲虜執北去　「虜」原作「敵」，據皇朝中興紀事本末卷四九改。
〔二〇〕除雜學士提舉醴泉觀　「雜」原作「直」，據下文及皇朝中興紀事本末卷四九改。
〔二一〕親於垍均之從禄山　「垍」原作「張」，據皇朝中興紀事本末卷四九改。
〔二二〕案：繫年要録卷一二六己未條注文考證：「按史，焞未嘗供職也。」
〔二三〕案：尹焞奉祠，繫年要録卷一二六繫於「紹興九年二月己未」，并以小曆誤。
〔二四〕時金虜法苛賦暴　「虜」原作「人」，據皇朝中興紀事本末卷四九改。
〔二五〕民不聊生　「生」原脱，據皇朝中興紀事本末卷四九補。
〔二六〕二酋久握重兵　「酋」原作「帥」，據皇朝中興紀事本末卷四九改。
〔二七〕一旦　據皇朝中興紀事本末卷四九作「一夕」。

〔二八〕繫年要録卷一三二考證云：「樞密院勘會指揮乃云：『仲荀將帶東京官兵五千七百二十八。』克恐誤。」
〔二九〕馬二萬　「二萬」，繫年要録卷一三二作「四萬」。
〔三〇〕雖天下上游　「上」原作「止」，據繫年要録卷一三二改。
〔三一〕兵政自成矣　「兵政自成」原作「以政自政」，據繫年要録卷一三二改。
〔三二〕皆懽忻鼓舞　「舞」原作「舜」，據繫年要録卷一三二改。
〔三三〕鼎因勸朕立威以馭下　「勸」原作「觀」，據繫年要録卷一三二改。
〔三四〕唐太宗不聽匪譏之議刑律　「匪譏之議」，繫年要録卷一三二作「封德彝之」。
〔三五〕丁未　繫年要録卷一三二繫於「癸未」，并以小曆誤。
〔三六〕本州兩獄禁勘　「兩」原作「西」，據皇朝中興紀事本末卷四九改。
〔三七〕陳王悟室爲左丞相　「陳」原脱，據皇朝中興紀事本末卷四九補。
〔三八〕雖爲羣酋所忌　「酋」原作「臣」，據皇朝中興紀事本末卷四九改。
〔三九〕國人號曰薩滿　「薩滿」，皇朝中興紀事本末卷四九作「珊孌」。下同。
〔四〇〕虜應天道如此　「虜」原作「金」，據皇朝中興紀事本末卷四九改。
〔四一〕其僞詔略曰　「僞」原脱，據皇朝中興紀事本末卷四九補。
〔四二〕辛亥　案：此辛亥當是十月辛亥。
〔四三〕使人奉命　「人」原脱，據皇朝中興紀事本末卷四九及繫年要録卷一三二補。
〔四四〕丁卯　繫年要録卷一三二繫於「戊辰」。
〔四五〕金虜近歲入寇多不利　「虜」原作「人」，「入寇」原作「用兵」，據皇朝中興紀事本末卷五〇改。

〔四六〕須歷親民一任　「須」原脱，據皇朝中興紀事本末卷五〇及繫年要録卷一三三補。

〔四七〕京畿都轉運使李迨昨被命稽留　「京畿」原作「吉安」，據本書卷二六紹興九年五月甲戌條及繫年要録卷一三三改。

〔四八〕又與西京留守孟庾不和　「和」原作「知」，據繫年要録卷一三三改。

〔四九〕迨乃朕舊寮　「乃」原作「及」，據廣雅本、皇朝中興紀事本末卷五〇及繫年要録卷一三三改。

〔五〇〕上曰淵老成有學乃楊時之壻聞嘗講論語中庸可令其子適進來　「語」原脱，據繫年要録卷一三三補。案：繫年要録卷一三三繫於「庚寅」，并以小曆繫於「己丑」誤。

〔五一〕壬申　案：本月戊寅朔，無壬申日，此處繫時有誤。

〔五二〕上曰謂實録　「上曰謂」原脱，四庫館臣案語「按此處疑有脱文」，據皇朝中興紀事本末卷五〇補。

〔五三〕當實録其事　「録」原脱，據皇朝中興紀事本末卷五〇補。

〔五四〕案：繫年要録卷一三三載：「甲午，秦檜奏神宗、哲宗兩朝正史，乞俟徽宗實録書成之日，通將三朝事實考據修定。從之。時史館已分修兩朝正史，於是復罷。」而對小曆所載「秦檜奏神宗、哲宗實録已進，今乞專修徽宗實録」則云：「不知何謂。」

〔五五〕癸酉　案：本月戊寅朔，無癸酉日。繫年要録卷一三三繫於「壬寅」，當是。

〔五六〕辛酉　繫年要録卷一三三據日曆繫於「癸卯」。案：本月戊寅朔，無辛酉日。小曆繫時有誤。

〔五七〕壬戌　案：本月戊寅朔，無壬戌日。此處繫時有誤。

〔五八〕金虜主亶諭其政省　「虜」原無，據皇朝中興紀事本末卷五〇補。

〔五九〕冬夏剌鉢　「剌鉢」原作「拉必」，據原注及皇朝中興紀事本末卷五〇回改。以下徑改，不出校。案：繫年要録卷一三三作「捺鉢」。

〔六〇〕十二月甲寅　「甲寅」原作「甲辰」，案本月丁未朔，據繫年要録卷一三三改。

〔六一〕而保州睦宗院既陷於虜　「虜」原作「敵」，據皇朝中興紀事本末卷五〇改。

〔六二〕望權依西京宗室例　「西京」，繫年要録卷一三三作「兩京」，皇朝中興紀事本末卷五〇作「四京」。

〔六三〕時右正言陳淵獨不論光　「陳」原作「其」，據皇朝中興紀事本末卷五〇改。

〔六四〕壬戌　原作「壬子」，據皇朝中興紀事本末卷五〇及繫年要録卷一三三改。

〔六五〕甲子　繫年要録卷一三三據日曆繫於「戊辰」。

〔六六〕金虜僉軍之法　「虜」原脱，據皇朝中興紀事本末卷五〇補。

中興小紀卷二十八

紹興十年歲在庚申春正月辛巳，右僕射秦檜等奏：「前日外間有匿名書，非毁朝廷，當繳進。」上曰：「已見之，無足恤。」又曰：「度近日上封事言臣等，陛下掩蔽者多矣。」上曰：「無事，凡所上書，朕無不覽，若有言卿等過，豈可不令卿等知，却致積成大過耶？」

時遷工部侍郎李誼爲尚書，欲借誼資政殿學士，奉使金國，誼辭行。乙酉，上謂宰執曰：「朝廷遣人往新疆，多辭不行，奉使亦辭，若不黜，是爲姑息之政。」即詔罷之。

丙戌，詔新除工部侍郎莫將充迎護梓宫使，以知閤門事韓恕副之。

壬辰，詔上殿官唐文若改合入官，仍舊潼川府教授。秦檜奏：「近制，初改官人須任親民，不許堂除，此可以養成人材。」上曰：「非特養成人材，亦足以抑奔競之風。」文若，庚之子也〔一〕。

癸巳，上諭宰執曰：「朕選任將帥，下至偏裨，必審知其材然後用。朝士用非其人〔二〕，至於失職，不過罷之。蓋將兵之官，所繫非輕，豈可不審也？」

【新輯】上曰：「新疆各宜屯兵以守，得之雖易，不可以易失之。」秦檜曰：「聖慮深遠，蓋得保民以圖恢復。」上又曰：「陝西弓箭手最爲良法，神宗開邊，當時甚盛。今聞其法寖弛，官司擅行役使，宜嚴行禁止。又鞍馬、器甲，亦當葺之。」（輯自皇朝中興紀事本末卷五一）

初，太尉郭仲荀既兵交與淮東宣撫使張俊下統制官雷仲〔三〕，至是，乞祠。甲午，以爲醴泉觀使。既而，俊薦仲荀有才，遂令知鎮江府。

詔陝西買馬已及千匹，自此必益多，宜指畫牧養，庶幾蕃息，以備戰騎。

【新輯】時選人張鼎以治縣有善狀被薦引，丙辰〔四〕，上諭宰執，令與改秩堂除劇縣。且曰：「此因能以任之也。若一縣得良令，則百姓皆受其賜。」秦檜曰：「陛下勤於恤民，故親民之官尤謹擇也。」（輯自皇朝中興紀事本末卷五一，參考繫年要録卷一三四）

癸亥〔五〕，上諭宰執曰：「舊徐州有鐵監，陝西諸路亦多坑冶，今當置作院，以造軍器，各有土俗所宜，倘非所宜，不惟枉費，亦非所用，豈除戎器之意哉？」秦檜曰：「臣仰體聖意，安不忘危，而留意於武備如此。」

二月癸丑〔六〕，以龍神衛四廂都指揮使、主管馬軍劉錡爲東京副留守。錡帶騎司之軍以行，即王彥所刺「八字軍」也。

廖剛又請起舊相之有人望者，處之近藩。秦檜滋不樂。【新輯】庚申，除剛工部尚書，以工部侍郎王次翁爲御史中丞。

端明殿學士王孝迪卒。

丁卯，以觀文殿學士、知河南府孟庾爲東京留守，召責授少府少監、分司西京仇悆爲西京留守。（輯自皇朝中興紀事本末卷五一）

初，秦檜請下有司討論史館之制，至是，禮部言：「依元豐制，合併歸秘書省國史案，以著作郎修纂日曆。遇修國史即置國史院，修實録亦置實録院。所有見今史館官，罷歸元處。」既而，著作佐郎丹陽王揚英又言：「國史案移文，諸處多不報。」於是，復以國史日曆所爲名。

初，淮南諸路已置教官。至是，言者又謂：「四川士人衆多，宜選分教。乞諸州並置立。」辛未〔七〕，詔從之。

端明殿學士、僉書樞密院韓肖胄請去，除資政殿學士、知紹興府。

壬申，上謂宰執曰：「爵禄本是厲世磨鈍之具，凡肯任事赴功者，朝廷當與進擢。至如崇虚譽，飾空言，與避事保身者，豈可加奬？」秦檜曰：「臣等敢不仰遵聖訓。」

言者請復置勳官，癸酉，詔付吏部。

三月己卯，詔陝西諸路前環慶帥、顯謨閣直學士趙彬，前永興帥、寧國軍節度使張中孚，前涇原帥、清遠軍承宣使張中彦，前鄜延帥、雄武軍承宣使關師古，皆入覲，而彬已到闕。於是，禮部侍郎鄭剛中言：「臣聞陝西二三大帥，被旨入覲，朝夕且至。陛下有顯秩以寵其身，慶澤以暢其意。彼方戴德而感激，震驚之不暇。陛下引見之日，所以推誠而收其心者雖不可後，亦當折其氣，而責以後效。不然，恐不知有朝廷之尊。昔英布歸漢，高祖踞牀見之，布悔來，欲自殺，出就舍，又大喜過望。赤眉之降，世祖陳兵臨洛，問盆子曰：『汝知當死否？』其衆請命，則又曰：『得無悔降乎？吾不強屈汝。』既服，然後陳其三善而釋之，又賜田宅，使居洛陽。今日朝廷所以待之，聖心自有恩威之度，臣蓋不能自已者也。」至是，入見，遂除彬爲兵部侍郎、中孚醴泉觀使、中彥提舉佑聖觀、師古馬軍都虞候。未幾，師古卒，其後謚曰毅勇。

先是，上嘗諭秦檜曰：「比聞州縣多創添稅務，因此商旅不行，所在貨少〔八〕，爲公私之害。又州縣違法，差夫騷擾，被差一夫，須備十千，動止數十人，而借者或止收錢而去。」已未〔九〕，檜具禀，乃詔所增稅務並罷，差夫嚴行禁止。上曰：「二事責在漕臣，違者重寘之法。」

先是，遣禮部侍郎蘇符爲金國賀正使，知閤門事王公亮副之。丙申，符等回。符，軾孫也。

初，陝西沿河諸郡諜者言：「金虜欲以修大慶關水岸爲名〔一〇〕，將興兵渡河。」川陝宣撫副使胡世將遂言：「與金講和，今已逾年，梓宫、天眷未有還期，本朝使命尚留彼國。竊慮敵情難信，萬一以精騎自河中府突來，不數日可至川口。近探到虜果於河中廣積糧草〔一一〕，並獲到奸細王萬，稱金復要興兵。乞先事爲之，以防意外之警。兼永興、涇原、環慶三帥皆已入覲，宜早擇帥臣，機不可失。況本路統兵官，多是從僞之人〔一二〕，亦乞更加選擇，及早去留。萬一有不測，應干軍事，或待報不及，許臣隨宜措畫。」至是，世將又奏：「虜將撒离曷等復來蒲、解〔一三〕，緣撒离曷等久在陝西，窺我四川，去而復來，其意安在？今分兵太遠，老小同行，緩急呼喚難集。又收復陝西，今已朞歲，人情苟簡，軍政廢壞。若自大慶關深入秦地，則沿河諸郡决不能守，是雖得其地，與未得同。又陝西諸帥，皆嘗從僞，不敢訓兵，兼器甲絕少，皆謂北軍若來，惟有投拜。是雖得其兵，與未得同。惟望早擇良將，兼選將佐。如不此圖，但謂已復陝西，其勁兵良馬我悉得用，實爲誤國。」丁酉，詔世將隨宜措畫。

庚子，詔：「徽宗裁定笞杖之制，德意深矣。有司昨拘舊文，請從重比，殊咈於理。可依政和敕遞減，庶幾省刑，以彰先帝之美。」

時川口諸隘，如仙人關、和尚原、殺金坪有稍壞之處。是月，胡世將令忠勇軍伐木十餘萬條，并興、洋一帶，皆葺治之。

夏四月，實録院檢討官朱翌言：「作史之道，文有取於簡〔一四〕，事不貴於繁。」癸亥，上謂宰執曰：「史欲垂信萬世，事關治亂，乃當載之，豈貴繁也？」上又曰：「陝西弓箭手，祖宗良法，其初置提舉官，務在廣招，苟取充數以希賞，而地不足以給之，削其頃畝，法因以壞。」乃詔樞密院行下帥司，據見田招刺〔一五〕，不必拘以舊額。

【新輯】時淮西宣撫使張俊乞免本户歲輸和買絹，乙丑，三省擬每歲特賜俊絹五千疋，庶免起例。上以示俊，因諭之曰：「諸將皆無此，獨汝欲開例，朕固不惜，但恐公議不可。汝自小官，朕拔擢至此，須當自飭如作小官時，乃能長保富貴，爲子孫之福。」俊皇悚，力辭賜絹。丙寅，上以語宰執。蓋上待諸將甚厚，而訓飭之嚴如此，蓋恩威並濟也。（輯自皇朝中興紀事本末卷五二，參考繫年要録卷一三五）

五月甲申，詔建敷文閣，藏徽宗御集，置學士、直學士、待制、直閣等官。

時殿前司有將領湯尚之者，詔與外任。乙酉，上謂宰執曰：「屢戒楊沂中，凡將領有不可用者，並令汰遣。所養人必可充戰士，馬必可備戰騎，然後可收。不惟皆得實用，亦不枉費糧芻，蠹耗國計也。」

戊子，上謂宰執曰：「朕於聽言之際，未嘗曲徇，惟視理之所在，苟當於理，雖小臣所陳必聽；不當於理，雖大臣有所不從。」秦檜等竊歎，上如天之無心，故聽言之際，任理而不任情如此。

時吏部差鄂州巡檢，而湖北宣撫司不許其上。御史中丞王次翁奏劾之。壬辰，上曰：「天下之事，當謹其小，小之不圖，積習浸久，將有大於此者。次翁所論，深明國體。」乃令詰問宣撫司。

時有詔令侍從舉所知。給事中林待聘因薦新台州教官永嘉張闡〔一六〕。召對，張闡言：「虜歸我關中〔一七〕，此地古號天府，乃祖宗社稷之靈，天下莫大之福。而議者過計，以爲虜棄空城以餌我，他日富實，敵將復至，不如守蜀之得策。其説疎矣。天與不取，反受其咎。願擇大帥，爲必守之計。秦中根本既固，則中原之復可冀。」於是，召闡試館職〔一八〕，爲正字。除正字，在閏六月〔一九〕。

初，金虜兀朮將渝盟〔二〇〕，乃舉其國中之兵，集於祁州元帥府大閱。至是，分四道入寇〔二一〕：一寇山東，曰聶黎孛堇者將之〔二二〕；一寇陝西，曰三郎君者將之，三郎君，即撒离曷也；一則寇河南，以吾叛將李成將之。而兀朮同僞三路都統〔二三〕，及號「龍虎大王」與將軍韓常，擁精兵約十五萬，渡大河，丙戌，據張戒默記乃正月十三日。入東京，執留守孟庾。於是，兀朮駐舊龍德宫，而三路都統以次長驅南下，破潁昌、淮寧二府〔二四〕，蔡州遂降於虜〔二五〕。

先是，馬軍帥、東京副留守劉錡領兵之任，泝江、淮至潁上，錡與屬官杜亨道、王羲賓及將佐捨舟陸行，抵順昌府。庚寅，守臣、顯謨閣直學士陳規得報，虜騎已入東京〔二六〕。規以示錡。時錡所部選鋒、游奕兩軍及老幼輜重，相去尚遠，錡遣騎趣之。是夕，纔抵岸，錡見規曰：「事急矣！城中有糧，則能與君共守。」規曰：「有米數萬斛。」錡曰：「可矣。」規亦力留錡共守。錡又見劉豫時所蓄毒藥猶在，足以害敵。壬辰，乃召諸將議曰：「吾軍遠來，未及息，虜已厭境〔二七〕，今當如何？」「有欲就便舟順流而下者，有欲守者。錡曰：「某本赴官留司，今東京既陷，幸全軍至此。有城池可守，機不可失，當盡心力，以死報國家。」衆議始定，即鑿舟沉之，示無去意。通判汪若海緣府檄至行在，錡以奏附若海行。即與屬官等登城區處，城外有居民數千家，恐爲賊巢，悉焚之。分命諸統制官許青守東門、賀輝守西門、鍾彦守南門〔二八〕、杜杞守北門，且明斥堠，及募土人作鄉導間探。於是，軍人皆奮曰：「平時人欺我八字軍，今日當爲國家立功。」錡親於城上督衆設戰具，修壁壘，凡六日粗畢，而賊之游騎已渡河至城外矣〔二九〕。

初，右護軍七萬二千人〔三〇〕，馬六千一百匹，自復故疆，進屯陝右，其留保川口者不過二萬，多是秦鳳帥兼右護軍都統制吴璘所部。時永興帥兼樞密院都統制郭浩領八千衆在邠、耀二州，餘則分於利路帥兼樞密院都統制楊政，及涇原帥田晟、環慶帥范綜、鄜延帥王彥、熙河帥孫渥，布於諸路。至是，金虜大酋撒离曷自河中府渡河入同州界〔三一〕，馳二百五十里，破永興軍，直趨鳳翔府據之。而我陝西諸軍，皆隔在虜後〔三二〕，遠近震恐。宣撫副使胡世將倉卒召諸帥，時吴璘、孫渥已隨世將在河池，而楊政、田晟亦繼至，惟范綜、王彥仍守其地〔三三〕。諸軍稍集，世將即遣璘、政、晟同率大軍，會諸路統兵官涇原曲汲、環慶屈元〔三四〕、鄜延趙維清等，分據渭河南一帶，外捍六路，內保四川。

先是，張燾出帥成都，請由京、洛、關、陝以達，因得觀形勢利便，且與胡世將議事。上許之。及燾至永興軍，報虜已敗盟〔三五〕，遂見世將，言和尚原最爲衝要，自原以南則入川路，若失此原，是無蜀也。於是燾爲奏，乞速徙右護軍之戍陝右者，還屯蜀口。丁酉，有旨，令世將日下抽回，詔雖下而未達也。

己亥，上謂宰執曰：「金人自靖康以來，每捃摭前事，歸曲中國，以爲兵端。自前年割地請和，朕待之之禮已盡，忽無故稱兵，曲直有在，朕今決意用兵。」秦檜等曰：「陛下本以可和則和，不可和則戰，此素定之計。今兀朮骨肉相屠，遺毒中國，首亂舉兵。陛下赫然震怒，當爲弔民之舉，臣等敢不效死承命。」

命少師、萬壽觀使劉光世爲太保、三京招撫處置使〔三六〕，以援劉錡。於是，光世駐軍太平州，請以護國軍承宣使李顯忠爲殿前都統制。從之。光世復請統制官王德隸其軍，德堅不肯從。

時秦檜素主和議，於是，中丞王次翁言於上曰：「陛下既以和議爲主，而諸守備益嚴，士卒勇鋭。虜雖敗盟〔三七〕，曲不在我，無能爲也。前日國是，初無主議，事有小變，則更用他相，蓋後來者未必賢於前人，而排黜異黨，收召親故，紛紛非累月不能定，於國事初無補也。願陛下以爲至戒，無使小人異議乘間而入。」上深然之。

川陝宣撫副使胡世將在河池，而都統制楊政與涇原帥田晟、鄜延帥王彦，並據渭河南一帶，與虜兵對壘〔三八〕。都統制郭浩駐涇州，而熙河帥孫渥權參謀官。渥勸世將退保，諸將亦曰：「虜掩我無備，我分屯之師未集，宜少退清原野，以避其鋒。」右護軍都統制吴璘曰：「虜所以輕犯我者〔三九〕，聞先兄之亡，謂我無備。今若退，墮其計矣。璘請以身任責。」世將壯之，乃曰：「分屯之兵未集，關中日暮望官軍捷，而吾遽避，則大事去矣。吾誓死於此，勿多言也。」遂先遣晟還涇原，渥赴熙河，仍命璘統軍二萬於寶鷄河南捍賊〔四〇〕。庚子，詔璘節制陝西諸軍，命方下而未達也〔四一〕。時虜選精騎〔四二〕，令折合孛堇作前鋒。有受僞命者者與賊通謀〔四三〕，辛丑，虜騎掩至石壁寨〔四四〕，璘遣統制官姚仲等拒之，仲自奮身督戰，折合孛堇中傷，退屯武功。時楊政母病方危，亦不顧家，徑至河南，與璘協力捍虜。既而，諸軍老小悉歸内地，人心既定，踴躍自奮，不復懼虜矣。

【新輯】先是，劉錡於順昌府城下設伏，虜游騎至，擒其千户阿黑殺等二人，詰之，云：「韓將軍在白州龍渦下寨，拒城三十里。」錡夜遣千餘兵擊之，頗殺虜衆。既而，三路都統及龍虎大王軍併至。壬寅，逼城，凡三萬餘人，錡以神臂弓及强弩射之，稍引去，復以步兵邀擊，溺于河者甚衆，奪其器甲及生護女真、漢兒。皆謂賊已遣銀牌使馳詣東京，告急於四太子矣。時錡見陳、蔡以西皆望風投拜〔四五〕，又有王山者，舊爲兀朮所用，嘗知順昌府。至是，復來城下，兀朮欲再令守順昌。錡慮有苟性命者賣己於外，故順昌官吏軍民皆不許登城，用己所部兵守之。（輯自皇朝中興紀事本末卷五十二）

時有權監進奏院陳鼎上書言〔四六〕：「虜於今日敗盟〔四七〕，乃朝廷之福。使不即敗，他日之禍，有不可支持。願乘此早爲自治之策。」秦檜怒，送之吏部。鼎，松溪人，戩子也。

初，吏部功賞，難於覈實，吏得舞文爲姦。司勳郎官張宦因陛對〔四八〕，力陳其弊，以謂：「圖籍散逸，止憑省記，月異而歲不同，無所總括。舍法則用例，引例則破法，姦弊日滋，甚非畫一之政。請自今以例爲據者，悉令上之，朝廷稽其合於三尺者，著爲定制。」人以爲當〔四九〕。宦，晉陵人，守兄也。至是，遷秘書少監，時宦齒髮以衰，每盥濯，危坐而讀未見之書，自視無愧於蕭德言云。

新西京留守仇悆未至〔五〇〕，而虜背盟〔五一〕，乃復悆待制、知明州兼沿海制置使。

六月甲辰朔，【新輯】詔以淮東宣撫使韓世忠、淮西宣撫使張俊、湖北宣撫使岳飛兼河南北諸路招討使。（輯自皇朝中興紀事本末卷五十二）

右僕射秦檜言：「德無常師，主善爲師。臣昨見金國撻辣有講和割地之議，故贊陛下取河南故疆。既而，兀朮戕其叔撻辣，藍公佐之歸，和議已變，故贊陛下定弔民伐罪之計。臣今請先至江上，諭諸路將帥，同力招討，如臣言不可行，即乞罷免。」上嘉納之。

初，威州團練使李貴統官兵於江西虔、吉、筠三州，及湖廣界招捕盜賊。至是，貴誘到首領一百餘人，脅從六千餘人，丙午，以貴爲登州防禦使。

時，虜圍順昌府城四日〔五二〕，乃移寨於城東地，號李村，距城二十里。劉錡遣驍騎將閻充以鋭卒五百，募土人前導，夜劫其寨。至軍中，氊帳數重，朱漆奚車，有一酋遽被甲呼曰〔五三〕：「留得我，即太平。」不聽，竟殺之。【新輯】是夕，天欲雨，電光照燭，見辮髮者殲之甚衆。既而，報兀朮親擁兵至。丁未，先是，兀朮得告急之報，即麾其衆出京城門，至淮寧府，治戰具，備糗糧，不數日已至順昌境。丁未〔五四〕，錡登城會諸將於東門，問策將安出？或謂：「今已屢捷，宜乘此勢，具舟全軍而歸。」錡曰：「朝廷養兵十五年，正欲爲緩急之用，況以挫賊鋒，軍稍振，雖多寡不侔，然有進無退。兼賊營近在三十里，而四太子又來援，吾軍一動，被虜追及，老小先亂，必至狼狽。不惟前功俱廢，致虜遂侵兩淮，震驚江、浙，則平生報國之志，反爲悮國之罪。不如背城一戰，於死中求生可也。」衆以爲然，求欲效命。錡呼帳下曹成等二人諭之曰：「吾遣尔作間事，捷有厚賞。第如我言，虜必不殺汝。今遣錡綽路，置汝隊中，汝遇敵必墜馬，使爲所得。虜酋問我何人，則曰太平邊帥子，喜聲色，朝廷以兩國講好，使守東京，圖逸樂耳。」已而，遣探騎，果遇虜，二人被執。兀朮問之，對如是。兀朮喜曰：「可蹴此城爾。」遂下令不用負鵝車砲具行。翌日，錡行城上，見二人遠來，心知其歸，即縋上。虜械二人，以文書一卷繫于械〔五五〕，錡取焚之。己酉，兀朮入泰和縣，距城才七十里。（輯自皇朝中興紀事本末卷五二）

是日己酉〔五六〕，以東京副留守劉錡爲沿淮制置使，錡未之知也。

虜將折合孛堇自武功縣整兵再來〔五七〕，是日己酉，都統制吴璘、楊政率大軍迎敵，至扶風，遇賊力戰〔五八〕。虜先是於扶風築城，既敗，亟入城閉門拒守。官軍乘勝攻拔其城，殺虜衆幾盡〔五九〕，援兵繼至，亦敗而走。

初，言者論太常少卿劉昉、宗正少卿陳淵皆罷。至是，言者又論二人之去，而工部尚書廖剛謂昉、淵乃己所薦，獨以爲賢。又金人敗盟，而剛幸時警，復肆嘵嘵，以惑縉紳。庚戌，詔剛與外任，遂除徽猷閣直學士、提舉明道宮。

【新輯】兀朮至順昌城外，責諸將前日用兵之失，衆曰：「今者南兵非昔之比，國王臨城，自可見。」蓋兀朮僞稱兵馬大元帥、越國王也。兀朮下令來早府治會食，且折箭爲誓，以激其衆。壬子，虜併兵攻城，凡十餘萬。而府城惟東西兩門受敵，錡所部不滿二萬，而可出戰者僅五千。賊先攻東門，錡出門應之，賊敗退。兀朮自將牙兵三千往來爲援，皆帶重甲，三人爲伍，貫韋索，號鐵浮屠。每進一步，即用拒馬子遮其後，示無反顧。復以鐵騎馬左右翼，號拐子馬，悉以女真充之。前此攻所難下之城，並用此軍，故又名長勝軍。虜時諸酋各居一部，衆欲擊韓將軍，錡曰：「擊韓雖退，兀朮精兵尚不可當也。法當先擊兀朮，兀朮一動，則餘軍無能爲矣。」時叛將孔彦舟、酈瓊、趙榮輩騎列于陣外，有河北簽軍告官軍曰〔六〇〕：「我輩元是左護軍，本無鬬志，惟兩拐子馬可殺。」故官軍皆憤。時方劇暑，我居逸而彼暴露，早涼則不與戰，逮未、申間，彼力疲而氣索，錡忽遣數百人出西門，虜方來接戰，俄以數千人出南門，戒令勿喊，但以短兵極力與戰。統制官趙樽、韓直皆被數矢，戰不肯已，錡遣屬扶歸。士殊死鬬，入虜陣中，斫以刀斧，至有奮手捽之，與俱墜于濠者。虜大敗，殺其衆五千，横屍盈野。兀朮乃移寨於城西，掘塹以自衛，欲爲坐困官軍之計。是夕，大雨，平地水深尺餘。錡遣兵劫之，上下皆不寧處。（輯自皇朝中興紀事本末卷五一）

時淮西宣撫使張俊遣行營護軍都統制王德，將所部統勝軍援錡，俊既不樂錡，而德復懼撥隸劉光世軍，遷延未行。建康留守葉夢得諭德曰：「朝廷頒賞格，能立奇功者，使相、節度皆即軍中書告，舊未聞也。且劉錡名素出爾下〔六一〕，今自奮報國，爾能救錡，則可謂奇功矣。」德復慮錡怒之，夢得曰：「吾已上章，以百口保爾矣。」德遂行，未至順昌，乙卯，賊拔寨遁去〔六二〕。順昌破敵録曰：「錡方被圍時，遣介求援於朝，得報，已差行營左護軍統制王德，躬率全軍來援。十三日〔六三〕，金賊既退之後〔六四〕，德方移文來問賊勢動息〔六五〕。二十三日卯時，以數十騎到城下，錡邀入具飯，已，憩於子城樓上。申時，出門，遣人致意曰：『不果奉别，今日復回。』又數日，傳聞申樞密院，某已解順昌圍矣。方賊在城下，得遞到御筆：『劉某擇利班師。』錡以方應敵，未敢輕動。賊退後十日，又被旨先發老小還駐鎮江。遂津發老小輜重，并被傷之士，船載而行，以統制官杜杞、焦文通兩軍防護東下。又聞德申宣撫司云：『某以全軍裹送劉太尉老小出潁河矣。』」

兀朮至淮寧府，自三路都統以下，皆撻之。於是，以三路都統官守南京，將軍韓常守潁昌府，而自與龍虎大王者擁其餘衆回東京〔六六〕。順昌破虜記曰〔六七〕：「兀朮撻諸酋〔六八〕，韓常有怨言曰：『我一隻眼只爲爾於和尚原壞了〔六九〕。』時人情頗離，兀朮至東京，欲往河北僉軍，王山曰：『河北惟有百姓〔七〇〕，無正兵可僉也。』」

參知政事孫近奏：「被旨奉迎兩宮，今道路未通，欲權結局。」戊午，詔從之。

甲子〔七一〕，僉書樞密院事樓炤以父憂去位。

庚午，以鼎州觀察使、沿淮制置使劉錡爲武泰軍節度使、侍衛馬軍都虞候。

時虜别又陷宿、亳〔七二〕，淮西宣撫使張俊親統大軍出廬州，命統制官趙密出西路，密引衆經蘇村，時水漲三尺，涉六晝夜，乃達宿城，與虜遇〔七三〕，敗之。而統制官王德率衆自壽春趨宿，夜半襲破賊營〔七四〕，降僞守馬秦，乘勝趨亳，又下之。密以孤軍駐壽春，累月虜不敢南嚮。俊既復宿、亳二州，遂引軍還壽春府。時俊軍威盛，而智謀勇敢，賴德爲多。俊亦先計後戰，故未嘗敗。

初，諸大將入覲，陳兵閲於禁中，謂之内教〔七五〕。至是，統制官呼延通因内教出不遜語，中丞王次翁乞斬通以肅軍列。因言：「祖宗著令，寸鐵入皇城司者，皆有常刑。今使武夫悍卒，被堅執鋭於殿廷之下，非所以嚴天陛也。」内教遂罷。時韓世忠、劉光世、張俊、劉錡皆不相能，次翁曰：「臣聞世忠之於光世因言議而隙，俊之於錡因措置而睽，竊恐錡保一孤壘，光世軍處窮獨，俊與世忠不肯急援。願遣使切責，因用郭子儀、李光弼以忠義泣別相勉者，以感動之。」時諸將驕而次翁彈擊不避，方乞斬通，時上勞之曰：「卿有李勉之風矣。」淮南宣撫使韓世忠遣統制官王勝并背嵬將成閔，率兵北伐。辛未〔七六〕，至淮陽軍城南二十里，水陸轉戰，掩金虜入沂河〔七七〕，死者甚衆，奪戰船一百餘隻。

是月，資政殿學士馮澥卒。

時，湖北宣撫兼招討使岳飛遣統制官張憲與虜戰於潁昌府〔七八〕，敗之，遂復潁昌。憲又與戰於陳州境，敗之。飛別遣統領官楊成與金戰於鄭州境，敗之，復陳、鄭二州。而飛自與兀朮戰於偃城縣，殺其將阿李朶孛堇〔七九〕。

資政殿大學士、福建安撫使張浚聞淮上有警，亟具邊計，言：「向使虜出上策〔八〇〕，還梓宮，歸兩殿，則我德虜必深〔八一〕，和議不拔，人心懈怠，國勢寖弱。幸今虜自反覆，士氣尚可以作。臣願引權制變，用天下英才，據天下之要勢，措置一定，大勳可集矣。」

三京招撫處置使劉光世奏：「統制官李顯忠葬其父，乞官與之費。」詔賜以萬緡。中書舍人林待聘言：「陛下多顯忠自歸，而憫其家禍，不待殊功著績，而置高位。曩邊遽亟聞，誠顯忠竭盡之秋也。而計奪於聲，懼形於色，屈指命日，以策川陝之陷，安在其謀且勇？兵纔二千，行迨宿、泗，什亡其七，安在其得士心？緡錢十萬與爲軍資，盡且復乞，又三倍，所求無厭，必驕且望。願寢其賜。」從之。

光世又請以舒、蘄等五州爲一司，選置將吏，宿兵其中，爲藩籬之衛。右正言萬俟卨言：「光世欲以五州爲根本，將斥旁近地自廣，以襲唐季藩鎮之蹟，不可許也。」〔八二〕時方多故，武夫怙亂，卨又言：「諸大將起於行伍，知利不知義，畏死不畏法，高官大職，子女玉帛，已極其欲。盍示以逗遛之罰，敗亡之誅，不用命之戮，使其知所懼焉。」

時東京留守孟庾、南京留守路允迪，悉已降虜〔八三〕，閏六月甲戌，詔送其家屬居於全州〔八四〕。

癸未，上曰：「順昌、淮陽戰士，捐軀死於國事，宜令逐處設奠，仍作浮屠水陸法事，以慰忠魂，使知朕不忘之意。」

甲申，【新輯】上曰：「諸將進兵，所在克捷，正恐狃於屢勝，士浸以驕。可下詔飭其嚴整行伍，明遠斥候，蓄力養威，以俟大舉。勿争尺寸之利，期以殄滅孽酋而已。」上又曰：「夷狄雖異類，苟知效順，何以多殺爲？馬欽等初歸，朕貸而不殺，劉光世屢以爲言。既而，女真、契丹、燕人來歸者益衆，光世方悟朕意，至今諸軍往往收以爲用。今交兵之際，正宜多方撫納，使知内嚮。」（輯自皇朝中興紀事本末卷五二）

時陝西奏捷。虜既不敢度（八五），隴、蜀道以安，分屯之軍亦各全師而還。

丙戌，以知秦州兼節制陝西諸軍、右護軍都統制吴璘，及知興元府、宣撫司都統制楊政，知永興軍兼樞密院都統制郭浩，並爲節度使。璘鎮西軍，政武當軍，浩奉國軍。而宣撫副使胡世將亦自寶文閣學士陞端明殿學士。

時有獻計決淮水以灌淮陽敵壘，辛卯，上謂宰執曰：「決水所及，京東民田有被其害者。」秦檜曰：「陛下聖度兼愛如此，宜無敵於天下也。」

特進趙鼎自泉州罷，來居紹興府。中丞王次翁言：「鼎近聞邊報，喜見顔間，幸將有警，規圖復用，直抵近輔，略不避嫌。門下黨與，往來臨安，鼓惑衆聽。」又論：「鼎在靖康末，結王時雍，薦之張邦昌，遂受僞命，爲京畿憲。退而與人言，有親奉玉音之語。又向以元樞都督川陝荆襄〔八六〕，未幾拜相，而乾没官錢十七萬緡，皆有實蹟，望顯寘於法。」章三上，丁酉，鼎責秘書少監、分司南京〔八七〕、興化軍居住。次翁言之不已，遂以散官潮州安置。趙鼎事實曰：「時鼎連失洙、渭二子，與親知書曰：『幼子之病，以某謫温陵，失于醫理而死。長子之病，以某謫潮陽，惜於離别而死。一罹被譴，而併殺二子，蓋負罪之深，宜誅而貸，故移禍私門，如此其酷。然造物者方且困之，未使其斃，强顔苟活，惟是責躬無地自容耳。』」

戊戌〔八八〕，賜諸帥詔曰：「狂虜不道〔八九〕，薦肆凶殘。王師所臨，無往弗克。捷奏繼至，俘獲踵廷。尚慮狃吾屢勝之威，忽彼不虞之戒。天下本吾一家，豈貪尺寸之利？孽胡亡在朝夕〔九〇〕，必滅爲期。咨爾六軍，咸體朕意。」

湖北宣撫兼招討使岳飛時屢獲捷，至是，詔書不許深入，飛遂班師，而所取州縣旋復失之。野記。

奉使洪皓時在燕，密奏：「順昌之後〔九一〕，虜震懼喪魄〔九二〕，燕之珍寶悉徙而北，意欲捐燕以南棄之。王師亟還，自失機會，惜也！」

福建安撫使張浚復條海道利害，仍大治海舟至千艘，爲直指山東之計，以俟朝命。

秋七月癸丑，太尉、殿前副都指揮使楊沂中進都指揮使公事，爲淮北宣撫副使，又以馬軍都虞候、沿淮制置使劉錡爲淮北宣撫判官。沂中自行在引兵出泗上，時淮北無虜騎〔九三〕，遂復還臨安。亦詔錡班師，次於鎮江府。

時方用兵，當嚴斥堠，己未，宰執奏擺鋪事，上曰：「遞鋪兵極可憫，月糧雖按月支，鋪屋亦須如法，有虎、狼處，必用兩重籬落。」秦檜既退，竊歎仁心周徧，真堯、舜之用心也。

詔討使韓世忠遣統制官王勝、王權攻海州，破之，擒僞守王山，獲虜人〔九四〕，押至行在。王山即隨虜至順昌城下者也〔九五〕。順昌破虜記曰〔九六〕：「王山言：『金國見只有兀朮主兵權。先時舉國內兵盡赴祁州大閱，舉所閱之兵，盡隨兀朮南下。兀朮之在順昌，三郎君敗於陝西，亦來告急，是時南宋若更有一項兵乘此而來，敵可擒也。』」

乙丑，詔却押回世忠軍，隨宜區處。秦檜請今後獲虜〔九七〕，不必解來。上曰：「不然，須令押數人來問之，庶得其實，不敢妄奏也。」檜曰：「陛下於庶政覈實如此，孰敢欺乎？」

時世忠怒統制官呼延通，通赴淮以死。

丁卯，【新輯】以右諫議大夫餘杭何鑄爲御史中丞。（輯自皇朝中興紀事本末卷五三）

詔川陝宣撫副使胡世將遣鋭兵千人，具舟百艘，載柴草膏油，自丹州順流而下，至河中府，焚毁金賊所繫浮橋〔九八〕。及選萬人，由斜谷出潼關，皆以絶虜歸路〔九九〕。世將奏：「已差統領官閻興帶五百人往會知丹州傅師禹、知陝州吴琦、知華州潘道，及忠義軍統制官傅忠信〔一〇〇〕，同措畫斷毁河橋。又臣前遣永興副帥王俊領選鋒四千人，已復興平、醴泉二縣。永興之屬邑也，今正與大敵相距，且當盛暑，中傷者多〔一〇一〕，不容更遣兵〔一〇二〕。兼王俊在彼，可以乘間斷其歸路。」其後，閻興至永興之外邑，與王俊會，雖同傅師禹結到河東忠義秦海等一千餘人，皆補以官，然亦不能成功。

八月癸丑〔一〇三〕，上曰：「御將用兵，當如身之使臂，臂之使指，不能自運，豈立國之道？」秦檜曰：「此漢高帝馭英雄之意也。」

己卯，宰執奏徽宗隨龍人乞恩例，上曰：「若舊人，尤當優恤。凡事干徽廟，非唯朕奉先之孝，所當自致，亦欲風動四方，使人知有君親之恩也。」秦檜等退而竊歎，上於一命一令，存教化於其間，所謂明王以孝治天下，蓋如此也。

己丑，宰執奏淮東宣撫使韓世忠見圍淮陽，期於必滅。上曰：「攻城當開其生路〔一〇四〕，不可合圍，既得城，多殺何爲？」秦檜曰：「此成湯祝網去其三面之意也。」

言者以爲民間詞訴，郡縣、監司不以時決。壬辰，上謂宰執曰：「朕昔以元帥在河北、京東，見縣民有訴縣於州者，復委之縣；郡民有訴郡於監司者，復委之郡。如此，則民寃何緣得直？當申嚴約束。」秦檜曰：「陛下察見郡縣之弊，知吏治得失，雖漢之宣、光，殆無以過也。」

詳定一司勅令張宗元奏删定官序位，甲午，詔在樞密院編修官之下。

詔〔一〇五〕：「川陝宣撫副使胡世將，今日事勢，以力保關隘爲先。又陝西將士，與右護軍不同，正當兼容，有仗義自奮者優奬之，以厲其餘。」於是，世將奏：「川口諸隘及梁、洋一帶先已修畢。見分遣吴璘在白石至秦州以來，遏熙、秦之衝；楊政在寶雞，遏永興、鳳翔之衝；及永興副帥王俊亦在盩厔作寨，牽制賊勢〔一〇六〕。兼自金賊再犯陝西〔一〇七〕，諸曾受僞命人，並許收使，如能立功，就上遷轉。緣從僞既久，率望風降拜。臣亦開其自新之路，多方誘諭，已招到一萬一千五百餘人。總管傅忠〔一〇八〕、安撫朱勇、將官梁炳及統制、統領各給袍帶，移住老幼，居於近裏。又有總管魏价等十四員，帶城寨兵一千五百，亦加勸奬，官各授差遣，卒各支請給，與右護軍相參爲用矣。」時楊政在寶雞，虜大酋撒離曷陰遣客刺政〔一〇九〕，詐爲降虜〔一一〇〕，政覺而誅之。

【九月】辛亥〔一一一〕，合祀天地於明堂，以太祖、太宗並配〔一一二〕，大赦天下。

先是，川陝宣撫副使胡世將聞金虜分兵〔一一三〕，欲侵川界，遣右護軍都統制、節制陝西諸軍吴璘，總兵至秦州之北。丁巳〔一一四〕，攻城，拔之，僞守臣武誼〔一一五〕、將官邵干、成紀知縣茘諫等皆降。

戊午，宰執奏事，上謂秦檜曰：「士大夫多樂在朝廷，不樂在州縣，蓋朝廷遷進多，州縣遷進少。卿等可擇州縣吏之有治狀者，當如漢增秩賜金，使內外之勢均也。」

庚申〔一一六〕，吴璘進兵剡家灣，與虜將胡盞郎君戰〔一一七〕，賊兵大潰〔一一八〕。

時行在遺火，壬戌，宰執奏犒設救火諸兵事，上曰：「累令去薦屋，作瓦屋，皆不奉行。朕已戒内侍，如敢不遵，比衆罪當加重。卿等更戒諸房吏，亦依此。若内侍、堂吏奉行，則衆不敢違戾。」

癸亥，上曰：「朕觀自昔守令，能抑强振弱者，始號循良。今豪右稍不快意，必中傷之。自今州縣吏，有能稱職而或誣以非辜者，須朝廷主張，庶使吏得自效，而民被其惠矣。」

甲子，上曰：「近世禮器，大不合古制，如聶崇義三禮圖極可笑。俟兵事稍定，當講論改造，況亦無大費也。」

是秋，兩浙轉運司類試，凡解二百八人，而温州自計四十二人，宰執子姪皆預其選。揭牓之日，士論大駭，自置舉場以來，未嘗有也。朱勝非閒居録曰：「東南諸道解額少，舉子多，求牒試於轉運司，每七人取一名，比之本貫，艱易百倍。秦檜居永嘉，引用州人，以爲黨助。吴表臣、林待聘號黨魁，名爲從官，實操國柄。凡鄉士具耳目口鼻者，皆登要塗，更相扳援，其勢炎炎，日遷月擢，無復程度。是年，有司觀望，所薦温士四十二名，檜與參政王次翁子姪預選者數人。前輩詩云：『惟有糊名公道在，孤寒宜向此中求。』今不然矣。」

河南府奏：「檢視諸陵，除永定、永昭、永裕、永泰並無損。惟永安、永昌、永熙神臺壘裂。」冬十月乙亥〔一一九〕，詔本府委官修之。

敕令所修在京通用敕令格式書成，戊寅，右僕射秦檜表上之。

右正言萬俟卨論淮北宣撫司范直方怯懦沮師。丁亥，上曰：「陞黜必明，當其功罪，可鐫職，與遠小監當。」初，直方之行，上寵以列卿，賞賚優渥。至是，出於威斷，勸沮若此，臣下孰敢不奮勵而赴功也？

臺臣論信州守臣劉岑歷守三郡，妄費官帑，以市私恩。己丑，上曰：「朕於軍興調度，尚恐有傷百姓，其可以無名之費，重困吾民？」乃詔重貶之。

是月，臨安府居民遺火〔一二〇〕，延燒省部官舍。朱勝非閒居録曰：「初，上駐蹕應天，堂饌頓減，至維揚又減，至餘杭又減，宰執每員日用二千有奇，僅備一食。紹興四年，趙鼎以元樞爲川陝荆襄都督，須錢七百萬緡，有旨半與之。兩浙轉運司、臨安府又取二萬緡，行有日矣。會鼎拜相，因淮上用兵，遂以三百萬緡入三省激賞庫。先是，建炎初御營使置激賞庫，銀百星錢千緡爲一料，畫旨支降，專充軍書〔一二一〕、警奏、間探之費。其後司廢，庫存隸於三省，内結諸宦，外交諸將，首尾五年。御史謝祖信論鼎章内一事云，盜官錢八十萬緡，蓋此錢也。秦檜繼相，用術尤精。九年，金虜歸河南故地〔一二二〕，檜托言計備使禮，凡常賦之入多歸此帑。歲時所獻，日月增厚。而錫賚便蕃，權勢熏灼，綫履每兩二十餘緡，月至數兩。至是，庫金出入，輕於州郡公庫矣。用度既廣，賦入不繼。十年，下令云：『舉兵擊虜〔一二三〕，須備犒賞，計畝率錢。』徧天下五等貧民無得免者。所斂號激賞，而兵未嘗舉，百姓尤以爲怨。十一月，火作，首焚三省，庫中所積一夕而盡。不復根治，悉行除破。蓋侵取既多，見物無幾，幸火以滅迹，無復稽考者也。」

資政殿學士翟汝文卒。

十一月戊午，【新輯】上曰：「用兵惟視謀之臧否，不可問力之强弱。苟謀之不臧，惟知恃力，雖或幸勝，亦不足以成功。」上又曰：「收復州縣非良策也，守之則兵分而勢弱，不守則旋爲敵人所得，惟塗炭吾民耳。須深思熟慮，策出萬全，一舉而逐賊，則州縣皆爲我有矣。何必每州每縣而取之乎？」（輯自皇朝中興紀事本末卷五三）

時御書皇太后玉册，癸亥，右僕射秦檜言：「陛下字法遒勁，絶類雲天之體。」上曰：「學書必以鍾、王爲法，然後出入變化，自成一家。」檜曰：「陛下天縱多能，無不造其至妙，推而上之，所以治天下，蓋必以堯、舜爲法。臣下自非堯、舜之道，安敢輒陳於前也？」

是月，兵部尚書兼翰林院學士胡交修請外，除端明殿學士、知台州。

十二月戊寅，上曰：「凡觀人者，必觀其行事，則可以察知其心之微。漢高帝平時好色喜貨，至於入關，秋毫無所犯，唯范增能察知其志在取天下。」於是，秦檜等仰歎聖學淵妙，商榷古今，非羣下所能及也。

壬午，上皇太后册寶，上躬詣殿廷，祗發赴慈寧殿，禮成，百官於宫門外遥賀太后。

先是，冬温無雪，上以嚮春疾疫爲慮。是日，禮樂備物，百寮在列，凝雲闔雪不降。至夕，大雪，人情懽悦，道途相慶。甲申，秦檜奏曰：「陛下聖孝感通，天意昭格，明堂禮成然後雨，尊册禮成然後雪，若出符契。陛下再三謙抑不居，臣等仰見聖意，欽天之命，雖休勿休如此。」

丙戌，禮部侍郎蘇符遷尚書。

初，建寧軍承宣使、知代州王忠植將兵至延安府，爲叛將所執，令拜金國詔書，忠植毀罵，被害。至是，川陜帥司以聞，丁亥，詔贈忠植節度使、開府儀同三司，官其子孫十人。

言者乞令諸大帥各薦偏裨之可任者。乙未，上曰：「諸帥所隸統制、統領官，智愚勇怯，朕皆熟知之。儻有所使，便可抽擢，何必更令薦舉？」蓋上於人材大小，無不偏察，下至偏裨，已深簡於淵鑒矣。

婺州東陽縣魔賊竊發，丁酉，詔遣前司裨將王滋往捕之。上令宰執諭滋，不以多殺爲功，未幾，賊平。

〔校勘記〕

〔一〕庚之子也　「庚」原作「庾」，據皇朝中興紀事本末卷五一及繫年要録卷一三四改。

〔二〕朝士用非其人　「朝士用」原脱，據皇朝中興紀事本末卷五一補。

〔三〕太尉郭仲荀既兵交與淮東宣撫使張俊下統制官雷仲　「郭仲荀」原作「郭仲笱」，據皇朝中興紀事本末卷五一改。

〔四〕丙辰　繫年要録卷一三四繫於「二月丁巳」，案：正月丁丑朔，無丙辰日。繫年要録當是。

〔五〕癸亥　案：正月丁丑朔，無癸亥日。此處繫時有誤。

〔六〕二月癸丑　繫年要録卷一三四繫於「辛亥」。

〔七〕辛未　原作「丁未」，據皇朝中興紀事本末卷五一改。

〔八〕所在貨少　「在」原作「有」，據皇朝中興紀事本末卷五一改。

〔九〕己未　案：三月丙子朔，無己未日，此處繫時有誤。

〔一〇〕金虜欲以修大慶關水岸爲名　「虜」原無，據皇朝中興紀事本末卷五一補。

〔一一〕近探到虜果於河中廣積糧草　「虜」原作「金」，據皇朝中興紀事本末卷五一改。

〔一二〕多是從僞之人　「從僞」原作「降敵」，據皇朝中興紀事本末卷五一改。

〔一三〕虜將撒离曷等復來蒲解　「虜將」原作「金帥」，據皇朝中興紀事本末卷五一改。

〔一四〕文有取於簡　「文」原作「法」，據皇朝中興紀事本末卷五二改。

〔一五〕據見田招刺　「據」原脱，據皇朝中興紀事本末卷五二補。

〔一六〕給事中林待聘因薦新台州教官永嘉張闡　「給事中」，繫年要録卷一三作「中書舍人」，并考證云：「按：待聘今年十二月方遷東省，克小誤也。」

〔一七〕虜歸我關中　「虜」原作「金」，據皇朝中興紀事本末卷五二改。下同。

〔一八〕召闡試館職　「召」原脱，據皇朝中興紀事本末卷五二補。

〔一九〕除正字在閏六月　「閏六月」，繫年要録卷一三五作「六月丙寅」。

〔二〇〕金虜兀朮將渝盟　「虜」原作「元」，據皇朝中興紀事本末卷五二改。

〔二一〕分四道入寇　「寇」原作「攻」，據皇朝中興紀事本末卷五二改。下同。

〔二二〕曰聶黎孛堇者將之　「聶黎」原作「聶呼」，據原注及皇朝中興紀事本末卷五二回改。下文徑改，不出校。

〔二三〕而兀朮同僞三路都統　「僞」原脱，據皇朝中興紀事本末卷五二補。
〔二四〕破潁昌淮寧二府　「二府」原作「三府」，據皇朝中興紀事本末卷五二改。
〔二五〕蔡州遂降於虜　「虜」原作「金」，據皇朝中興紀事本末卷五二改。
〔二六〕虜騎已入東京　「虜」原作「金」，據皇朝中興紀事本末卷五二改。
〔二七〕虜已厭境　「虜」原作「敵」，據皇朝中興紀事本末卷五二改。
〔二八〕賀輝守西門鍾彦守南門　此十字原脱，據皇朝中興紀事本末卷五二及繫年要録卷一三五補。
〔二九〕而賊之游騎已渡河至城外矣　「賊」原作「敵」，據皇朝中興紀事本末卷五二改。
〔三〇〕右護軍七萬二千人　「二千」，皇朝中興紀事本末卷五二作「三千」。
〔三一〕金虜大酋撒离曷自河中府渡河入同州界　「虜」原無，「酋」原作「帥」，據皇朝中興紀事本末卷五二補、改。
〔三二〕皆隔在虜後　「虜」原作「敵」，據皇朝中興紀事本末卷五二改。
〔三三〕案：繫年要録卷一三五辛卯條注文考證云：「熊克小曆云：『時郭浩領八千衆在邠、耀二州，惟環慶范綜、鄜延王彦仍守其地。』按：胡世將今年六月間所奏云：『昨郭浩除永興經略使，臣累催本官赴任，訃若未離鄜延，道路隔絶，却白浩申已在邠、耀州界措置。探得浩只在邠州三水縣帶領衙兵數十人，慮浩遲慢誤事。』據此則浩不在邠、耀間，王彦亦未至延安也。又宣撫司今年六月行下，知金州范綜差軍馬應接知商州邵隆，則綜此時亦未赴，亦見克所云綜、彦仍守其地，蓋誤。」
〔三四〕環慶屈元　「元」原脱，據皇朝中興紀事本末卷五二補。
〔三五〕報虜已敗盟　「虜」原作「金」，據皇朝中興紀事本末卷五二改。
〔三六〕命少師萬壽觀使劉光世爲太保三京招撫處置使　「觀」下原衍「察」，據廣雅本及皇朝中興紀事本末卷五二删。

〔三七〕虜雖敗盟　「虜」原作「金」，據皇朝中興紀事本末卷五二改。

〔三八〕與虜兵對壘　「虜」原作「敵」，據皇朝中興紀事本末卷五二改。下同。

〔三九〕虜所以輕犯我者　「犯」原作「視」，據皇朝中興紀事本末卷五二改。

〔四〇〕仍命璘統軍二萬於寶鷄河南捍賊　「賊」原作「敵」，據皇朝中興紀事本末卷五二改。下同。

〔四一〕命方下而未達也　「命」原脱，據皇朝中興紀事本末卷五二補。

〔四二〕時虜選精騎　「虜」原作「金」，據皇朝中興紀事本末卷五二改。

〔四三〕有受僞命者與賊通謀　「僞命者」原作「金號令」，據皇朝中興紀事本末卷五二改。

〔四四〕虜騎掩至石壁寨　「石」原作「右」，據廣雅本、皇朝中興紀事本末卷五二及繫年要録卷一三五改。

〔四五〕時錡見陳蔡以西皆望風投拜　「錡」原作「騎」，據繫年要録卷一三五改。

〔四六〕時有權監進奏院陳鼎上書言　「權」原脱，據皇朝中興紀事本末卷五二補。案：陳鼎上書事，繫年要録卷一三六繫於「六月戊午」。

〔四七〕虜於今日敗盟　「虜」原作「金」，據皇朝中興紀事本末卷五二改。

〔四八〕司勳郎官張宦因陛對　「張宦」原作「張官」，據皇朝中興紀事本末卷五二及繫年要録卷一三二改。下同。

〔四九〕案：陳宦陛對事，繫年要録卷一三二繫於「紹興九年十月庚戌」。

〔五〇〕新西京留守仇悆未至　「悆」原作「愈」，據皇朝中興紀事本末卷五二改。下同。

〔五一〕而虜背盟　「虜」原作「金」，據皇朝中興紀事本末卷五二改。案：仇悆知明州事，繫年要録卷一三六繫於「六月丙午」。

〔五二〕虜圍順昌府城四日　「虜」原作「金人」，據皇朝中興紀事本末卷五二改。

〔五三〕有一酋遽被甲呼曰　「酋」原作「將」，據皇朝中興紀事本末卷五二改。

〔五四〕丁未　繫年要録卷一三六繫於「戊申」。

〔五五〕以文書一卷繫于械　「繫」原作「擊」，據繫年要録卷一三六改。

〔五六〕是日己酉　「己酉」原作「乙酉」，案本月甲辰朔，無乙酉日，據皇朝中興紀事本末卷五二改。下同。繫年要録卷一三六繫於「戊申」。

〔五七〕虜將折合孛菫自武功縣整兵再來　「虜」原作「金」，據皇朝中興紀事本末卷五二改。下同。

〔五八〕遇賊力戰　「賊」原作「敵」，據皇朝中興紀事本末卷五二改。

〔五九〕殺虜衆幾盡　「虜」原作「敵」，據皇朝中興紀事本末卷五二改。

〔六〇〕有河北簽軍告官軍曰　「北」原作「比」，據繫年要録卷一三六改。

〔六一〕且劉錡名素出爾下　「下」原作「上」，據皇朝中興紀事本末卷五二及繫年要録卷一三六改。

〔六二〕賊拔寨遁去　「賊」原作「金」，據皇朝中興紀事本末卷五二改。

〔六三〕十三日　「十三」，皇朝中興紀事本末卷五二及繫年要録卷一三六作「十二」。

〔六四〕金賊既退之後　「賊」原作「兵」，據皇朝中興紀事本末卷五二改。

〔六五〕德方移文來問賊勢動息　「賊」原作「敵」，據皇朝中興紀事本末卷五二改。下同。

〔六六〕而自與龍虎大王者擁其餘衆回東京　「回」原作「向」，據皇朝中興紀事本末卷五二改。

〔六七〕順昌破虜記曰　「順昌破虜記」原作「潁昌被敵記」，據皇朝中興紀事本末卷五二改。

〔六八〕兀朮撻諸酋　「諸酋」原作「將諸」，據皇朝中興紀事本末卷五二改。

〔六九〕我一隻眼只爲爾於和尚原壞了　「壞」原作「環」，據皇朝中興紀事本末卷五二改。

〔七〇〕河北惟有百姓　「惟」原脱，據皇朝中興紀事本末卷五二補。

〔七一〕甲子　繫年要録卷一三六繫於「壬戌」。

〔七二〕時虜別又陷宿亳　「虜」原作「金」，據皇朝中興紀事本末卷五二改。

〔七三〕與虜遇　「虜」原作「敵」，據皇朝中興紀事本末卷五二改。下同。

〔七四〕夜半襲破賊營　「賊」原作「敵」，據皇朝中興紀事本末卷五二改。

〔七五〕案：諸將入覲事，繫年要録卷一三四繫於「三月辛卯」。針對熊克附於六月末，考證云：「按：今年六月二將出師，未嘗入覲也。」

〔七六〕辛未　繫年要録卷一三六繫於「庚午」，并以小曆誤。

〔七七〕掩金虜入沂河　「虜」原作「兵」，據皇朝中興紀事本末卷五二改。

〔七八〕湖北宣撫兼招討使岳飛遣統制官張憲與虜戰於潁昌府　「虜」原作「金」，據皇朝中興紀事本末卷五二改。

〔七九〕殺其將阿李朶孛堇　「阿李朶」原作「鄂爾多」，據原注及皇朝中興紀事本末卷五二改。下文徑改，不出校。

〔八〇〕向使虜出上策　「虜」原作「金」，據皇朝中興紀事本末卷五二改。下同。

〔八一〕則我德虜必深　「虜」原作「之」，據皇朝中興紀事本末卷五二改。

〔八二〕案：此段記事，繫年要録卷一四〇繫於「紹興十一年六月壬辰」，并考證云：「熊克小曆附之去年六月。按：卨去年閏六月始自湖北提刑還朝，除湖南運判，又除監察御史，八月方除右正言。克蓋甚誤。今權附此，當求其本日。」

〔八三〕悉已降虜　「虜」原作「金」，據皇朝中興紀事本末卷五二改。

〔八四〕詔送其家屬居於全州　繫年要録卷一三六載作「庾家屬送漳州，允迪家屬送全州，并居住」。

〔八五〕虜既不敢度　「虜」原作「金」，據皇朝中興紀事本末卷五二改。
〔八六〕又向以元樞都督川陝荆襄　「川陝」原脱，據皇朝中興紀事本末卷五二補。
〔八七〕分司南京　「南京」，繫年要録卷一三六作「西京」。
〔八八〕戊戌　繫年要録卷一三六據日曆繫於「丙戌」。
〔八九〕狂虜不道　「虜」原作「敵」，據皇朝中興紀事本末卷五二改。
〔九〇〕孽胡亡在朝夕　「孽胡」原作「金人」，據皇朝中興紀事本末卷五二改。
〔九一〕順昌之後　「後」，廣雅本及皇朝中興紀事本末卷五二作「役」。
〔九二〕虜震懼喪魄　「虜」原作「金人」，據皇朝中興紀事本末卷五三改。
〔九三〕時淮北無虜騎　「虜」原作「敵」，據皇朝中興紀事本末卷五三改。
〔九四〕獲虜人　「虜」原作「金」，據皇朝中興紀事本末卷五三改。
〔九五〕王山即隨虜至順昌城下者也　「虜」原作「敵」，據皇朝中興紀事本末卷五三改。
〔九六〕順昌破虜記曰　「虜」原作「敵」，據皇朝中興紀事本末卷五三改。
〔九七〕秦檜請今後獲虜　「虜」原作「敵」，據皇朝中興紀事本末卷五三改。
〔九八〕焚毁金賊所繫浮橋　「賊」原作「人」，據皇朝中興紀事本末卷五三改。
〔九九〕皆以絶虜歸路　「虜」原作「金」，據皇朝中興紀事本末卷五三改。
〔一〇〇〕及忠義軍統制官傅忠信　「忠信」，皇朝中興紀事本末卷五三及繫年要録卷一三七作「起」。
〔一〇一〕中傷者多　「中傷者」原脱，據皇朝中興紀事本末卷五三補。
〔一〇二〕不容更遣兵　「更」原作「其」，據廣雅本、皇朝中興紀事本末卷五三及繫年要録卷一三七改。

〔一〇三〕八月癸丑　案：八月壬申朔，無癸丑日，此處繫時有誤。

〔一〇四〕攻城當開其生路　「路」原作「意」，據廣雅本及皇朝中興紀事本末卷五三改。

〔一〇五〕案：此詔，繫年要録卷一三七繫於「七月辛未」。

〔一〇六〕牽制賊勢　「賊」原作「敵」，據皇朝中興紀事本末卷五三改。

〔一〇七〕兼自金賊再犯陝西　「賊」原作「人」，據皇朝中興紀事本末卷五三改。

〔一〇八〕總管傅忠　「傅忠」，繫年要録卷一三七作「傅忠信」。

〔一〇九〕虜大酋撒離曷陰遣客刺政　「虜」原作「金」，「酋」原作「帥」，據皇朝中興紀事本末卷五三改。

〔一一〇〕詐爲降虜　「虜」原作「人」，據皇朝中興紀事本末卷五三改。

〔一一一〕辛亥　繫年要録卷一三七繫於「九月庚戌」。

〔一一二〕以太祖太宗並配　「太宗」原脱，據皇朝中興紀事本末卷五三及繫年要録卷一三七補。

〔一一三〕川陝宣撫副使胡世將聞金虜分兵　「虜」原脱，據皇朝中興紀事本末卷五三補。

〔一一四〕丁巳　繫年要録卷一四一、宋史卷二九高宗紀繫於「紹興十一年九月辛亥」。

〔一一五〕僞守臣武誼　「僞」原脱，據皇朝中興紀事本末卷五三補。

〔一一六〕庚申　繫年要録卷一四一繫於「紹興十一年九月丙辰」。

〔一一七〕與虜將胡盞郎君戰　「虜」原作「敵」，據皇朝中興紀事本末卷五三改。「胡盞」原作「賀珍」，據原注及皇朝中興紀事本末卷五三回改。下文徑改，不出校。

〔一一八〕賊兵大潰　「賊」、「大」原脱，據皇朝中興紀事本末卷五三補。

〔一一九〕冬十月乙亥　「乙亥」原作「己亥」，據皇朝中興紀事本末卷五四改。案：繫年要録卷一三八繫於「丙子」。

〔一二〇〕案：此事繫年要録卷一三七繫於「九月辛酉」。

〔一二一〕專充軍書　「專」原作「傳」，據皇朝中興紀事本末卷五四改。

〔一二二〕金虜歸河南故地　「虜」原作「人」，據皇朝中興紀事本末卷五四改。

〔一二三〕舉兵擊虜　「虜」原作「敵」，據皇朝中興紀事本末卷五四改。